海外中国哲学研究译丛

[加]安托万·帕纳约蒂 著　陈鑫 译

尼采与佛教哲学

Nietzsche and Buddhist Philosophy

Antoine Panaïoti

西北大学出版社
·西安·

著作权合同登记号：陕版出图字 25-2022-095

图书在版编目（CIP）数据

尼采与佛教哲学 /（加）安托万·帕纳约蒂著；陈鑫译. — 西安：西北大学出版社，2024.11
（海外中国哲学研究译丛 / 赵卫国主编）.
ISBN 978-7-5604-5503-7
Ⅰ. B516.47；B94
中国国家版本馆 CIP 数据核字第 20245BY886 号

This is a Simplified-Chinese translation of the following title published by Cambridge University Press: Nietzsche and Buddhist Philosophy
ISBN 9781107451490
© Antoine Panaïoti 2013
This Simplified-Chinese translation for the People's Republic of China (excluding Hong Kong, Macau and Taiwan) is published by arrangement with the Press Syndicate of the University of Cambridge, Cambridge, United Kingdom.
© Northwest University Press Co., Ltd., 2024
This Simplified-Chinese translation is authorized for sale in the People's Republic of China (excluding Hong Kong, Macau and Taiwan) only. Unauthorised export of this Simplified-Chinese translation is a violation of the Copyright Act. No part of this publication may be reproduced or distributed by any means, or stored in a database or retrieval system, without the prior written permission of Cambridge University Press and Northwest University Press Co., Ltd.
Copies of this book sold without a Cambridge University Press sticker on the cover are unauthorized and illegal.
本书封面贴有 Cambridge University Press 防伪标签，无标签者不得销售。

尼采与佛教哲学

[加]安托万·帕纳约蒂 著　陈鑫 译

出版发行：西北大学出版社
（西北大学校内　邮编：710069　电话：029-88302621　88303593）

经　销	全国新华书店
印　装	陕西博文印务有限公司
开　本	880 毫米×1194 毫米　1/32
印　张	12.875
版　次	2024 年 11 月第 1 版
印　次	2024 年 11 月第 1 次印刷
字　数	270 千字
书　号	ISBN 978-7-5604-5503-7
定　价	98.00 元

本版图书如有印装质量问题，请拨打电话 029-88302966 予以调换。

海外中国哲学研究译丛

主　编

赵卫国

执行主编

陈志伟

编　委

杨国荣	梁　涛	万百安	李晨阳	陈志伟
朱锋刚	王　珏	宋宽锋	刘梁剑	张　蓬
林乐昌	贡华南	陈　赟	江求流	苏晓冰
张美宏	吴晓番	张　磊	王海成	刘旻娇
顾　毳	陈　鑫	张丽丽		

丛书受到教育部哲学社会科学研究重大课题攻关项目"海外汉学中的中国哲学文献翻译与研究"(项目编号：18JZD014)经费资助。

总　序

赵卫国　陈志伟

哲学"生"于对话，"死"于独白。哲学的对话，既体现为同一文化传统内部不同思想流派、人物之间的对辩机锋，也体现为不同文化传统之间的互摄互融。特别是在走向全球一体化的当今时代，不同文化传统之间的互相理解与尊重、彼此交流与融合，显得尤为迫切和必要。鉴此，从哲学层面推动中西文明传统之间的理解与交流，以"他山之石"攻"本土之玉"，就成为我们理解外来文化、审度本土文化、实现本土思想文化创造性转化和创新性发展的一条必经之路。

在中国传统哲学的发展历程中，有过数次因外来文化传入而导致的与不同传统之间的互通，传统哲学因此而转向新的思想路径，比如佛教传入中国，引发了儒学在宋明时期的新发展。16世纪西方传教士进入中国，一方面中国人开始接触西方文化和哲学，另一方面，西方人也开始了解中国的儒释道传统，中西方思想的沟通交流由此拉开了崭新的序幕。这一过程大体上经历了三个阶段，即耶稣会传教士阶段、新教传教士阶段和专业性的经院汉学阶段。而自从汉学最先在法国，后来在荷兰、德国、英国、美国确立以来，西方人对中国哲学的理解和诠释可谓日新月异,逐渐形成了海外汉学中国哲学研究的新天地。特别是从20世纪80年代开始,海外汉学家的中国哲学研究与国内哲学家、哲学史家的中国哲学研究两相呼应,一些极富代表性的海外中国哲学研究成果相继译出,这也就为当代中国哲学研究提供了一些新的理论视角和方法。

海外汉学是不同传统之间对话的结果,其范围涵盖众多的学科门类。其中中国文学、史学、民族学、人类学等领域的海外汉学研究成果,已得到了系统化、规模化的译介和评注。与之相较,海外汉学中的中国哲学研究论著,虽已有所译介和研究,但仍处于一种游散状态,尚未形成自觉而有系统的研究态势,从而难以满足国内学界的学术研究需要。因此,应在前人工作的基础上,将更多优秀的海外汉学中国哲学研究成果,包括海外华人学者以西方哲学视角对中国哲学的研究成果,迻译进来,以更为集中地供国内学者参考、借鉴。正是出于这样的考虑,我们借助教育部哲学社会科学重大课题攻关项目"海外汉学中的中国哲学文献翻译与研究"(18JZD014)立项之机,策划设计了"海外中国哲学研究译丛",并希望将此作为一项长期的工作持续进行下去。

当今之世,中国哲学正以崭新的面貌走向世界哲学的舞台,地域性的中国哲学正在以世界哲学的姿态焕发新机。与此同时,用开放的他者眼光来反观和审视中国哲学,将会更加凸显中国哲学的地域性特色与普遍性意义,并丰富其研究内涵和范式。我们希望通过此项丛书的翻译,使得海外中国哲学研究作为一面来自他者的镜子,为当代中国哲学研究提供新的方法论和概念框架的参考,助力中国哲学未来之路的持续拓展。

献给拉萨和亚历山大，我的孩子，我的爱人

目 录

致 谢 …………………………………………… 1
关于译文、文本和资料来源的说明 …………… 4
书名缩略语 ……………………………………… 6

绪 论 …………………………………………… 1
第一部分：虚无主义与佛教 …………………… 23
    第一章 作为佛陀的尼采 …………………… 25
    第二章 作为反佛陀者的尼采 ……………… 90

第二部分：苦难 ………………………………… 145
    第三章 "爱命运"与对苦难的肯定 ……… 147
    第四章 涅槃与苦难的止息 ………………… 210

第三部分：同情 ………………………………… 267
    第五章 克服同情心 ………………………… 269

第六章　培养同情心 …………………………………… 302

结语：对虚无主义的挑战的新回应 …………………… 330

参考文献 ……………………………………………… 356
索　引 ………………………………………………… 374

译后记 ………………………………………………… 391

致 谢

艾文·卡尔斯（Eivind Kahrs）和雷蒙德·盖斯（Raymond Geuss）是我在剑桥大学的两位博士生导师，克里斯蒂娜·塔波莱特（Christine Tappolet）是我在蒙特利尔大学伦理学研究中心的博士后合作导师，如果没有他们的帮助、鼓励和指导，我就不可能写成此书。我还要特别感谢玛格丽特·科恩（Margaret Cone），在我客居英国的四年中，她一直和我一起读巴利文经典，我们还就佛教思想进行了几次激动人心的辩论。我还要感谢文森佐·韦吉亚尼（Vincenzo Vergiani），他给我提供了讲授梵文和印度思想史的机会。当时是我在剑桥的最后一年，他还在 2009 年大斋节、复活节和米迦勒节期间举办了中观哲学研讨会。尤其是在亚洲与中东研究系的教学经历，使我帮助自己澄清了许多关于佛教的观念。我还要感谢我的两位博士论文评审人鲁珀特·格辛（Rupert Gethin）和马丁·鲁尔（Martin Ruehl），他们对我的学位论文提出了建设性的批评意见，并一直支持我撰写专著的计划，该计划亦以我博士期间的研究为基础。

本书阐述的观点，历经十年而形成。在此过程中，无数人发挥了作用，他们是我的老师、学生、朋友、论敌和家人。我只能提及其中几位。我要特别感谢麦吉尔大学的阿里亚·阿尔－萨吉（Alia Al-Saji）、凯瑟琳·杨（Katherine Young）、艾米丽·卡森（Emily Carson）、劳拉·布莱斯汀（Lara Braitstien）、土登·金巴（Thubten Jinpa）、桑杰·库马尔（Sanjay Kumar）、菲利普·图伦（Philippe Turenne）以及哈萨娜·夏普（Hasana Sharp）。我也非常感谢我的硕士论文评审人乔纳登·加纳里（Jonardon Ganeri）和吉姆·本森（Jim Benson），他们对我关于龙树（Nāgārjuna）哲学的论文提供了宝贵反馈意见。最近，在蒙特利尔大学伦理学研究中心，我还得到了同事们的宝贵帮助，特别是萨拉·维拉（Sara Villa）、摩根尼·巴黎（Morgane Paris）、罗亚·钟（Ryoa Chung）和纳撒莉·梅拉德（Nathalie Maillard）。我也要感谢剑桥大学出版社的希拉里·加斯金（Hilary Gaskin）和两位匿名的外审专家，他们对本书的初稿提供了有益的反馈。

在过去的十年里，我还与许多亲密的朋友，特别是莉莉·苏西（Lily Soucy）、奥利弗·摩尔（Oliver Moore）、尼古拉斯·梅塔克斯（Nikolas Metaxas）、皮埃尔－安托万·蒂贝里（Pierre-Antoine Tibéri）、法布里齐奥·比昂迪-莫拉（Fabrizio Biondi-Morra）、安娜·埃尔斯纳（Anna Elsner）、理查德·阿姆斯特朗（Richard Armstrong）、皮埃尔－卢克·德齐尔（Pierre-Luc Déziel）以及索菲亚·巴乔奇（Sofia Bachouchi），进行了发人深省的对话与辩论，获益匪浅。事实上，尼古拉斯·梅塔克斯是第一个促使我思考本书所涉及问题的人。从某种意义上说，本书的构思始于2005年2月一个寒冷的夜晚，在蒙特利尔的一家咖啡馆里，为尼采的生命肯定与（假定的）佛教的生命否定之间的对立，我与尼克（Nick）争论不休。

归根到底，我最应该感谢的是我的家人。我要感谢我的父母，伊莲娜·帕纳约蒂（Hélène Panaïoti）和格伦·威廉姆斯（Glen Williams），以及我的兄弟托马斯·威廉姆斯（Thomas Williams），感谢他们在我曲折的道路上给我始终不渝的支持。也非常感谢我的祖父母康斯坦丁（Constantin）和特蕾莎·帕纳约蒂（Thérèse Panaïoti）。我的祖父也功不可没，从我五岁起，他就教会了我怎样推理，并迫使我在开始认真学习之前（这花了一段时间）就这么做。我的祖母在任何艰难处境中都能尽享**生活的乐趣**（*joie de vivre*），自孩提时代起，她就是我真正的灵感来源。最后，我要向我的两个非凡的孩子拉萨（Lhassa）和亚历山大·帕纳约蒂（Alexandre Panaïoti）以及他们美丽而杰出的母亲莉莉·苏西致以最深切的谢意。迄今为止，我所取得的一切重要成就都要归功于莉莉。如果没有拉萨和亚历山大，这本书就不会问世。

关于译文、文本和资料来源的说明

本书中出现的所有法语、德语、梵文和巴利文文本都是我自己翻译的。我用标准的缩略语来指代我引用的大多数西方和印度的文本，如下所列。对于印度的文本，我依靠的是这些文本的批评版和/或被印度学家广泛接受的权威性版本。叔本华著作的所有引文均来自休伯舍尔（A. Hübscher）于1988年主编的批评版《叔本华全集》（曼海姆：F. A. 布罗克豪斯出版社）。所有尼采书信的引文都来自科利（G. Colli）和蒙狄纳里（M. Montinari）1980年编的批评版《尼采书信》（柏林：W. 德古意特出版社）。最后，尼采著作中的所有引文均来自科利和蒙狄纳里1977年编的批评版《尼采全集》（柏林：W. 德古意特出版社）。

鉴于我使用了大量尼采的笔记和他未发表的著作片段，我应该清楚地说明我使用这些文献的方法。毕竟，在尼采研究中，对这些片段的使用（和滥用）是一个有争议的问题。一方面，海德格尔强调《权力意志》是尼采真正哲学所在地；另一方面，比如杨（J. Young），则谴责"尼采的遗著"[①]，完全拒绝尼采

[①] 参看杨：《上帝之死与生命的意义》，伦敦：劳特里奇出版社，2003，第97—106页。

未发表的材料；我对《尼采遗稿》的处理方式可以说是介于二者之间的一种中道。

尼采的妹妹伊丽莎白（Elisabeth）将尼采作品的一些片段整理在一起，并冠以"权力意志"（*Der Wille zur Macht*）的书名，于 1901 年出版。海德格尔认为，尼采已发表的作品实际上只是为自己正在准备的工作而作的序言，尼采对哲学的真正贡献可以在他的"首要哲学著作"①《权力意志》中找到。与这一极端立场截然相反的观点是：《权力意志》或尼采生前未发表的任何作品片段的集合，只不过是一个"存放思想、涂鸦、白日梦和（通常失败的）思想实验的垃圾桶"②。

这些片段既不是金子，也不是垃圾，这是平淡无奇的真相。大多数片段只是提供了一些洞见，反映了尼采撰写某些文本时的想法，而其中一些不过是某些格言的早期版本，这些格言后来又收入他发表的著作中。我认为适当顾及尼采笔记本中的内容不会有什么风险。原因很简单（与杨的看法相反）：尼采既是一个狂热、咆哮、非理性主义的笔记记录者，又是一个冷静、细致的著作发表者，这两个身份之间并无分歧。因此，本书使用了这些片段，将其作为尼采思想的可靠（尽管并非优先的）来源。

---

① 参看海德格尔：《尼采》（四卷本），普福林根：内斯克出版社，1961，第 1 卷，第 12 页。
② 参看杨：《上帝之死与生命的意义》，第 98 页。参照马格努斯（B. Magnus）：《尼采的存在之急迫》，布卢明顿：印第安纳大学出版社，1990；克拉克（M. Clark）：《尼采论真理与哲学》，剑桥大学出版社，1990，都对此观点作了较为温和的阐述。

书名缩略语

A 《敌基督者》(*Der Antichrist*)，弗里德里希·尼采（Friedrich Nietzsche）

AK 《阿毗达磨俱舍论颂》(*Abhidharmakośa*)，世亲（Vasubandhu）

AKBh 《阿毗达磨俱舍论》(*Abhidharmakośabhāṣya*)，世亲（Vasubandhu）

AN 《增一阿含经》(*Aṅgutarranikāya*)

BA 《入菩提行论》(*Bodhicāryāvatāra*)，寂天（Śāntideva）

BAP 《入菩提行论难语释》(*Bodhicāryāvatārapañjikā*)，智作慧（Prajñākaramati）

BĀU 《大林间奥义书》(*Bṛhadāraṇyakopaniṣad*)

ChU 《歌者奥义书》(*Chāndogyopaniṣad*)

DBhS 《十住经》(*Daśabhūmikasūtra*)

Dhp 《法句经》(*Dhammapadā*)

DN 《长部》(*Dīghanikāya*)

DW 《狄奥尼索斯的世界观》(*Die dionysische Weltanschauung*)，弗里德里希·尼采（Friedrich Nietzsche）

E 《伦理学》(*Ethica*)，巴鲁赫·斯宾诺莎（Baruch Spinoza）

EH 《瞧，这个人》(*Ecce Homo*)，弗里德里希·尼采 (Friedrich Nietzsche)

FM 《论道德的基础》(*Über das Fundament der Moral*)，亚瑟·叔本华 (Arthur Schopenhauer)

FmW 《论意志的自由》(*Über die Freiheit des menschlichen Willens*)，亚瑟·叔本华 (Arthur Schopenhauer)

FW 《快乐的科学》(*Die fröhliche Wissenschaft*)，弗里德里希·尼采 (Friedrich Nietzsche)

GD 《偶像的黄昏》(*Götzen-Dämmerung*)，弗里德里希·尼采 (Friedrich Nietzsche)

GM 《道德的谱系》(*Zur Genealogie der Moral*)，弗里德里希·尼采 (Friedrich Nietzsche)

GT 《悲剧的诞生》(*Die Geburt der Tragödie*)，弗里德里希·尼采 (Friedrich Nietzsche)

JGB 《善恶的彼岸》(*Jenseits von Gut und Böse*)，弗里德里希·尼采 (Friedrich Nietzsche)

KrV 《纯粹理性批判》(*Kritik der reinen Vernunft*)，伊曼努尔·康德 (Immanuel Kant)

KU 《由谁奥义书》(*Kenopaniṣad*)

M 《朝霞》(*Morgenröte*)，弗里德里希·尼采 (Friedrich Nietzsche)

MA 《入中论》(*Madhyamakāvatāra*)，月称 (Candrakīrti)

MM 《人性的，太人性的》(*Menschliches Allzumenschliches*)，弗里德里希·尼采 (Friedrich Nietzsche)

MMK 《中论》(*Mūlamadhyamakakārikā*)，龙树 (Nāgārjuna)

MN 《中部》(*Majjhimanikāya*)

MP 《弥兰王问经》(*Milindapañha*)

MSA 《大乘庄严经论》(*Mahāyānasūtrālaṃkāra*)，无著 (Asaṅga)

MV 《入中论自释》(*Madhyamakavṛtti*)，月称（Candrakīrti）

NB 《尼采书信》(*Nietzsche Briefwechsel*)

NL 《遗稿》(*Nachgelassene Fragmente*)，弗里德里希·尼采（Friedrich Nietzsche）

NW 《尼采反瓦格纳》(*Nietzsche contra Wagner*)，弗里德里希·尼采（Friedrich Nietzsche）

Pm 《胜义宝函》(*Paramatthamañjusā*)，法护（Dhammapāla）

PP 《附录与补遗》(*Parerga und Parapolimena*)，亚瑟·叔本华（Arthur Schopenhauer）

Pp 《明句论》(*Prasannapadā*)，月称（Candrakīrti）

PtZG 《希腊悲剧时代的哲学》(*Die Philosophie im tragischen Zeitalter der Griechen*)，弗里德里希·尼采（Friedrich Nietzsche）

S 《致叔本华》(*Zu Schopenhauer*)，弗里德里希·尼采（Friedrich Nietzsche）

SF 《论视觉与颜色》(*Über das Sehen und die Farben*)，亚瑟·叔本华（Arthur Schopenhauer）

SN 《相应部》(*Saṃyuttanikāya*)

Sn 《经集》(*Suttanipāta*)

ThGA 《长老偈注》(*Therātherīgathāṭṭhakathā*)，法护（Dhammapāla），

THN 《人性论》(*Treatise of Human Nature*)，大卫·休谟（David Hume）

TV 《唯识三十论》(*Triṃśikāvijñapti*)，世亲（Vasubandhu）

UB 《不合时宜的沉思》(*Unzeitgemässe Betrachtungen*)，弗里德里希·尼采（Friedrich Nietzsche）

V 《律藏》(*Vinaya*)

VP 《前柏拉图的哲学家》(*Die vorplatonischen Philosophen*)，弗里德里希·尼采（Friedrich Nietzsche）

Vsm 《清净道论》(*Visuddhimagga*),觉音(Buddhaghosa)

VV 《回诤论》(*Vigrahavyāvartanī*),龙树(Nāgārjuna)

WL 《论非道德意义上的真理与谎言》(*Über Wahrheit und Lüge im aussermoralischen Sinne*),弗里德里希·尼采(Friedrich Nietzsche)

WM 《权力意志》(*Der Wille zur Macht*),弗里德里希·尼采(E. 福尔斯特·尼采和 P. 加斯特编)[Friedrich Nietzsche(ed. E. Forster-Nietzsche and P. Gast]

WN 《论自然中的意志》(*Über den Willen in der Natur*),亚瑟·叔本华(Arthur Schopenhauer)

WSG 《论充足理由律的四重根》(*Über die vierfache Wurzel des Satzes vom zureichenden Grunde*),亚瑟·叔本华(Arthur Schopenhauer)

WWV 《作为意志和表象的世界》(*Die Welt als Wille und Vorstellung*),亚瑟·叔本华(Arthur Schopenhauer)

YṢK 《六十如理颂》(*Yuktiṣaṣṭikākārikā*),龙树(Nāgārjuna)

绪 论

一旦存在被认为是一种虚构,生存还有意义吗?①如果没有上帝,伦理何以可能?如果这个世界就是一切,那么在其中生存的目的何在?如果没有超越(Transcendence),德性如何可能?对于这个生成的世界(The world of becoming),倘若没有任何东西立于其后,更不用说超乎其外,那么生命还有意义吗?

所有这些问题都是同一个主题的变奏。任何对弗里德里希·尼采的哲学有所耳闻的人,更广泛地说,任何不被有神论或其替代物所蒙蔽的人,都会为这一引人注目的主题所吸引。它宣告了我所说的**虚无主义的挑战**(*challenge of nihilism*)。虚无主义的挑战是一种伦理学挑战,它是在虚构(fiction)崩塌以后发展起来的,一切盛行的伦理体系都曾依赖于这一虚构。尼采正确地识别了这一虚构。它就是存在(Being)——"存在者,

---

① 在尼采思想和佛教哲学中被拒斥的 *wahre Welt*(**真实世界**)的所有名称(如存在、上帝、真理)和属性(如永恒、极乐、超越),其首字母在本书中都将被大写。这是为了强调这些概念具有强烈的形而上学特征。参看罗蒂(Cf. Rorty)对真理(Truth)、善(Good)、理性(Rationality)和哲学(Philosophy)等"柏拉图式概念"的首字母大写。罗蒂:《实用主义的后果》(*The Consequences of Pragmatism*),明尼阿波利斯:明尼苏达大学出版社,1991。

而非生成。"① 因此，虚无主义的挑战就是为一个转瞬即逝的生成世界规划一种人类理想的挑战。

从巴门尼德和柏拉图开始，西方思想的大厦就建立在存在的"空洞虚构"之上。② 这一虚构有许多面孔：上帝（God）、实体（Substance）、绝对（Absolute）、超验（Transcendent）等。形而上学概念实在（Real），认识论概念真，道德概念善，其基础都是存在。因而，与存在相反，生成（becoming）是非实在的、虚假的和邪恶的。一方面是固定的、可靠的存在者的真理；另一方面是流动的、变化无常的生成者的表象（appearance）。③

一个哲学的、生存的和伦理的真空伴随着令人清醒的认识：生成就是一切，而存在是一个谎言。因而，似乎没有什么是实在的、真的或善的。尼采把这种真空称为虚无主义。上帝/存在死后，虚无主义危机接踵而至。它有可能破坏一切价值、意义和目的，就此而言，它是一种危机。因此，为应对虚无主义的挑战，我们有必要建立一门真正的后有神论伦理学（post-theistic ethics）。若没有这样一门伦理学，世界仍将被无价值（valuelessness）的阴影所笼罩，没有任何评价依据，所有人都被视为无用的（worthless）。没有远见指引道路。每个层面都伴随着平庸与自由放任（laissez-faire）。文化衰落，社会瓦解，民众停滞不前。如今，我

---

① 尼采：《偶像的黄昏》，第3章第1节。[作者误作"第5章第1节"。——译注]
② 同上书，第2节。
③ 萨特：《存在与虚无：论现象学的本体论》（*L'être et le néant: essai d'ontologie phénoménologique*），巴黎：伽利玛出版社，1943，第12页。

们看到，盲目的狂热与绝望的虔诚正在复兴，这源于一种文化的伦理贫瘠（也许只是暂时的），这种文化已经摆脱了有神论抚慰人心的谎言。因此，我们也必须迎接虚无主义的挑战，以免错失良机，尽管我们尚未真正地面对它，更不要说理解它了。所以，在我们这个时代，尼采仍然是最重要的思想家。他的确是一位死后方生的哲学家。他的时代到来了。

尼采试图回应虚无主义的挑战，他采取的形式是他的生命肯定伦理学（ethics of life-affirmation）。稳定、和平与极乐是存在的属性。但存在是一个虚构。因而，一个生成世界就是一个永不停息的、不稳定的、斗争的和苦难的世界。因此，生命肯定的理想包含了对于苦难的立场。这一立场具有两个基本特征，即对自己的苦难的独特态度（爱命运）[①]和对他者苦难的独特态度（"克服同情心"）。生命肯定伦理学所设想的最终目标是一种伟大健康（great health）的状态，对于生命的无限苦难，它不仅要接受，还要拥抱、肯定和赞美。

然而，正如尼采作品中呈现的那样，爱命运与克服同情心都是极其模糊的伦理学概念。因此，尼采对伟大健康的看法仍然是个谜。在尼采的实证哲学（positive philosophy）中，他的否定性、批判性观点的深刻和敏锐，从未出现过。这很可能是有意为之。尼采晚年形成的生命肯定伦理学是一幅草图、一份草稿、一项课题，还是一篇序言？

面对虚无主义挑战，尼采在制定对策时，以他眼中最伟大

[①] "爱命运"这一短语，作者使用的是拉丁文 *amor fati*。——译注

的前辈的反例为榜样。1883 年，他写道："我可以成为欧洲的佛陀，然而坦率地说，我将成为印度佛陀的对立面。"① 1889 年，当尼采病倒时，他在成为此两者的道路上都已走了很远。

尼采知道，他正在做的两件事，历史上的佛陀乔达摩·悉达多（Siddhārtha Gautama）已经做了。首先，佛陀坚决拒斥存在的神话，只承认生成。其次，佛陀试图建立一门伦理学，它不依赖于永恒的（Abiding）、极乐的绝对（Blissful Absolute）之虚构——这门伦理学的目的在于，在一个动荡不安、变幻无常、令人沮丧的世界里，应对生命根本上的痛苦本性。因此，佛陀的伦理学朝向一种理想状态，即最高幸福或伟大健康（涅槃）。

这就是尼采自称为欧洲的佛陀的原因。像他的印度前辈一样，他是一位敢于挑战权威的思想家，他足够真诚，以至于将存在谴责为一个谎言；他足够勇敢，以至于建立起一门伟大健康的伦理学，其基础仅仅是生成的真实性。但尼采也呈现了自己反佛陀（Anti-Buddha）的一面。对于佛陀的生命否定伦理学，尼采认为它从根本上是不健康的，他以生命肯定伦理学来反对它。爱命运是对涅槃的颠覆，克服同情心与佛教的培养同情心是相反的。尼采试图回应虚无主义危机的故事已经变得更加丰富了。②

---

① 尼采：《遗稿》（1882—1884），4（2）。
② 关于尼采与佛教的研究相对匮乏，这与尼采在思想发展过程中与佛教接触的重要性完全不成比例。这类著作虽然存在，但往往为绝大多数尼采研究者所忽略，有时候，这是有充分理由的。尽管如此，由于未能认真对待尼采与佛教的接触，我们对尼采思想及其更广泛的哲学意义的理解，还是出现了重大的盲点。

通过对尼采思想与佛教的关系的仔细考察，在尼采思想的阐释中所获得的富有启发性的成果，还只是冰山一角。佛教思想本身就为西方哲学传统提供了很多东西。①然而，若将其与尼采思想联系起来考虑，它至少提供了一个机会，以克服人类对存在的虚弱的沉迷，而又不至于陷入伦理虚空（ethical void）。尼采和古印度伟大佛教哲学家们直言不讳地说：几乎所有的哲学与宗教——东方的与西方的——都建立在灵魂/我/自我（soul/ego/self）和上帝/存在/实体的双头妄想（two-headed delusion）之上。②此外，在佛教传统中，就像在尼采著作中一样，有一种**将宇宙心理学化**（*psychologize*）的坚定努力，它不仅是宗教的，而且是抽象的、理论化的思想。这种心理学的努力与表达这些哲学的广义医学话语密切相关。特别是形而上学思维，③它是根据主体特殊的（病态的）需求与欲望进行解释的。因此，描绘

---

① 需要确证这一点的人可以翻阅近年来出版的两本书，它们清楚地展示了佛教思想与当代西方思想中分析哲学和大陆哲学传统的相关性。其一是 M. 达玛托（M. D'Amato）、J. 加菲尔德（J. Garfield）和蒂勒曼斯（T. Tillemans）编的《指月》（*Pointing at the Moon*），牛津大学出版社，2009；其二是西德里茨（M. Siderits）、汤普森（E. Thompson）和扎哈维（D. Zahavi）编的《自我，无我？——来自分析哲学、现象学和印度传统的视角》（*Self, No Self? Perspectives from Analytical, Phenomenological and Indian Traditions*），牛津大学出版社，2011。

② 这两组三位一体的概念的并列不是任意的。灵魂是上帝人格化、个体化的相关物——根据某些人的说法，是他的生命（anima）。"我"被认为是"存在者，而非生成者"，即作为主体性之根据的存在。最后，自我是以精神与身体活动为其属性的实体。

③ 实体形而上学（substance metaphysics）是尼采和佛教哲学家遇

出尼采思想与佛教哲学之间的关联，不仅在形而上学、认识论和伦理学层面使我们更深刻地理解拒斥存在的含义，而且还带来一系列复杂的心理学思考，这些思考指向一种新的、真正的后有神论德性概念（post-theistic conception of virtue）。

尼采认为，佛陀所患的正是尼采所诊断的疾病——**颓废**（*décadence*）。因此，他以自己的生命肯定伦理学反对佛陀设定的生命否定伦理学，认为后者是**堕落的**（*décadent*）。但是，尼采错误地相信了前者，因而在反对后者时被误导了。因此，他对虚无主义挑战的回应并不是指路明灯。话虽如此，我们还是在破除尼采的困惑的过程中，丰富了对他的思想和佛教哲学的理解，为一种新的伦理学见解铺平了道路。实际上，随着生命否定/生命肯定二分法的坍塌，我们获得了一种心理学洞见，这种洞见不仅指向一种混合的解释，即普通人对世界的看法有何不健康之处，而且指向一种关于伟大健康的混合的见解。那么，对虚无主义的挑战做出新的回应，以克服尼采的回应的局限性，就成了紧要之事。一种新的道德心理学解释、一门新伦理学、一个人类奋斗新方向——这就是本书的最终目标。

这一事业的主旨以明确的方法论承诺为依据。这些方法包括：一种解释尼采思想的特定方法、一种研究佛教的具体方法，以及一种独特的解释学方法，它将尼采思想与佛教哲学带入对

到的难题。他们是否会把所谓"过程形而上学"（process metaphysics）视为形而上学，目前还不清楚。因此，除另作说明外，本书中的"形而上学"（metaphysics）和"形而上学的"（metaphysical）指的都是实体形而上学。

话之中。关于这三种方法，我各谈几句。

尼采不是用一种声音，而是用多种声音来说话。大多数哲学家在他们的主张、论据和总体立场上力求一致和统一。尼采则不是这样。与一些不太宽容的读者所倾向于认为的不同，他并非热衷于不一致性（inconsistency）和矛盾，也不是对一致性（consistency）漠不关心。相反，尼采力图充分地展现各种观点或视角，并接受这样做的后果：各种视角之间出现冲突、矛盾和模棱两可。①因而，任何以"尼采说/断言/相信……"开头的说法都有点儿不准确，尽管这种语式是不可避免的。这是因为单数的尼采（singular Nietzsche）是不存在的。②

尼采的写作哲学的方式与他广阔的理论立场是一致的。首

---

① 在评论尼采的方法时，P. 海勒（P. Heller）[《尼采研究》（*Studies on Nietzsche*），波恩：布维耶出版社，1980] 和 P. 德曼（P.de Man）[《尼采的修辞理论》（"Nietzsche's Theory of Rhetoric"），载《研讨会论文集》（*Symposium*）28（1），1974，第33—51页] 强调，在尼采的文本中，诸视角的作用是动态的：它们以相互取代和彼此克服的方式存在，从而反映了世界永恒生成的机制。相反，我在这里想说的是这些视角不可还原的多样性，我们将会看到，它们的对立性与动态性并不总是辩证的（与海勒和德曼相反）。

② 不应把这一观点与标准看法相混淆，标准的看法是：有三个尼采，对应于他的所谓早期、中期和晚期，参看 M. 克拉克《弗里德里希·尼采》，载《简明劳特里奇哲学百科全书》（*Concise Routledge Encyclopedia of Philosophy*），伦敦：劳特里奇出版社，2000，第630—631页。事实上，本研究不太关注三个时期之间的区别，而是关注尼采的声音的多元性，其中一些声音跨越了两三个"时期"，也有某些声音在同一时期提出了根本上自相矛盾的主张。

先，尼采不相信有一个统一的主题。①反之，他在看似单一的主题中强调"多元性"。尼采复调式的文本（polyphonic texts）与他自身主体性的极端多元性相一致。

其次，尼采反对认知/情感/意志（the cognitive/emotive/conative）的三分法，这种三分法建立在哲学家所假定的不偏不倚的信念之上。②对于柏拉图（或亚里士多德）的任何继承者来说，哲学的洞察力在于一种"认识"，那是未被对人而言低级的东西——不可靠的感觉、反复无常的情感和善变的意志——所污染的认识。尼采讲的则是另一回事。他把认知和情感都还原为意志——他断言，一切信念与情感都以特定的欲望与需求为其必要条件和心理基础。即使实际上伪造现实的抽象知识——在现实世界中没有真正的圆形和三角形或球体，数字仅仅是空的占位符，如此等等——也是一种原初意志（primitive will）的产物，这种意志使主体在自己的环境中生存并占据主导地位，从而忽略（不相关的）特殊性，以进行概括，产生共相（universals），等等。③尼采的观点对哲学家形象的塑造具有重要意义。哲学家阐述一个体系或观点时，只是在表达他的意志

---

① 例如，可参看《善恶的彼岸》，第19节。

② 关于这一观点，请特别参看《善恶的彼岸》第3，5和6节。尼采没有使用"认知的""情感的"和"意欲的"等术语，但这无关紧要。

③ 关于这一观点，请参看尼采在《善恶的彼岸》第3，4和14节中引人注目的评论。可以说，尼采思想的这一特征预示了进化心理学的当代进展。然而，我们应该记住，进化论所强调的适应性（adaptation），在尼采看来反映了一种被动的，因而是不健康的意志。（《道德的谱系》，第2章第12节）

的某些特征。尼采认为，艺术家与思想家的作品往往是他们内心多元意志冲突的产物。①就尼采自己而言，各式各样的声音有机会阐述各不相同的视角，这些视角表达了众多的意志。因而，尼采的声音是多元的。

再次，存在形而上学（metaphysics of Being）的消亡，以及随之而来的表象的/真实的世界之分的消亡，意味着关于任何事物都没有确定的绝对真理（Absolute Truth）——用内格尔（T. Nagel）的话说，就是没有"本然的观点"②。唯有多元视角源于多元的兴趣，并予以表现。③从尼采对形而上学与心理学的批判中产生的视角主义（perspectivism）理论，实际上是在他对复调的使用中付诸实践的。

这就是尼采的方法的理论基础，他借此将哲学写成巴赫金式的（Bhaktinian）面具与声音的游戏。这种方法不应被视为不成熟的、自恋的蒙昧主义，它是尼采关于主体、人类心理、真理和知识的观点的"逻辑意蕴"，尽管尼采不喜欢这种措辞。

尼采的方法有三重效应。第一，尼采对一些关键术语或概念的使用，显然相互矛盾，前后不一，或至少是模棱两可的，例如对"虚无主义"（nihilism）和"虚无主义的"（nihilistic）这两个术语的使用。要理解他作品这一颇为令人沮丧的特征，一个好办法是将其视为他使用不同声音的令人不快的结果，因

---

① 《道德的谱系》第3章讨论了一些例子。
② 内格尔：《本然的观点》（*The View from Nowhere*），纽约：牛津大学出版社，1989。
③ 《遗稿》（1885—1887），7（60）。

为这些声音混淆了同一个词在不同意义上的使用。第二，尼采的一些表述显然相互矛盾，例如，"佛教超越了善与恶"（《敌基督者》）与"佛陀仍处于道德的妄想中"（《善恶的彼岸》）。同样，这些令人困惑的矛盾也是尼采声音多元化的结果。第三，尼采的某些声音以极其惊人的语言表达了极端的立场——这些立场与他整个哲学方案中似乎更为微妙的主旨相冲突（例如，他的一个有争议的主张：同情阻碍了自然选择）。

或许有人会反对说，像尼采这样的思想家不可能有一个"总体的哲学方案"，他的文本只是一堆相互矛盾的观点的胡言乱语，我们无法在他的诸多声音之间做出裁决。这种观点认为，尼采是一位文学家，而不是一位真正的哲学家，因为他没有进行过系统的思考。①这是两种极端的立场之一。另一种立场则是将尼采的思想视为一个体系，如理查森（J. Richardson）所为。②要做到这一点，必须赋予他的所有声音以同等的价值和分量，以便在同一话语层面统一处理他的全部主张。这涉及尼采文本的真正平面化（flattening）——三维的东西在二维平面上的翻译——各种声音从不同角度来表达观点，但也从被动/主

---

① 这似乎是罗素在《西方哲学史——及其与从古代到现代的政治、社会情况的联系》(*History of Western Philosophy and its Connection with Political and Social Circumstances from the Earliest Times to the Present Day*，纽约：西蒙与舒斯特出版社，1945）中的立场——这一立场几乎被战后早期整整一代英美学者不加批判地接受了。当然，罗素对尼采的评价也是（即使并不主要是）基于对尼采苛刻的人身攻击，他认为尼采的道德品质是卑劣的。

② 理查森：《尼采的体系》(*Nietzsche's System*)，纽约：牛津大学出版社，1996。

动或不健康/健康的纵坐标轴上的不同位置来表达观点。通过具有强大解释力的扭曲，这种方法形成了一个尽管毫无说服力，却相对地令人信服的"体系"。大多数哲学家都尽力把他们的思想变成一个平面。尼采思想是严峻的山景，任何使之转化为平面的企图都注定要失败。这种平面化的做法使尼采哲学变得贫乏，无异于将其视为"纯粹文学"。

这两种极端立场并非详尽无遗。尽管尼采非常混乱地将他的视角主义付诸实践，但我们还是可以把他当作一位哲学家来解读。他没有提出一个体系，但其思想所表达的总体态度，所指向的总体方向，仍有一致性和连贯性。尼采可能没有一个体系，但肯定有一个方案（project）。他的思想所面向的首要理想，就是生命肯定的伟大健康。这一理想在尼采早年对阿提卡悲剧（Attic tragedy）的讨论中首次得以阐述，并一直是其思想的指路明灯，直到他精神崩溃。因此，在本书中起作用的关键解释学原则是，尊重尼采声音不可还原的多元性——接受他有趣的视角主义实践——而又不忘为其思想提供总体统一性的东西，即伟大健康的理想。这样，我们面对尼采的矛盾和犹疑时就有可能免于绝望，而不至于天真地从他的作品里解读出一个固定的体系。

这一基本原则体现在两个方面。首先，它允许采取一种解释策略，该策略的本质在于将尼采文本中明显的不一致、矛盾和模棱两可之处泡沫化，以期获得更大的框架，使尼采表达的各种观点都有意义。这个更大的框架几乎总是涉及尼采关于健康（主动的、创造的、肯定的动力）与疾病（消极的、被动的、否定的动力）的基本理念。因此，唯有通过对尼采诸观点之间明显矛盾的消解，我们才可以对他的总体方案获得更深刻的理解。

其次，上面概述的解释学原则，让我们有可能在尼采各种不同声音之间做出裁断，并对他的各种主张赋予不同的权重。这里起作用的原则是相对健康（relative healthiness）。尼采的一些声音是更被动的（不太健康的），另一些声音是更主动的/更有创造力的（比较健康的）。记住这一点，就有可能淡化某些（健康的/有创造力的）立场，那些立场在尼采本人看来可能是更被动、更不健康的。①

我想尼采也会赞同这种方法。这种解读不仅可以认真对待尼采声音的多元性，而且它本身也是创造性的。木乃伊式的不偏不倚不是本研究的指南；②尼采文本中的一些观点被有意地（并有意识地）强调，其他观点则不太被关注，所有这些观点

---

① 这些例子包括对有意为之的暴力和残忍行为的天真美化，其目的更多是激怒同时代的热血青年——所激怒的欲望显然是被动的——或者说是他厌恶女性的观点——这显然是尼采对自己不幸的成长经历的反应，也是他与露·安德烈亚斯－莎乐美（Lou Andreas-Salomé）的创伤经历的结果。也许有人会说，这太轻易地放过了尼采：不，我是在复活考夫曼（Kaufmann）笔下温和的尼采。［考夫曼：《尼采：哲学家、心理学家、反基督者》（*Nietzsche*：*Philosopher*，*Psychologist*，*Antichrist*），普林斯顿：普林斯顿大学出版社，1974］我的回答是，我只是在运用（尼采式的）"相对健康"原则来隔离和淡化尼采那些格外不成熟的、充满怨恨的和被动的声音。如果我们要继续专注于尼采的伟大健康理想，而不被他那些愤怒的、更多怨恨的、相对而言无关紧要的尖叫声所干扰，就必须如此，那些尖叫相对而言是无关紧要的。

② 哲学家们倾向于将他们接触到的一切都变成木乃伊。关于这一令人不快的倾向，参看《偶像的黄昏》第3章第1节。

都应被视为活生生的、可塑的、有活力的观点,它们可以被使用和学习,而不仅仅是被分析和评论。更重要的是,我的解读可以说是直接表达了我的意愿,即带着尼采的实证哲学"走向某处"。福柯说过,就尼采和尼采主义而言,真正有趣的问题不是"尼采说了什么"而是"尼采有何重要用途"。①像威廉姆斯一样,我也同意福柯的观点,而且我坚信尼采也会同意。本书将尼采用于一个具体特殊的目的,亦即对于虚无主义的挑战做出一种新的回应,比我们在尼采作品中发现的回应更好、更健康。在我看来,尼采自己"下沉"的时刻到了,从某种意义上说,也就是完成他的使命的时刻。②

关于佛教,应该指出的是,本书把佛教当作哲学而非宗教来对待。更具体地说,由于我引用的资料全都是南亚的,因而这是一本关于尼采与印度佛教思想的书。③从这些资料中可以提取、抽象和重构一系列基本命题(fundamental positions),这

---

① 参看威廉姆斯(B. Williams):《对过去的感觉》(*The Sense of the Past*),剑桥大学出版社,2006,第 300 页。与客观主义批评家相反,这种解读尼采文本的方法绝不意味着它可以免于误读。无论这种方法多么富有活力和创造力,我对尼采作品的诠释仍然像任何其他解读一样是可证伪的。

② 这些词组是从《查拉图斯特拉如是说》中借用的,参看《查拉图斯特拉如是说》,特别是第 9—10 节。

③ 我使用的资料是上座部(Theravāda)佛典记载的佛陀话语以及古典时期印度佛教哲学家著作。这些著作若无译本,则所有佛教术语都采用梵文形式,即使我引用的是巴利文文本。参看 A. K. 沃德(A. K. Warder):《印度佛教》(*Indian Buddhism*),德里:莫迪拉尔·巴纳斯达斯出版社,1970。

些命题作为一个整体就是我所说的佛教哲学。毫无疑问，佛教自诞生以来就扮演着一种宗教的角色——一种形而上学的慰藉之源——对其大多数追随者来说，数千年来，佛教机构一直在全世界范围内扮演着宗教机构所扮演的社会、文化、经济和政治角色。此外，乔达摩·悉达多死后不久，佛教就开始分裂为诸流派，这导致许多在哲学观点上与教义相左的命题迅速涌现。然而，在本质上，亦即在其创立者及众多博学的追随者的教导中，佛教也有一个独特的哲学内核，它很容易从佛教各流派教义的组成部分中分离出来，这些教义具有文化上和历史上的偶然性。这一核心正是我在本书中所关注的东西。

毫无疑问，佛教所面向的是一个具体的修行目标，即获得一种解脱的智慧，从而在人对世界的体验以及人与世界的关系方面引起彻底的质变。然而，正如西德里茨所指出的那样，"只有当我们假定理性无法解决救赎或生存的问题时"，佛教的伦理特征才会被认为与西方哲学的理性主义不相容。①然而，佛陀及其追随者从未这样假设过。相反，他们认为，要解决生存和伦理问题，需要我们清晰地思考并分析心灵的运作方式、

---

① 西德里茨：《佛教哲学与人格同一性：人空》（*Buddhist Philosophy and Personal Identity: Empty Persons*），奥尔德肖特：阿什盖特出版社，2003，第 xiv 页。海耶斯（Hayes）对于讨论佛教时使用"救赎论"（soteriology）一词表示不满。他正确地指出，佛教中没有 sōtēr（"救世主"），因而也没有 sōtērion（"救赎"）。因此，海耶斯认为，在佛教语境中谈救赎论是不准确的。参看 R. P. 海耶斯：《陈那论符号诠释》（*Diṅnāga on the Interpretation of Signs*），伦敦：克鲁维尔学术出版社，1989，第 34—35 页。我倾向于认同此观点，我在本书中谈佛教伦理学和佛教道德心理学，而不谈佛教救赎论，原因就在于此。

我们所体验的世界、我们与世界打交道的方式,等等。①因此,从哲学的角度,把佛教当作哲学来看待并无过错。②

将一种"理想的"佛教哲学从作为宗教与意识形态的佛教中分离出来,这一有争议的任务涉及:确认佛教教义中那些非教条的、可证伪的,以及在逻辑上独立于教条主义立场的特

---

① 西德里茨指出,西方哲学与东方"智慧"之间的所谓的意识形态鸿沟是19世纪浪漫主义建构的遗产,它将亚洲文化视为纯粹"精神的"东西,与粗糙的、实证主义和理性主义的西方文化相对立(《佛教哲学》,第 xiv 页)。关于欧洲浪漫主义者对东方文本的接受,以及这种接受对当代人如何看待印度和印度思想的巨大影响,请参阅施瓦布(R. Schwab):《东方文艺复兴》(La Renaissance orientale),巴黎:帕约特出版社,1950;杰拉德(R. Gérard):《东方与德国浪漫主义思想》(L'Orient et La pensée romantique allemande),南希:托马斯出版社,1963;R.-P. 德鲁瓦(R.-P. Droit)的优秀著作《印度的遗忘:哲学失忆症》(L'oubli de L'Inde:une amnésie philosque),巴黎:法兰西大学出版社,1989;以及哈布法斯(W. Halbfass)的《印度与欧洲:一种理解论》(India and Europe:An Essay in Understanding),奥尔巴尼:纽约州立大学出版社,1988年。实际上,推理对亚洲来说并非陌生之物,而西方的理性也并不像某些人所认为的那样,更加脱离实践和伦理问题。因此,不可能形成一个融贯的论证来证明哈布法斯的说法:"将东方排除在适用哲学概念的领域之外。"(《印度与欧洲》,第155页)西方哲学对印度思想的主流态度以"欧洲当代中心主义"为特征,对此更详细的讨论可参阅 R. 金(R. King)的杰出著作《印度和佛教哲学导论》(爱丁堡:爱丁堡大学出版社,1999),特别是第1—41页。

② 涅槃(Nirvāṇa)是佛教伦理学中的至善,据说与之相伴的是智慧/洞察力(prajñā,般若)。实际上,开启智慧对于实现涅槃至关重要。因此,尽管佛教强调实际的伦理目标,但毫无疑问,至少在名义上,它是一种"爱智慧"(philō-sōphia)的形式。

征。①因而，在形而上学层面，佛教哲学坚决拒斥持久的我（abiding ego）的存在，并致力于对实体形而上学的彻底批判。在伦理学领域，佛教哲学提出了一系列主张，说明了什么使人的心理不健康，从而也说明了什么可以使人努力实现涅槃的伟大健康。在认识论方面，它拥护的立场——用今天的话来说——可称为实用主义语境论（pragmatic contextualism）。最后，在语言哲学中，它赞同一种唯名论（nominalism）。细节之事要复杂得多，但是在本质上，这就是本书的佛教哲学所包含的内容。

这种对待佛教的方法，对佛教徒和佛学家来说，可能会有两点令他们特别恼火。首先，这种方法无论如何都不会关注经院哲学式的形而上学主题，而历代佛学作者都重视这些主题，佛教徒也一直将其视为他们信仰体系的核心。其中最重要的是重生（rebirth）、自然道德的报应（retribution），以及像佛陀这样的圆满者（perfected being）死后的地位。这些主题在古典印度的讨论中同样重要，但构成佛教哲学核心的命题是基本哲学（即非教条的、可证伪的）命题，在逻辑上独立于这些问题。转世（reincarnation）与自然道德的报应是否真正发生，与存在是否是一个一以贯之的概念，或主体的中心是否有一个永恒的自我，没有任何关系。同样，我把涅槃解释为一种伟大健康，它伴随我们走出渴爱（tṛṣṇā）的狂热，与一个人对身后归宿持何种立场也没有必然联系，无论他们是否开悟（enlightened）。简言之，我理想中的佛教哲学完全独立于佛教教义在历史上、文化上和

---

① 参看西德里茨：《作为哲学的佛教：一个导论》（*Buddhism as Philosophy: An Introduction*），奥尔德肖特：阿什盖特出版社，2007。

意识形态上的偶然特征。在必然性与偶然性之间做出区分，这可能会被解释为哲学家特有的一种傲慢，但我们很难否认它的价值，也很难拒绝对它给与更多关注。

在我的方法中，另一令人恼火的主要因素不是通过教义来排除什么，而是通过宗派来排除。简言之，我认为任何（一）捍卫不可还原的自我（例如 Pudgalavāda①）的存在，（二）提倡超验的绝对（例如 Cittamātra②）的存在，或（三）赞同某种形式的实在论、实体形而上学（例如 Vaibhāṣika Sarvāstivāda）③

---

① Pudgalavāda，梵文，音译为"补特伽罗"，意为"众生"，即生命的主体、自我或灵魂。——译注
② Cittamātra，梵文，意为"唯心"。——译注
③ 与许多佛教学者似乎相信的情况相反，观点（三）并不包括所有研究阿毗达磨（Abhidharma）分类学课题的学派。在那些学派的现存文本中，只有毗婆沙师和说一切有部的论师们（Vaibhāṣika Sarvāstivādin ābhidharmikas）明确地认为构成世界的"元素"（dharma，法）实质上存在，而不是转瞬即逝的过程。正如格辛（Gethin）正确地指出的那样，在上座部资料中发现的早期经论中，并未明确说明元素的本体论地位。参看 R. 格辛：《见法者见法：早期佛教中的法》（*He Who Sees Dhamma Sees Dhammas: Dhamma in Early Buddhism*），载《印度哲学杂志》32（4），2004，第 513—542 页，特别是第 541—542 页。关于说一切有部学界从本体论上模糊的分类学向实在论本体论过渡的详细探究，参看 C. 考克斯（C. Cox）：《从范畴到本体论：法在说一切有部经论中角色的变化》（*From Category to Ontology: The Changing Role of Dharma in Sarvāstivāda Abhidharma*），载《印度哲学杂志》32（5—6），2004，第 543—597 页。[Vaibhāṣika，梵文，毗婆沙师，广义上指精通律藏和论藏并为之作注释者，《俱舍论光记》卷一云："毗名为广，或名为胜，或名为异；婆沙名说。"狭义上指说一切有部论师。Sarvāstivāda，梵文，

的佛教版本，都与佛陀思想的基本原则根本不一致。①根据佛教早期的论述，世间一切事物都依赖于因缘，所以无常（impermanent）。正如后来的佛教哲学家正确所见，此论述既适用于构成"人"的各种元素——人"无我"（selflessness）——也适用于世界上任何事物的构成元素——万物普遍"无实体"（substancelessness）。根据这一观点，公元2—3世纪的中观学派创始人龙树，只是从佛陀的基本哲学观点出发，得出了一些合乎逻辑的结论。众所周知，万法因缘共生（dependent co-arising）是佛教思想的本质，佛教哲学中几乎所有其他思想都是从这一临界点（critical point）出发的。②

意为"说一切有部"，释迦牟尼逝世300年后，从上座部分出，以阿毗达磨为立论依据，主张三世实有，法体恒有。Abhidharma，梵文，意为"阿毗达磨"，旧译为阿毗昙，简称毗昙，意为"论藏"。ābhidharmikas，梵文，意为"论师"，即精通论藏且善于阐释者。——译注〕

① 因此，不言而喻的是，我将无视佛教学术界已不复存在的超验主义流派，他们断言佛教对自我的批判实际上仅仅指向一种"超人格自我"。参看康兹（E. Conze）：《与佛教哲学似是而非的相似》（"Spurious Parallels to Buddhist Philosophy"），载《东西方哲学》13（2），1963，第105—115页，特别是第114页。关于这一佛学思潮及其严重缺陷，见S. 柯林斯（S. Collins）：《无我之人：上座部佛教的意象与思想》（Imagery and Thought in Theravāda Buddhism），剑桥大学出版社，1982，第7—12页。

② 正如本研究很少关注尼采三个时期之间的区别一样，本研究也淡化了"早期佛教"与晚期佛教所谓"大乘运动"相关思想家（即龙树、月称或寂天）观点之间的区别。与尼采的各个时期一样，在佛教哲学发展的各个时期之间，连续性远远大于间断性，因此，没有理由孤立地对待这些假定的"时期"。

应当指出的是,我对佛教其他主要宗派的判定是在佛教传统内做出的,这些宗派尚有文本存世。正是基于佛教徒的视角,而非某种外在视角,佛教的一些分支持续地表达着对存在的信仰——不论用自我、绝对还是实体来表示——它们遭到了谴责,因为它们所展示的恰恰是佛教本应反对的根本心理缺陷,即对永恒挥之不去的依恋,或对"所是"(It Is)坚定的需求。换言之,在佛教传统中有一个情况要讲明,即为什么补特伽罗、唯心,以及说一切有部这样的学派会阻碍佛陀的开示(message)。

也许有人会反对说,将纯粹的或理想的佛教哲学与作为宗教的佛教区分开,这种做法有点儿矫揉造作、有失公允、冷酷无情和奋其私智。我愿意咬紧牙关。我的所作所为矫揉造作,在某种意义上对某些人冷酷无情,所有那些人都认为,你要相信业报轮回,才能成为一个真正的佛教徒。但对我而言,重要的是它在哲学上具有合法性。

在这方面应该指出的是,即使就佛教最传统的表述而言,我的方法与其所强调的两个理念也是相符的。其一,佛教的自悟(self-understanding)作为一种治疗方式深受重视。其二,理想的佛教哲学的建构可以被视为佛教"善巧方便"(upāyakauśalya)原则的运用。

这两点其实密切相关。佛陀首先应被视为一位治疗师,而非理论思想家。他的开示旨在减轻人类的痛苦。因此,他所追求的是一种独特的伟大健康理想,即涅槃。更为传统的佛教思想具有根本的治疗的特征,本书所呈现的佛教哲学保留了这一特征。作为一名人类的医生,佛陀根据公众智力与道德的成熟度,务实地调整他的教学内容。①对他来说,绝对、确定的真理似乎远不如他的话语和观念对听众的影响更重要。对他来说,"什么"(what)显然不如"如何"(how)和"为何目的"(to what end)更重要。②因此,我对佛教哲学的运用和阐述方式,不仅尊重佛教作为一种伟大健康哲学的根本理念,而且可被视为佛教思想对具体受众"善巧的"呈现/顺应。

本书首先和主要的读者是那些在西方传统框架中对哲学与伦理问题感兴趣的人,我对作为哲学的佛教的介绍就反映了这一点。我不仅真诚地认为它触及了历史上的佛陀所开创的思想运动的核心,而且我对佛教的介绍也声称是以一种"善巧"的方式向西方哲学界呈现佛教的观念。因此,我对保守的当代西方惯例的沿袭,即只将非教条的、可证伪的命题视为"哲学的",就不必被视为未经反思的实证主义欧洲中心论。佛教传统本身允许对佛陀的教导进行这样的修改。善巧方便(skillfulness in means)胜过一切教条主义的固执。

---

① 正如伯顿(D. Burton)写道:"一位好医生会根据疾病的确切性质来改变用药方案,在大多数佛教传统中也有类似的灵活性。人们相信,佛陀并没有向所有人传授相同的东西,而是根据听众的具体需求、能力和兴趣来调整他的开示。"伯顿:《治疗信仰与欲望之病:佛教哲学疗法》("Curing Diseases of Belief and Desire: Buddhist Philosophical Therapy"),载 C. 卡莱尔(C. Carlisle)、J. 加纳里编:《作为治疗的哲学》(*Philosophy as Therapeia*),皇家哲学研究所增刊(特辑)66:第187—217页,特别是第203页。

② 关于这一点,亦可参看 S. 汉密尔顿(S. Hamilton)的介绍:《早期佛教:一种新方法——关照者之我》(*Early Buddhism: A New Approach: The I of the Beholder*),加利福尼亚州里士满:柯曾出版社,2000。

最后，对本书所使用的解释学策略（hermeneutical strategy）再说几句，它将尼采思想与佛教哲学带入对话之中。本书核心的解释学工作是通过医学话语层面的"视域融合"（fusion of horizons）①进行的。特别是伦理学，将依据两种哲学的核心类型学——健康者与病态者——的角度来讨论。②

当然，我在尼采思想与佛教哲学中都强调伟大健康理想的决定，并不是一个武断的决定。几乎所有现存的印度佛教文本都以某种方式强调，医学话语在佛教思想与修行中具有中心地位。简言之，涅槃的伟大健康是佛教的终极目的。尼采的实证思想（positive thought）也同样朝向一种伟大健康的理想。③更

---

① 这种"视域融合"的形式与创造该短语的伽达默尔所描述的并不相同。参看伽达默尔（H.-G. Gadamer）：《真理与方法：哲学解释学的基本特征》（*Wahrheit und Methode: Grundzüge einer philosophischen Hermeneutik*），图宾根：莫尔出版社，1972。我的目标不是要融合解释者与被解释的文本视域，而是要融合两种不同类型的文本或哲学的视域。

② 在尼采思想中，这种区分也可以用强者与弱者来描述。正如我将在第一章中解释的那样，尼采思想（以及佛教哲学）语境中的强力/健康和病态/虚弱，不能从字面意义上理解为与标准生物学意义上生理的健康/疾病相对应的概念。

③ 在这方面，应该指出，本书显然没有出现声名狼藉的 Übermensch［超人］的形象。实际上，在我（以及越来越多的学者）看来，Übermensch 的形象与"健康者"的形象不同，它更多地属于查拉图斯特拉的智慧世界，而非尼采思想世界。最近，皮平（R. B. Pippin）在一篇"引言"中强调了尼采与查拉图斯特拉宣言的反讽关系，见皮平编，德尔·卡罗（A. Del Caro）译：《查拉图斯特拉如是说：一本为所有人而又不为任何人的书》（*Thus Spoke Zarathustra: A Book for All and None*），剑桥大学出版社，2006，第 viii—xxxv 页。更一般地说，《查拉图斯特拉如是说》是我讨论尼采哲学时最少引用的文本。

重要的是，伟大健康这一观念已成为尼采与佛教接触的核心。毕竟，作为对立面的"欧洲佛陀"，尼采认为自己提出了肯定生命的"伟大健康"（great health），而印度佛陀则提出了否定生命的"伟大疾病"（great sickness），二者截然相反。简言之，在伟大健康话语层面融合佛教与尼采视域的解释学，其根源就在尼采的作品之中。实际上，这只是一个认真对待尼采的问题。

Part I
Nihilism and Buddhism

第一部分
虚无主义与佛教

第一章

作为佛陀的尼采

  尼采与佛教之关系的关键概念是虚无主义。尼采主张,佛教是虚无主义的一种形式,他自己的思想也是如此。①但尼采到底是怎样理解这个术语的?回答这个貌似简单的问题,却并不像最初看起来那么容易。事实上,"虚无主义"在尼采的作品中并不是一个一以贯之的概念。也就是说:如果虚无主义是随上帝之死②而来的无价值、无目的的迷惘感,那么当尼采把

---

① 《遗稿》(1885—1887),9(35)。

② 同上书,5(71):"一旦对上帝的信仰……站不住脚了,那么对无目的和无意义[即虚无主义]的信仰就成了心理上的必不可少的影响。"另见同上(1888—1889)5(71)。大多数学者,甚至是那些对尼采思想中的虚无主义进行复杂而细致分析的学者,似乎都仅满足于这个虚无主义的定义——海德格尔:《尼采》(Nietzsche),四卷本,普福林根:内斯克出版社,1961;莫里森(R. G. Morrison):《尼采与佛教:虚无主义与反讽关系研究》(Nietzsche and Buddhism: A Study in Nihilism and Ironic Affinities),牛津大学出版社,1997;威廉姆斯:《导言》(Introduction),载威廉姆斯主编,J.诺克霍夫、A.德尔卡罗译:《同性恋科学》(The Gay Science),第 vii—xxii 页;以及雷金斯特(B.

基督教描述为"虚无主义的",①或者把柏拉图的信徒与德国观念论者描述为"虚无主义者"时,②又是什么意思呢?当然,尼采并不是说,基督徒、柏拉图主义者和观念论者在上帝之死的背景下阐明了他们的世界观。他也不可能说他们都是隐秘的无神论者(crypto-atheists)。虚无主义看起来是一个不融贯的概念。然而,尼采对虚无主义的看法是他与佛教的关系的核心。理解此关系的第一步,就是澄清尼采作品中"虚无主义"一词的不同含义。

尽管尼采的虚无主义歧义丛生,但至少有一点是清楚的。当尼采使用"虚无主义""虚无主义者"和"虚无主义的"等词语时,他所指的并不是哲学家们现在所理解的"虚无主义"这一术语。这个术语主要用于形而上学与伦理学的讨论。形而上学的虚无主义命题是,无物真正存在,宇宙其实等同于绝对虚空(absolute void)。这一命题被某些学者(错误地)归属于龙树及其追随者的哲学。③也可以说,这是尼采对存在形而上

Reginster)《生命的肯定:尼采论克服虚无主义》(*The Affirmation of Life*: *Nietzsche on Overcoming Nihilism*),马萨诸塞州剑桥市:哈佛大学出版社,2006。

① 《敌基督者》,第 20 节。

② 《瞧,这个人》,"为什么我能写出这么好的书"(Warum ich so gute Bücher schreibe)之《悲剧的诞生》,第 2 节。

③ 见伯顿:《空性评估:对龙树哲学的批判性研究》(*Emptiness Appraised*: *A Critical Study of Nāgārjuna's Philosophy*),加利福尼亚州里士满:柯曾出版社,1999;奥特克(C. Oetke):《论龙树哲学之阐释》(*Remarks on the Interpretation of Nāgārjuna's Philosophy*),载《印度哲学杂志》19(3),1991,第 315—323 页,以及《中观学的"虚无主义"

学批判的逻辑意蕴。即使如此,形而上学虚无主义也不是尼采所理解的虚无主义。

元伦理学虚无主义(Meta-ethical nihilism)本身的观点是,不存在道德事实——"道德存在物"(moral entities)的集合是一个空集。①虽然尼采有时被认为是一位元伦理学虚无主义者,②但这种虚无主义仅仅与尼采本人使用该术语的一种方式略有关联。在许多段落中,尼采将虚无主义描述为这样一种结果,即认识到形而上学作为犹太教-基督教道德的基础,不可救药地被**超越**(*dépassé*)了。因此,这种虚无主义是认识到不存在"道

与"非虚无主义"阐释》("*Nihilist*" *and* "*Non-Nihilist*" *Interpretations of Madhyamaka*),载《东方学报》(*Acta Orientalia*)57(1),1996,第57—103页;以及伍德(T. Wood):《龙树的论辩:透过印度镜像的哲学之旅》(*Nagarjunian Disputations: A Philosophical Journey through an Indian Looking-glass*),火奴鲁鲁:夏威夷大学出版社,1994。

① 见哈曼(G. Harman):《伦理与观察》("Ethics and Observation"),载达沃尔(S. Darwall)、吉伯德(A. Gibbard)和雷尔顿(P. Railton)主编:《道德话语与实践》(*Moral Discourse and Practice*),牛津大学出版社,1997,第83—88页;《解释价值以及其他道德哲学论文》(*Explaining Value and Other Essays in Moral Philosophy*),牛津大学出版社,2000;以及麦凯:《伦理学:发明对与错》("Ethics: Inventing Right and Wrong")中的错误理论,载达沃尔、吉伯德和雷尔顿主编:《道德话语与实践》(*Moral Discourse and Practice*),牛津大学出版社,第89—100页。

② 例如,可参阅《善恶的彼岸》第108节:"没有道德现象,只有对现象的道德解释。"(《偶像的黄昏》,第7篇第1节)然而,根据麦凯的错误理论,元伦理虚无主义只有在人们支持元伦理认知主义时才成立,而尼采肯定不会支持。对于尼采来说,道德命题是关于一个人如何感受的问题,而不是一个人知道什么的问题。

德事实"（如先前设想的那样）以后产生的，即元伦理学虚无主义。①显然，尼采讨论的虚无主义不可能是当代元伦理学家的虚无主义。

关于虚无主义不是什么，暂时就说这么多。"什么是虚无主义"，这个问题依然存在。归根到底，在尼采笔下有两种主要的虚无主义②需要区分。③基督教、柏拉图主义和观念论等"虚无主义"意识形态的核心是这样一种虚无主义，它是一切以有神论为基础的传统世界观的根源，或者更广泛地说，是任何存在信仰的根源。我称之为**虚无主义心态**（nihilist mentality）。与此相反，上帝之死带来的存在眩晕（existential vertigo）指的是，基于这种形而上学价值体系崩溃所引发的历史与文化危机。我称之为**虚无主义危机**（nihilist crisis）。这两者都需要详细讨论。

虚无主义心态是支持存在虚构（fiction of Being）的东西。更具体地说，正是它产生了尼采所说的 wahre Welt ④（"真的/

---

① 关于这一点，可参看雷金斯特：《生命的肯定》，第 25—26 页.

② 我之所以说"主要的虚无主义"，是因为在尼采未发表的笔记中还出现了另外两种相对次要的虚无主义，即积极的/消极的虚无主义（active/passive nihilism），见《遗稿》（1885—1887），9（35）。这些内容将在第二章讨论。

③ 这一区分远比前面注释文献中所讨论的区分——莫里森的积极的/消极的虚无主义（《尼采与佛教》，第 22—23 页）、雷金斯特的虚无主义迷失/绝望（《生命的肯定》，第 33—34 页）和海德格尔的"虚无主义的三种形式"（《尼采》第 2 卷，第 63—71 页）——更为根本。

④ wahre Welt，德语，真实世界。由于此词在本书出现频率较高，故下文直接使用其中文译名。——译注

实在的世界"),①它是几乎所有宗教、哲学甚至科学思想背后的主要假设。②简言之，虚无主义心态导致了一种存在领域的幻觉，亦即在某种程度上，存在领域比我们在经验中被给予的转瞬即逝的生成世界更根本、更实在、更真实。③

也许有人会问，虚无主义者有何看法？存在形而上学是虚无主义的，因为它以一个响亮的"不"（no）为开端。存在虚构是被设计出来的，它叙事的中心是对我们所见和所经历世界的关键属性进行否定。简言之，虚无主义心态通过否认生成来生产存在。尼采解释了真实世界的虚构是如何通过一种特殊类型的推理产生的，这种推理从现实世界（actual world）属性间

---

① wahre Welt 一词未译，因为德语中的 wahr 不仅意味着某物是真的（true），而且还意味着它是实在的（real）。如果有什么区别的话，wahre Welt 是一个形而上学概念，而不是一个认识论概念（真是存在的属性——实在——反之则不然）。借用海德格尔的话来说，wahre Welt 的形而上学确实是一种"存在形而上学"。

② 《快乐的科学》第 344 节。亦可参看《道德的谱系》第 3 章第 24 节。

③ 在《偶像的黄昏》第 3 章第 2 节，尼采把真实的世界说成是"对我们感官证据的伪造"（falsification of the testimony of our senses）的产物。[其中 the testimony of our senses 本书误引为 the testimony or our senses，译者参照 Richard Polt 英译本《偶像的黄昏》（*Twilight of the Idols*）校改。——译注] 然而，我们很快就会明白，他对存在形而上学的批判，与其说是对有神论实证主义攻击，不如说是对虚弱、易怒者所发明之物的严厉裁决，那些人为自己提供了安逸的假象，他们认为这个世界充满了敌意，无法与之正面交锋，出于同样的理由，他们也无法向生命复仇。

的矛盾推导出真实世界的否定属性：

> 这个世界是显而易见的——**所以**有一个真实的世界。这个世界是有条件的——**所以**有一个无条件的世界。这个世界充满了矛盾——**所以**有一个没有矛盾的世界。这个世界在生成——**所以**有一个世界存在。①

正是通过一种被动的过程，由我们的感官呈现给我们的世界真正实在的有效性被否定和否认了，虚构的、超感官的（suprasensuous）实在领域才得以产生。简言之，"'真实世界'是在与'**现实世界**'（*wirkliche Welt*）的矛盾中建构出来的"②。否定（nay-saying）作为存在形而上学的根源，揭示了这种形而上学根本的虚无主义特征。

然而，存在形而上学之所以是虚无主义的，不仅因为它的源头是否定的，而且因为它在意识形态层面的意蕴——从否定的起源中自然得出的意蕴。它有两个主要特征要考虑。首先，它是原初的实体形而上学，因为它假定了一种基础的、实在的实体（存在），它是一切仅只偶然或意外现象变化（生成）的基础。其次，它是原初的超越形而上学，因为它假定了存在与真理的领域，超越了生成的、单纯表象的内在世界。存在的实/真实世界既在我们所见世界之后（如真理在表象/幻象之幕"之后"、实体在其属性"之后/之下"），又在我们所见世界

---

① 《遗稿》（1885—1887），8（2）。
② 《偶像的黄昏》，第 3 章第 6 节。

之外（如超验在内在"之外"、天堂在大地"之外"等）。当然，这就意味着这个生成的世界是无（*nihil*）。①现实世界与实体的、超验的真实世界相比，仅仅是表面的和内在的——从形而上学角度讲，它是无-物（no-thing）。因此，虚无主义心态提供了一个真实和实在的存在世界，其代价是将生成的世界化为乌有。

关于"生成之物"本体论价值的形而上学虚无主义，其必然结果就是关于其道德价值的元伦理学虚无主义，从而成为对现实世界进行道德谴责的依据。正如尼采在《敌基督者》中所强调的那样,真实世界的超越性在一系列与**实在/真理**（*Wahrheit*）密切相关的道德观念中得到了最有力的表达，这些观念即善、正义、和平、极乐（Bliss）等。在一个被赋予这些属性的真实世界的预设中，隐含着对我们所生活的世界的彻底贬抑（devaluation）。②生成世界不仅是虚假和虚幻的，而且还是一个跟善毫不相干的领域。结果，与我们所生活的世界相关的元伦理学虚无主义将"无的价值"（value of nil）归因于现实世界。③德勒兹解释道："高于生命的价值离不开它们的作用：对生命的贬抑，对这个世界的否定。"④但是，对现实世界的价值的否定隐含于对真实世界的发明中，这只是虚无主义者对这个世界进行道德谴责的前景。生成世界在道德上并非一无是处或

---

① 关于这一点，参看《偶像的黄昏》第3章和第4章。

②《敌基督者》，第15节。

③ 德勒兹（G. Deleuze）:《尼采与哲学》(*Nietzsche et la philosophie*)，巴黎：法国大学出版社，1962，第170页。

④ 同上书，第169页。

毫无价值，它有一种积极否定的道德价值。正如尼采所解释的那样："一旦'自然'这个概念被设想为与'上帝'对立的概念，'自然'就不得不成为'应受谴责'的词了。"① 因此，虚无主义心态交出了善的领域，其代价是把现实世界还原为道德荒原。

于是，究其根源，虚无主义心态的意识形态有两个孪生的主张："不，生成世界不是实在的"和"不，生成世界不是善的"。结果，一个实在的、善的存在领域与一个贬值的、干瘪的、虚无化的生成领域相对立，后者是虚幻的、罪恶的。但显而易见的是，虚无主义者由此得出的结论，正是从一开始就推动其思考的东西。存在形而上学从一系列关于现实世界的否定开始，并给出了一个被还原为无物的现实世界——在这个生成的海洋里没有"实在的东西"；在这片充满变化、斗争和矛盾的海洋里，没有"善的东西"。

这种可疑的循环论证，促使尼采追问这种思想的心理基础。②

---

① 《敌基督者》，第 15 节。见《瞧，这个人》，"为什么我这么聪明"（Warum ich so klug bin）第 3 节："迄今为止，生存最大的反对者是谁？上帝"；《偶像的黄昏》第 8 章第 34 节："'超越'——如果不是作为败坏这个世界的一种手段，为什么要超越？"在这些段落中，虽然尼采专门针对的是基督教，但经过必要的修改后，他的主张可以适用于所有形式的真实世界意识形态。《偶像的黄昏》第 2—4 节等文本非常清楚地表明了这一点。

② 在尼采对真实世界起源的探究中，这种心理学转向反映了他在理论上更广泛的承诺，即认为形而上学的功能在于证实和证明一种主要的道德观。（《善恶的彼岸》，第 6 节）根据尼采的观点，形而上学体系与其所"传递"的道德之间的关系始终是循环的，就各种形而上学而

一开始就否定,这泄露了什么?虚无主义者对生命的贬抑,是指示性的,还是症候性的?这些都是尼采想要回答的问题。在这一点上,尼采毫不含糊。存在/上帝虚构背后的思想"源于对自然(现实!)的憎恨,它表达了对实在之物的强烈不满"①。因此,虚无主义心态对存在的发明源于对生存(existence)本身的怨恨。

要剖析这一心理学主张,就得考察尼采哲学中的一个关键概念——颓废。颓废是一种身体和情感上的虚弱,主要表现为疲惫②与烦躁③。这种烦躁为颓废提供了"公式",即"不快乐的感觉多于快乐的感觉"。④**颓废者**(*décadents*)虽疲惫而烦躁,却不断地为生活所激怒。

颓废者是尼采哲学中典型的病态者。实际上,颓废最好是被理解为一种疾病。当一个人的健康与活力处于"衰落"(字面意义上的"颓废")状态时,就会对接触产生厌恶,大多数人肯定都熟悉这种经历。当我生病的时候,除了最暗淡的灯光,所有的光看起来都太亮,除了最柔和的声音,所有的声音听起

言,它们都既以(通常是前反思的)道德/伦理态度来巩固其基础,又以这种态度来寻找其基础。因此,尼采对存在形而上学之起源的解释不应该是历史性的。相反,它的重点在于其心理学基础。

①《敌基督者》,第 15 节,另见《瞧,这个人》,"为什么我是命运"(Warum ich ein Schicksal bin),第 8 节。

② 在《瞧,这个人》"为什么我是命运"的第 7 节,尼采将疲倦者称为"精疲力竭者"(the exhausted)。另见《遗稿》(1888—1889),14(174)。在他的晚期文本中,颓废与生存疲惫之间的关联反复出现。

③《善恶的彼岸》,第 293 节;《敌基督者》,第 20,22 节。

④《敌基督者》,第 15 节。

来都太吵，一切意想不到的事情似乎都令人不悦，如此等等。我发现自己渴望静止、沉寂、稳定和可预见的事物。尼采把这种常见的态度归于颓废者。

颓废的主要后果（因而也是症状）就是尼采所说的**怨恨**（ressentiment）。①怨恨的情感包括"愤怒、病态的脆弱性……以及渴望复仇"②。尼采似乎又一次指向一种心理状态，任何一个曾经生病、疲惫不堪、压力过大，或只是极度饥饿的人，都会很容易识别这种状态。当我生病或非常疲倦时，身体与情感层面的敏感性和脆弱性都在增加，这使我变得更加暴躁和不耐烦（对于人与物——我觉得发生在我身上的每件事好像都是"有针对性的"），我的裁决更加严厉（仿佛俯视着一个陌生人，说"扶我起来"），更容易生气和失望，做出本能的反应（在身体、语言和心灵上）、被动的攻击行为，或仅仅是单纯的攻击行为等。尼采的怨恨指的是一种一般倾向，即我们大多数人在疾病和疲惫的状态下，会表现出复仇的、自我防御的攻击性。这就是他将其描述为颓废的主要后果的原因。从根本上说，颓废者就是弱者，此外，怨恨与无能密切相关。颓废的人太虚弱了，他们不能主动积极地与世界打交道，也不能进行任何形式的真正斗争。相反，他们愤愤不平，并任由其怨恨膨胀。

最后，真实世界从充满颓废的怨恨胸怀里诞生了。尼采的观点是，对真实世界的渴望是世界无尽的不稳定性（endless

---

① 在《瞧，这个人》"为什么我这么有智慧"（Warum ich so weise bin）第 6 节中，尼采解释道，怨恨是病态颓废者"最自然的倾向"。

②《敌基督者》，第 15 节。

instability）的产物，颓废者对这种不稳定性感到极不安全。生成的动荡令过于敏感的颓废者深感不安。结果，他们把生命本身理解为一个问题：正是"对现实的仇恨"助长了虚无主义心态及其形而上学。但是，对建构真实世界形而上学真正奏效的是怨恨，更确切地说，是"对现实的怨恨"①。尼采的看法是，在实在世界的寓言中，并通过此寓言使现实世界"虚无化"（nihilization），这是一种充满怨恨的复仇姿态。正是这种复仇的欲望赋予颓废者以仇恨的力量，使其有能力创造出一种意识形态，对生命造成伤害。对世界价值的否定——无论是本体论的还是伦理学的——对颓废者来说都是一种惩罚行为，因为他们要在难以驾驭的生成中忍受苦难。对生命的否定是存在形而上学的核心，是他们怨恨的最终结果。正是通过这种情感，颓废者的被动性（reactivity）变得富有**创造性**（creative）。他们创造的东西就是存在。

因此，编造真实世界的第一步并不是对存在、真理、宁静和极乐的实在世界的智性假设（intellectual postulation）。它是一种前认知（pre-cognitive）、前反思（pre-reflective）的东西；它是一种对世界不信任的、沮丧的态度，导致了对世界本能的拒斥。②按照尼采的说法，这种态度就是原初的道德（化）态

---

① 《遗稿》（1885—1887）8（2）；同上书，1888—1889，15（30）。
② 正如尼赫马斯所说："尼采并未简单地攻击表象与实在之间的区别。他还提供了……关于其起源的心理学解释。"尼赫马斯（A.Nehamas）：《尼采：生平与著作》（*Nietzsche：Life as Literature*），马萨诸塞州剑桥市：哈佛大学出版社，1985，第 171 页。另见马丁（G. T. Martin）：《尼采和龙树的解构与突破》（"Deconstruction and Breakthrough in

度——颓废者认为"这个生成的世界伤害了我,它是罪恶的"。因此,疾病是存在虚构的基础,它涉及作为生命目标的感受,从而将生存理解为道德上有问题之事,将世界理解为有罪的东西。① 如果说虚无主义心态的最终结果是一种世界观,在这种世界观中,我们所看到和体验到的世界是无用的、无价值的、无意义的、骗人的和罪恶的,那是因为虚无主义者事先已经判定了这个世界是卑鄙的。

然而,尽管颓废者对存在的发明主要是一种破坏性的复仇姿态,但其中也有创造性因素。这与真实世界形而上学作为虚无主义的最后一种意义有关,那也许是最微妙的意义。有了存在的寓言,颓废者就具备了他们最渴望的东西,即一种永恒、寂静和极乐的领域。毕竟,对于疲惫不堪的病态者来说,和平(peace)与清净(quiet)是最佳的"善"。② 因此,对真实世界的编造,不仅是一种复仇行为,而且是令人宽心的自我安慰和慰藉行为。颓废者说:"别怕,我的兄弟们,我们的归宿——存在——正等着我们呢,我们要做的只是让自己从这个可悲的世界中成功脱身。"尼采声称,这是最纯粹的虚无主义。存在是通过一切实在事物的矛盾——生成性、条件性、无常性、不

Nietzsche and Nāgārjuna"),载帕斯克(G. Parkes)主编:《尼采与亚洲思想》(*Nietzsche and Asian Thought*),芝加哥:芝加哥大学出版社,1991,第 91—111 页。

① 在《道德的谱系》第 3 章第 15 节中,尼采解释道,受苦的人本能地要寻找罪魁祸首,即对其苦难负有罪责者。

②《道德的谱系》,第 3 章第 17 节;《遗稿》(1888—1889),14(174)。

可还原的多元性、不一致性、不确定性、不稳定性、斗争性等——建构起来的,因此,它是人类有史以来最大的虚无。尼采解释道:"赋予事物'真正存在'的标准,就是非存在、虚无的标准。"①另一种说法是,颓废的虚无主义者历来都"把虚无称为上帝"②。于是,颓废者虚无主义心态的结果就是,打着存在/上帝的旗号,不知不觉地崇拜虚无。这种对虚无的神化,乃是病态颓废者在不稳固的生成世界里寻求庇护的结果。叔本华所谓"形而上学需求"③,其实就是一种怯懦的虚无意志(will to nothingness)。

尼采讨论的第二种虚无主义不是一种"心态",而是一个事件(event)。这就是虚无主义危机。在这里,尼采主要关注的是欧洲的虚无主义危机,这场危机始于他那个时代,而我们西方人可以说依然深陷其中。在这一语境中,虚无主义表达了一种彻底的无价值性,唯一被认为能够赋予价值的东西——真

---

①《偶像的黄昏》,第3章第6节。
②《道德的谱系》,第3章第17节。[原书此注误作"同上书,第17节"(*Ibid.* 第17节),译者查明引文出处后修改。——译注]
③《作为意志和表象的世界》,第2篇第17节。需要指出的是,尼采早年对叔本华"形而上学需求"的看法是,它实际上是在宗教消亡之后才得以彰显,而并非如叔本华所说是宗教的源头。见《快乐的科学》,第151节;《遗稿》(1880—1881),6(290)。在这一阶段,尼采似乎特别强调思考对物自体(thing-in-itself)的形而上学"需求",像康德或叔本华那样。然而,尼采晚期的文本,如《善恶的彼岸》第12节,或《遗稿》(1885—1887)8(2),则清楚地表明他最终与叔本华重新站在一起。在其晚期作品中,神学与宗教都表达了颓废者原初的形而上学需求。

实世界或上帝——一旦被证明是谎言，这种无价值性就会令一切生存黯然失色。尼采解释道：

> 极端的立场并未被温和的立场所取代，而是被相反的（opposite）极端立场所取代。因此，一旦对上帝与根本道德秩序的信仰难以维系，那么，对自然的绝对非道德性（absolute immorality）的信仰，对无目的性和无意义性的信仰，就成了心理上必然的情绪（affect）。虚无主义在那时出现……是因为对于在苦难中、实即在生存中的任何"意义"，我们都已不再信任。一种阐释（interpretation）已经崩溃了；但由于它被视为（唯一的）阐释，仿佛在生存中根本就没有什么意义，仿佛一切都是徒劳（in vain）。①

沉醉于有神论与形而上学以后，已经消耗殆尽的生命显得毫无用处，毫无价值，没有意义，没有方向。②随之而来的虚无主

---

① 《遗稿》（1885—1887），5（71）。在这方面，可以参考德勒兹对这一危机的描述："以前，生命受到更高价值的贬抑，被这些价值的名义否定。在这里，情况正好相反，只有生命留存，但它仍然是一种被贬抑的生命，在一个没有价值的世界里延续，被剥夺了意义和目的。"（《尼采与哲学》，第170页）

② 海德格尔恰当地解释了尼采思想中世界的价值/作用（value/worth）与生命的意义/目的（meaning/purpose）之间的联系。简单地说，后者依赖于前者所提供的"伦理世界秩序"（ethical world order）。（《尼采》，第2卷第65页）

义是一种令人痛心的现实性检验（reality check），它带来的是一种丧失了一切价值的现实。

　　虚无主义危机与虚无主义心态在两个方面有关联。首先，正是由于虚无主义心态，在这个据说是卑微、堕落的世界中，上帝（基督教的真实世界）才被视为唯一的价值、道德效用和意义之所在。随着上帝的死亡，我们只剩下这被贬抑和藐视的生命；用尼采的话说，就是"从'上帝就是真理'反弹到……'一切都是假的'"①。世界与一个神圣、超验、超自然的绝对（Supra-Natural Absolute）相关，并凭借这一关联受到重视。令人陶醉的有神论虚构一旦烟消云散，戒断症状（symptoms of withdrawal）就会出现——历史看起来漫无目的，宇宙缺乏任何目的或意义的统一，真理似乎是海市蜃楼。②因此，把虚无主义危机描述为一场严重的宿醉或许是再合适不过了，经历了漫长的醉酒期后，欧洲饱受其苦，在此期间，世界通过一个令人陶醉的谎言获得了意义。如果说上帝之死剥夺了世界的虚构价值，从而加剧了虚无主义危机，那正是因为虚无主义心态已经主宰欧洲很久了。③一旦看到生成就是一切，那么关于生成世界（相对于存在世界）价值的元伦理学虚无主义就变成了对

----

① 《遗稿》（1885—1887），2（127）。
② 《遗稿》（1887—1888），11（99）。
③ 在《敌基督者》第 43 节，尼采解释道："当一个人把生命的重心不是放在生命中，而是放在'来世'中——放在虚无之中时——他就完全剥夺了生命的重心。"［原文误作"第 47 节"，译者据《敌基督者》原文校改。——译注］当"来世"最终被确认为不过是虚无，生命本身被抛在后面，没有任何"重心"时，虚无主义危机就出现了。

世界价值的最后陈述。

在第二种意义上,虚无主义心态为虚无主义危机铺好了路,它涉及一种特殊的虚无主义虚构,即真理的虚构。尼采的观点是对**真实性**(*Wahrhaftigkeit*)的坚持,消解了上帝虚构(fiction of God),这种虚构是虚无主义道德的产物。现代科学的正直(probity)在于它"禁止上帝信仰中隐含的谎言",从而杀死了上帝,而这种正直实际上正是基督教真实性的产物。①因此,它在真实世界的形而上学中找到了自己的历史基础和意识形态基础。②毕竟,"真理与谎言"二分法是一种根本的对立,颓废的虚无主义者用以区分存在与生成、实在与纯粹表象。然而,作为科学之正直的化身,真实性(truthfulness)正是最终将真实世界本身谴责为谎言的东西。结果就是上帝之死。

基督教信仰因其自身的真实性而消亡,这就是尼采所谓**自我克服**(*Selbstüberwindung/Selbstaufhebung*)的一个实例。③基督教的真实性战胜了最初孕育它的东西,并摧毁了它:"基督教作为教条,被自己的道德摧毁了。"④从这个意义上说,虚无主义心态揭穿了它自己的奠基性神话(foundational myth),它要为此负责。从这个意义上说,欧洲的虚无主义危机是虚无主

---

①《快乐的科学》,第 357 节。另见《道德的谱系》第 3 章第 24—25 节尼采对现代科学及其无神论的讨论,它将其视为虚无主义道德的一种新体现。

② 关于"科学信仰"的根源依然是"形而上学信仰",见《快乐的科学》,第 344 节。

③ 同上书,第 357 节。另见《道德的谱系》,第 3 章第 27 节。

④《道德的谱系》,第 3 章第 27 节。

义心态自我克服（self-overcoming）的结果。

这揭示了"虚无主义"在虚无主义危机中的作用。通过一系列新的否定，虚无主义心态实现了自我克服。不，上帝不存在。不，存在是无法证实的。不，没有天堂（Heaven）。不，没有善，没有确定性的基础，没有永恒性与稳定性，如此等等。总之，现在要否定的是虚无主义心态及其形而上学的虚构。因此，虚无主义危机的核心是作为主动性的虚无主义（nihilism as activity）——一种拆除方案。①这种主动性将真实世界虚无化，把虚无主义作为一种意识形态的事态（ideological state of affairs）实现出来；其结果就是虚无主义危机，在此危机中，世界以往的（虚构的）价值与效用都被还原为无（nil）。

既然虚无主义在尼采作品中的两个主要含义已得到澄清，那么开始认真研究尼采与佛教的复杂关系也就得以可能了。最根本的是，尼采坚信，在非常相似的虚无主义危机的背景下，他与佛陀提出了同样的否定。正是由于这种共同的虚无主义背景，尼采才将自己认定为"欧洲的佛陀"（Buddha of Europe）。②

尼采认为自己处于欧洲思想史的一个紧要关头，与佛陀在印度思想史中的情形相仿。③细读尼采关于古印度与佛教兴

---

① 《遗稿》（1885—1887），9（35）。
② 同上书，（1882—1884），（4）2。
③ 正如莫里森书中所写，尼采"（对佛教）的兴趣集中于佛陀时代印度，他认为那时的印度与他所生活的欧洲具有直接的历史相似性"。（《尼采与佛教》，第 8 页）见密斯特里（F. Mistry）：《尼采与佛教：比较研究引论》（*Nietzsche and Buddhism*：*Prolegomenon to a Comparative Study*），纽约：W. 德古意特出版社，1981，第 35 页；菲格尔（J. Figl）：

起的笔记,①显然可见,在他那个时代的欧洲与佛陀出现时的景观(landscape)之间,尼采看到了一种明显的"历史相似

《尼采与佛教的相遇》("Nietzsche's Encounter with Buddhism"),载鲍默(B. Bäumer)、杜普切(J. R. Dupuche)主编:《佛教、印度教和基督教传统中的虚与实:空-圆满-丰满》(*Void and Fullness in the Buddhist, Hindu and Christian Traditions: Śūnya-Pūrṇa-Pleroma*),新德里:D. K. 印刷世界,第 225—237 页;以及弗雷泽(A. M. Frazier):"欧洲的佛教"(A European Buddhism),载《东西方哲学》(*Philosophy East and West*)25(2),1975,第 145—160 页。

① 除了叔本华的著作之外,尼采阐述他关于佛教的思想时,还从两部重要的佛教文献中汲取了资源,克彭(C. F. Koeppen):《佛陀的宗教》(*Die Religion des Buddhas*),柏林:F. 施耐德出版社,1857—1859;以及奥尔登堡(H. Oldenberg):《佛陀:他的生平、学说和僧团》(*Buddha: sein Leben, seine Lehre, seine Gemeinde*),柏林:W. 赫兹出版社,1881。他接触到的其他印度学文献包括 J. 瓦克纳格尔(J. Wackernagel):《关于婆罗门主义的起源》(*Über den Ursprung des Brahmanismus*),巴塞尔:H. 里希特出版社,1877 年;穆勒(M. Müller):《比较神话学和民俗学论文集》(*Beiträge zur vergleichenden Mythologie und Ethnologie*),莱比锡:恩格尔曼出版社,1879;以及科恩(H. Kern):《佛教及其在印度的历史》,莱比锡:O. 舒尔茨出版社,1882。关于尼采读过哪些文本,何时读过这些文本,以及他多么仔细地(或有选择地)阅读这些文本,在思想史家中存在着广泛的分歧。关于这些问题,可参看弗雷泽的《欧洲的佛教》;哈布法斯的《印度与欧洲》;菲格尔的《尼采与亚洲思想的早期相遇》("Nietzsche's Early Encounters with Asian Thought"),载帕克斯主编的《尼采与亚洲思想》,第 51—63 页,以及《尼采与佛教的相遇》;斯普龙(M. Sprung):《尼采的跨欧洲之眼》("Nietzsche's Trans-European Eye"),载《尼采与亚洲思想》,第 76—90 页;范德海德(A. Vanderheyde):《尼采与佛教思想》(*Nietzsche et la pensée bouddhiste*),巴黎:哈马丹出版社,2007;以及德鲁瓦:《对虚无的信仰:哲学家与佛陀》(*Le culte du néant: les philosophes et le*

性"①，那种景观充满了灵性与哲学性。②在《敌基督者》中，尼采写道，佛教"在数百年的哲学运动之后问世；当它出现时，神的概念已被废除。佛教是历史向我们展示过的、唯一真正的实证主义宗教（positivistic religion）"③。

Bouddha），巴黎：塞伊出版社，1997。关于这些文献如何塑造尼采思想，有两个虽非定论，却有趣的说法，见莫里森：《尼采与佛教》，第6—29页，以及哈布法斯：《印度与欧洲》，第141—147页。以上是迄今为止对这一问题最完整的论述。由于本书的重点是哲学而不是思想史，因此，彻底重构尼采关于佛教的思想的起源及其形成的文化与思想背景，超出了本书的范围，对此有兴趣的读者可参阅上述文献。

① 这句话出自莫里森的《尼采与佛教》，以及《尼采与涅槃》（"Nietzsche and Nirvana"），载桑塔里诺（W. Santaniello）主编的《尼采与众神》（Nietzsche and Nirvana），奥尔巴尼：纽约州立大学出版社，2001。

② 尼采写道，佛陀出世的时代"比我们的时代更有思想，更沉迷于思考"；在这一时代，"人们发现，他们深陷于哲学学说的沟壑中，就像欧洲国家有时深陷于宗教教义的微妙之处一样"[《遗稿》（1884），25（16）]。另见《遗稿》（1886—1887），5（71），第13节。[原文误作"5（72）"，译者据《权力意志》中译本校改。——译注] 一些佛教文献证实了这种情况，例如《梵网经》（Brahmajālasutta），载《长部》I. 12—46，以及《沙门果经》（Sāmaññaphalasutta），载《长部》I. 47—86。事实上，如今的印度学家一致认为，当时的印度确实是一个令人敬畏的智力与哲学活动场所。在这一点上，可参看塔帕尔（Thapar）关于古印度社会史的杰作《古印度社会史：一些解释》（Ancient Indian Social History: Some Interpretations），伦敦：桑加姆图书公司，1984。亦可看贡布里希（R. F. Gombrich）的《佛陀的思想》（What the Buddha Thought），伦敦：春分出版社，2009。

③《敌基督者》，第20节。应该指出，早在1881年，尼采就一直在敦促欧洲摆脱上帝的束缚，"将几千年前在印度——在思想家的国度中——所做之事，作为思想的当务之急承担下来"（《朝霞》，第96节）。

当然，尼采很清楚，佛教的宇宙论实际上完整保留了印度传统的神与半神组成的万神殿。但他也知道，佛陀否认了这些神灵（deities）中的任何一个是不朽的。根据佛教的说法，没有可以免于朽坏的存在者。从这个意义上说，佛教确实是无神论的。①事实上，存在、永恒和稳定的真实世界，不过是个幻象——佛陀看透了这一点，而这正是尼采所关心的。此外，尼采还解释了佛陀之前印度有神论的解体，认为其类似于虚无主义的真实性对（真理）存在虚构的破坏过程，后者促成了欧洲的上帝之死。在评论现代欧洲科学的真实性时，尼采解释道："现在禁止了上帝信仰中隐含的谎言"，"在印度也完全独立地出现了同样的发展……同样的理想引发了同样的结局。在欧洲纪元开始之前的五个世纪，印度就随着佛陀的出现到达了决定性时刻"。②简言之，佛陀是印度虚无主义危机的鼻祖，这场危机是由印度的上帝之死引发的。

从历史的角度看，尼采的主张可能不是很有说服力。毕竟，无论印度发生了什么样的上帝之死，有神论无疑都幸存下来了。但是从哲学的角度看，他的主张至关重要。尼采认为他与佛陀

---

① 关于佛教中无神论的简要讨论，参看沃德：《印度哲学大纲》（*Outline of Indian Philosophy*），德里：莫提拉·班那西达斯公司，1971，第60—61页。另见瓦利斯（G. Wallis）：《佛陀对一位有神论者的劝告：读〈阿摩昼经〉（〈长部〉卷十三）》["The Buddha Counsels a Theist：A Reading of the *Tejjivasutta*（*Dīghanināya* 13）"]，载《宗教》（*Religion*），38（1），2008，第54—67页，此文系关于佛陀拒斥有神论的详细讨论。

②《道德的谱系》，第3章第27节。

有相似之处，这是正确的，因为二者都抨击了当时盛行的意识形态，而且这些意识形态的基础都是存在虚构。翻译成尼采的行话（jargon）就是，尼采与佛陀都践行了虚无主义（作为主动性），这是虚无主义危机的核心。他们信奉一套非常相似的否定观，出于同样的原因否定了同样的事情。这一点的确如此，尽管这两位思想家产生于截然不同的历史与文化背景。

尼采呼应了印度同行的三大否定。他与佛陀一起破除的第一个神话是：苦难（suffering）之于生存是偶然或不必要的特征。尼采清楚地意识到，佛教哲学与修行的出发点在于，主张苦（duḥkha）是一切生命的根本特征，即使最安逸的生命形式也不例外。①古印度奥义书时代的婆罗门（Upaniṣadic Brahmins）断言，与表象相反，极乐是万物的本性。②佛陀拒绝了这个谎言，他否定了这一虚构。他断言，恰恰相反，苦难才是万物的

---

① 传统观点认为，这是佛陀第一次传法所讲的根本开示，在《律藏》I. 10 中可以找到相关记述。Duḥkha（或 Duḥkhatā，更直接的名词形式）是一个佛教术语，在英语中没有确切的对应词。这个词本身就代表了范围广泛的感觉，从剧烈的身体疼痛或心理痛苦到单纯的不安。当然，佛陀及其追随者也承认有各种形式和程度的 duḥkha。早期佛经谈到三种主要类型的苦："苦苦"（duḥkhaduḥkhatā），即我们通常认为的身体痛苦和精神痛苦；"坏苦"（vipariṇāmaduḥkhatā），即万物都会改变并最终消散这一事实所造成的痛苦；以及神秘的"行苦"（saṃskāraduḥkhatā），它既指我们不恰当的态度/信仰（saṃskāra，行）造成的痛苦，也指一种始终要涉及的痛苦，即我们是复合物（saṃskṛta，有为），因而易于朽坏。(《相应部》，IV. 259；另见《长部》III. 216 以及《相应部》，V. 56）

② 例如，可参看《大林间奥义书》，III. 9.28。

本性。①以为进入和平、宁静（Serenity）和永恒（Serenity）的领域就可以永远摆脱挣扎与痛苦，这是一种妄想（delusion），克服这一妄想其实是走上佛教伦理学之路的必要条件。

强调苦难是生存的根本特征，以及任何对这一事实的否认都隐含着谎言，这与尼采的思想不谋而合。②人生充满了苦难，这是尼采从亚瑟·叔本华（Arthur Schopenhauer）的哲学中继承的一个观点。③叔本华认为，唯有苦难是积极的，而快乐是消极的——快乐只是苦难的缺席（absence）④——尽管尼采可能不赞同其哲学导师的激进观点，但他肯定也较为温和地认为，人生充满了悲伤，我们所体验到的为数不多的快乐总是转

---

① 《相应部》，IV. 28。

② 见孔奇（M. Conche）：《尼采与佛教》（"Nietzsche et le bouddhisme"），载《国际哲学学院学报》（*Cahier du Collège International de Philosophie*）第 4 卷，巴黎：奥西里斯出版社，1989，第 125—144 页，特别是第 125 页。

③ 关于叔本华在这方面对尼采的影响的详细讨论，可参看伯曼（D. Berman）的《叔本华与尼采：诚实的无神论，不诚实的悲观主义》（"Schopenhauer and Nietzsche: Honest Atheism, Dishonest Pessimism"），载贾纳韦（C. Janaway）：《意志与虚无：作为尼采的教育家的叔本华》（*Willing and Nothingness: Schopenhauer as Nietzsche's Educator*，牛津大学出版社，1998），第 178—196 页，特别是第 180 页。

④ 见《作为意志和表象的世界》第一卷，第 88 节；以及该书第二卷，第 46 节，第 657—658 页；以及《附录与补遗》第二卷，第 149 节。在印度哲学中也有一种类似的观点，见曼陀那·弥室罗（Maṇḍanamiśra）在《成立梵论》（*Brahmasiddhi*）开头几行中归结为其正理派（Naiyāyika）对手的立场。

瞬即逝。①事实上，对尼采来说，正是叔本华式的"诚实"，涉及到承认世界深刻的"不虔诚"——它的残忍与无尽的苦难——最终将有神论斥为谎言。②

简言之，尼采在其活跃的一生中始终是一个悲观主义者。我的意思是，我称之为**描述性悲观主义**（descriptive pessimism）的观点——生活与苦难不可分离——是尼采作品的统一背景，跨越了他的所谓早期、中期和晚期思想。这一说法有些争议。毫无疑问，苦难——生存的矛盾性、暴力和看似无意义的痛苦——是所谓早期尼采的核心"所予"（given），③但标准的故事是，他最终摆脱了年轻时对叔本华哲学的狂热，于是他放弃了早年

---

① 在《快乐的科学》中，他断言，如果每一种艺术和每一种哲学都有一个前提，那就是"苦难和受苦者"（第370节）；在《道德的谱系》第3章第28节中，他把人描述为"患病的动物"（ailing animal）；在一个关键段落中，他交替使用"生存"和"苦难"这两个术语。[《遗稿》(1886—1887) 5 (72), 13]

②《快乐的科学》，第357节。这段文字清楚地表明，对尼采来说，虽然是诚实杀死了上帝，但在很大程度上，是关于苦难的真实性将此巨人击倒。如果说诚实是杀死上帝的刽子手，那么"恶的问题"就是刽子手的利斧。

③ 例如，可以参考尼采未公开出版的《希腊悲剧时代的哲学》（1873），这是一部关于"前柏拉图"希腊思想的作品，其中，阿那克西曼德和赫拉克利特被称誉为绝无仅有的能够认识世界的本质是巨大的苦难之喧嚣的古代哲学家（第4—5节）。《悲剧的诞生》本身关注的是阿提卡悲剧，它将其视为一种面对世界无边苦难的神正论。《不合时宜的沉思》第1章第6节中，尼采为叔本华悲观主义进行了辩护，对施特劳斯的乐观主义进行了严厉的批判，这也很能说明问题。

对普遍苦难的关注,从而转向道德批判、文化批评等。①

这个故事实际上更复杂。首先,毫无疑问,年轻的尼采对叔本华的思想印象非常深刻,②但对于他这位哲学导师的学说,在一些重要方面,尼采似乎一开始就有所保留。③此外,那种认为尼采曾**彻底**(in toto)拒斥悲观主义的观点太粗糙了。对于叔本华的悲观主义,尼采早期的疑虑和后来的拒斥,并不涉及其描述性元素——世界充满苦难的观点——而是涉及其规范性元素——世界充满苦难以至于它不应当存在的观点。④正是悲观主义的这种规范性特征,将尼采后来所说的"弱者

---

① 关于这一点,见布雷泽尔(D. Breazeale)编、霍林代尔译:《不合时宜的沉思》(Untimely Meditations),剑桥大学出版社,1997,"导论",第 vii—xxxii 页。关于叔本华哲学与尼采思想的关系的进一步讨论,有兴趣的读者应转向贾纳韦的《意志与虚无》。

② 叔本华的著作是使尼采从古典语言学转向哲学的原因之一。尼采在年轻时就发现了叔本华,虽然他后来背叛了这位导师,并最终拒绝了《作为意志和表象的世界》中提出的观点,但从某种意义上说,叔本华始终萦绕在尼采心中。伯曼恰如其分地指出:"叔本华仍是尼采在哲学上的主要影响者,即使在尼采反对他和瓦格纳(Wagner)的时候也是如此,对尼采来说,叔本华作为一位'好对手'比作为一位导师或盟友更重要。"(《叔本华与尼采》,第 187 页)我在本书第二章中对尼采作为反佛陀者的论述进一步证明了伯曼的主张。

③《不合时宜的沉思》,"导论",第 xvii 页。在其文本的注释 13 中(第 xxx—xxxi 页),布雷泽尔提供了充分的证据表明,尼采早年对叔本华的思想感到不安。关于这一点,可参看《致叔本华》,这是尼采于 1868 年撰写的批判叔本华思想体系的文章,未完稿。

④ 见索尔(I. Soll):《悲观主义与悲剧人生观:对尼采〈悲剧的诞生〉的再思考》("Pessimism and the Tragic View of Life:Reconsider-

的悲观主义"(pessimism of the weak)与"强力的悲观主义"(pessimism of strength)区分开来,前者即叔本华的悲观主义,① 后者即悲剧时代希腊人的悲观主义。②作为一名坚定的悲观主义者,尼采始终认同叔本华悲观主义中的描述性因素。③他始终认为,生命在根本上是痛苦的,而有神论乐观主义(或任何与此相关的乐观主义)是天真的、被蒙蔽的。他之所以自称为欧洲的佛陀,部分原因就在于这种对描述性悲观主义的信奉。④

ations of Nietzsche's Birth of Tragedy"),载所罗门(R. C. Solomon)、希金斯(K. M. Higgins)编:《阅读尼采》(*Reading Nietzsche*),牛津大学出版社,1988,第104—133页,特别是第124—125页。

① 《遗稿》(1887—1888),11(294)。另见《遗稿》(1888—1889),14(25)。

② 《悲剧的诞生》,"一个自我批评的尝试"(Versuch einer Selbstkritik),第 1 节。另见《遗稿》(1885—1887),10(21),以及《遗稿》(1888—1889),14(25)。在《瞧,这个人》"为什么我能写出这么好的书"(Warum ich solche gute Bücher schreibe)之《悲剧的诞生》第 1 节,尼采令人困惑地写道:希腊人不是悲观主义者,这就意味着他们既不是虚弱的悲观主义者,也不是规范的悲观主义者。

③ 尽管伯曼没有使用"描述性悲观主义"和"规范性悲观主义"这两个术语,但这一点在他对尼采无神论的讨论中得到了令人信服的论证。(《叔本华与尼采》,第 189—190 页)

④ 在这个意义上,尼采追随了叔本华的脚步。毕竟,叔本华特别强调他的思想与佛教之间的一致性,很大程度上是因为后者设定的悲观主义。关于这一点,可参看《作为意志和表象的世界》第 2 卷,第 186 页。

尼采思想与佛陀的教导之间的第二个重合之处涉及一个特定观念，它为建立于存在虚构之上的一切传统体系所共有。在这种情况下，否定的对象可以说是一种更局部化的存在观念。关键问题在于人格和个体层面，即灵魂、自我（self）或我（ego）的层面的"存在，而非生成"。在佛教哲学中，就像在尼采思想中一样，自我被斥责为一种误导性虚构。用专业术语来说，这种观点认为共时的人格统一性（synchronic personal unity）和历时的人格同一性（diachronic personal identity）都是概念上建构的，而不是实在的。这一要点需要详细讨论。

"无我"论是佛教哲学的基石。①如果说佛陀的第一个教导关乎苦难无处不在的本性，那么他的第二个教导则关乎自我并不存在。②这是有充分理由的。根据佛经所说，不把任何形式的自我或"我的"归属于任何身体或心理活动，这正是佛教圣人的特征。③要实现佛教哲学与修行的核心伦理目标，就必须彻底克服"自我"的虚构。

考虑到佛教与伦理学的直接关系，它对自我的批判显然不能只关注任何关于自我或灵魂的理念（idea）或观念（notion）。实现涅槃并不仅仅是一个舍弃不朽灵魂的理念或诸如此类抽象

---

① 阿诺德（D. Arnold）:《佛教徒、婆罗门教徒与信仰》（*Buddhists, Brahmins and Belief*），纽约：哥伦比亚大学出版社，2005，第118页。

②《律藏》I.10—11。这种关于佛陀教导次第的记述，在佛教各流派的现存文本中都很常见。

③《相应部》，Ⅲ.44。佛教道德心理学的这一特点将在本书第四章详细讨论。

概念的问题。①相反,佛教批判的对象相当于常识性"自我"观,它是在日常生活与思维中被预设的。②佛教主张,所有凡夫(normal humans)③都有一种前反思的信念(pre-reflective belief),即他们自己作为一个各别、统一和持久的自我而生存,这一点是没有争议的。④正是凭借这种对于"我"的直观的、因而常常是未被阐明的信念,我们赋予自己共时的统一性——这

---

① 关于这一点,可参看阿尔哈巴里(M. Alhabari):《涅槃与无主意识》("Nirvana and Ownerless Consciousness"),载西德里茨、汤普森、扎哈维编:《自我,无我?》(*Self, No Self?*),第79—113页,特别是第82—83页。

② 正因为如此,古代和当代哲学中存在着各种各样的自我观念这一事实,对佛教思想来说并不是问题。事实上,佛教哲学与斯特劳森(D. Strawson)坚持的主张完全一致,即对自我之本质的任何探究,都与我们有效地思考自己的方式有关:对自我本性的形而上学考察从属于对自我感的现象学考察。对形而上学问题来说,任何可接受的答案都要受到现象学的强力制约,这一点可以用这一说法来表达:"有精神自我这样的东西吗?"这一问题等同于"任何(真正的)自我感都是对任何存在之物的准确表征吗?"斯特劳森:《自我》("The Self"),载《意识研究杂志》(*Journal of Consciousness Studies*),1997,第405—428页,特别是第409页。

③ 这显然排除了那些因患有特殊疾病而导致人格解体(depersonalization)的人。

④ 佛教哲学所针对的自我,是否真的抓住了我们"对我们是谁这一问题的前哲学的(prephilosophical)、日常的理解",扎哈维对此提出了质疑。扎哈维:《经验自我:反驳与澄清》("The Experiential Self: Objections and Clarifications"),载西德里茨、汤普森、扎哈维编:《自我,无我?》,第56—78页,特别是第66页。阿尔哈巴里出色地化解了扎哈维的忧虑,见《涅槃与无主意识》,第82—88页。

同一个"我",拥有棕色的头发,爱我的孩子,感到饥饿,正在打字——我们也赋予自己历时的同一性——这同一个"我",已经写了博士论文,目前我正在将其改写为一部专著的文稿。因此,自我既是统一的"所有者"(owner),具有组成一个体的各种身体和心理属性,又是核心人格(core person),它是"内在的",即使在生前和死后不存在,也会从生到死始终存在。最后,如果要描述什么是我们的"深层自我"(deep self),我们中的大多数人都会以某种方式提及作为我们存在之核心的持久见证者-主体,以及在很大程度上支配着我们身体与心灵的思想和行动的行动者(agent)。当佛陀宣称没有自我时,他所提及的就是这种普遍的自我观。

相反,佛教的观点是,人是一种具有诸多身心过程(psycho-physical processes)的功能整合系统,但没有一个中央的、不变的核心。[1]通过分析,可发现各种身体事件和四类心理事件,即感觉、概念化、意志和认知。[2]我们找不到作为五蕴(five

---

[1] 我顺便指出,这一观点似乎与神经科学领域的最新研究完全吻合。关于这一点,见瓦雷拉(F. J. Varela):《伦理知识:行动、智慧和认知》(*Ethical Know-How*),纽约:斯坦福大学出版社,1999,第36页;韦斯特霍夫(J. Westerhoff):《龙树的中观学:一种哲学的导论》(*Nāgārjuna's Madhyamaka: A Philosophical Introduction*),牛津大学出版社,2009,第208—210页;以及弗拉纳根(O. Flanagan):《菩萨之脑:佛教的自然化》(*The Bodhisattva's Brain: Buddhism Naturalized*)马萨诸塞州剑桥市:麻省理工学院出版社,2011,第95—96页。

[2] 这就是五成分或五种集合的学说。[即"五蕴":色、受、想、行、识。——译注]该学说首先出现于佛陀的第二次转法轮时(《律藏》I. 11),并在佛经各处反复出现。麦肯齐(M. MacKenzie)对每种成分

constituents）之"所有者"或"承载者"的不可还原的存在者或人；我们只能找到这些蕴。①行动者的/人格的（共时的）统一性是一种幻象，它由组成人的多种身心之流以功能整合的方式产生。（历时的）同一性是从这些身心之流的关系之中产生的，帕菲特在讨论人格同一性时，将这些关系称为"关联性"与"连续性"（"connectedness" and "continuity"）。②人格的统

所代表的东西进行了很好的总结，见麦肯齐：《塑造自我：佛教徒与能动论者通往自我涌现之路》（"Enacting the Self：Buddhist and Enactivist Approaches to the Emergence of the Self"），载西德里茨、汤普森、扎哈维：《自我，无我？》，第239—273页，特别是第242—243页。

① 人们普遍认为，这一立场类似于西方传统中洛克、休谟等思想家所提出的自我捆束理论（bundle theory of the self）。参看索拉布吉（R. Sorabji）：《自我：关于个体性、生命和死亡的古今之见》（*Ancient and Modern Insights about Individuality*，*Life and Death*），牛津大学出版社，2006，第278—279页。然而，阿尔哈巴里最近对这一看法提出了质疑：它是否准确地描述了佛陀在佛经中表达的观点？（《分析的佛教》以及《涅槃与无主意识》）我无需参加这场辩论。对于我当前的目标而言，重要的是，佛教哲学否认有一个持续的主体存在。这一批判中出现了对于人的解释，至于怎样对这种批判进行准确的定性，超出了本书讨论的范围。

② 帕菲特（D. Parfit）：《理与人》（*Reasons And Persons*），牛津大学出版社，1984，第206页。帕菲特自己也认识到，他的观点与佛陀的观点之间有相似之处。同上书，第273，280，502—503页。最近，帕菲特试图远离他所谓的"佛教观点"，他所说的"佛教观点"是指一种关于人的消除主义（eliminationism）。见《经验、主体和概念框架》（"Experiences，Subjects，and Conceptual Schemes"），《哲学主题》（*Philosophical Topics*），26（1—2），1999，第217—270页，特别是第260页。然而，正如加纳里（Ganeri）对这一主题的讨论［《灵魂的隐秘艺

一性与同一性可能属于自我,然而,在现实中这样的自我并不存在。正如"战车"一词的所指不外乎以特定方式组装的一定数量的物体,"人"这个词的所指也不外乎以特定方式共同运作的一系列身心过程。①严格地说,并不存在这样一个统一的主体,他有棕色的头发、爱他的孩子、感到饥饿、正在写这句话等;只有棕色的头发、对两个孩子的一系列深厚情感、一种饥饿的感觉、正在输入这些单词的大脑与身体等。同样,也没有一个"核心的安托万·帕纳约蒂",他于 2007 年至 2010 年期间写了一篇论文,现在又根据这篇论文写一本书;只有一系列高度连续身心事件的功能整合之流,至少从 2007 年到现在是这样。用更抽象的术语来讲,佛教的主张是,虽然我们都前反思地坚信我们的"自我"是一个固定的存在物或"物"——后来的佛教作家称之为实体——但是,当我们说"这是我的自我"时,我们所

术》(*The Concealed Art of the Soul*),第 161—162 页] 所表明的那样,佛教关于人的立场并不像它关于自我的立场那样明确。一个共同的立场(Vasubandhu,世亲)是,人是"作为约定所指的实在"(prajñaptisat 施设有),但缺乏实体的实在性(substantial reality)。然而,从中观学派的角度来看,万物皆无实体的实在性,"人"并不比其他任何事物有更多的实在性/虚构性。虽然这个问题无尽地复杂,但是与帕菲特相反,我们至少可以说,佛教哲学关于人的立场不是消除主义的。

① 《相应部》,I. 135。另见《弥兰王问经》,第 27—28 页。战车譬喻(chariot analogy)非常流行,遍及全部佛教文献。据说此观点预设了分体学还原论(mereological reductionism),见西德里斯《佛教哲学》(*Buddhist Philosophy*),第 76—80 页。在第四章,我将解释为什么与西德里斯(以及其他许多人)的说法相反,并非所有的早期佛教流派都是还原论。我还将论证,佛陀并不是一个严格意义上的还原论者。

指向的其实是以某种方式相关的短暂过程。分析表明,我们对世界的共同经验所隐含的自我实体观是站不住脚的。①

根据佛教文献,我们可以重构关于自我不存在的四个主要论证。②我们可以从缺乏控制(lack of control)这一论据开始。这利用的是我们对"我们自己"的控制非常有限。无论我们是否愿意,我们的身体都会发生变化,最终衰朽并停止运作。同样,我们的感觉、知觉、欲望、意识状态等似乎都起伏不定,而我们却无法对其施加太多控制。佛陀问道,将我几乎无法控制的东西视为我的"自我",这合适吗?③在我看来,这一论证将人格同一性诉诸一种非常直观的思维方式。我之所以把我的手说成是我的手,而把另一个人的手说成是他/她的手,原因之一在于我可以随意移动我的手,却不能"从内部"移动他/她的手,反之亦然。佛陀的说法是,即使是移动"我的"手的意向,在任何重要的意义上也都不是我的。这里只有一个意向、一只手和一个动作。假设一个有意向的行动者,同时又是手的拥有

---

① 正如格辛所解释的那样,佛教的理念是,我们应该将人视为"一系列因果相联结的身心事件,而不是持久的实体"。格辛:《佛教基础》(*The Foundations of Buddhism*),牛津大学出版社,1998,第160页。当然,这意味着我们都前反思地坚信实体观。在我看来,这种现象学的主张是有道理的,尽管很少有人会用"实体"一词来描述他们的核心自我,除非他们受过哲学训练。

② 关于前三个论点的进一步讨论——上座部佛典中遇到的论证,见柯林斯:《无我之人:上座部佛教的意象与思想》,剑桥大学出版社,1982,第97—103页;以及格辛:《佛教基础》,第136—138页。麦肯齐在"塑造自我"第244页中,对第四个论证给出了更详细的概述。

③《相应部》,III. 66—67。

者，这是多余的。

第二个论证与一切身心过程的短暂性（transient nature）有关。这一观点最基本的形式是，无论我认为什么是我的"自我"——五蕴中的任何一个以及它们形成的"整体"等——都没有任何永恒性。根据佛教哲学的观点，没有任何东西不是凭借某些因缘之链（chains of conditionality）而产生的，因此也没有任何东西不是凭借另一些因缘之链而消失。组成"我"的身心事件都转瞬即逝。①任何可以被我执著为"我的自我"的东西，最终都会消亡。但自我应该是某种持续存在的东西。随着时间的推移，人格同一性不仅仅意味着连续性，它似乎还指某种持久的存在物。否则，当我说某人是我小时候遇到的那个人时，我所说的是什么意思呢？

这本身就可以作为一个"源于无常的论证"来反对日常的自我观念。但是，佛陀把这个标准的论证又推进了一步，这一做法表明，他显然特别关注奥义书（Upaniṣads）提出的关于自我的流行观点。②佛陀宣称，无常之物不可能是长久幸福（lasting felicity）之源。在这个意义上，此论证并不令人满意。在经验世界里，没有任何东西可以确保长久的满足，因而没有任何东西可以符合奥义书的自我，那种自我的本性是极乐。佛陀的结论是，只要任何事物最终都会以某种方式成为失望、沮丧或痛

---

① 《相应部》，I. 125。

② 他大概已经想到了《由谁奥义书》3.3—3.4 中提到的"车夫譬喻"（charioteer analogy）。关于这一点，可参看诺曼（K. R. Norman）：《论〈蛇喻经〉中的"我"》（"A Note on *Attā* in the *Alagaddūpama-sutta*"），载《论文集 II》（*Collected Papers II*），牛津：巴利圣典协会，第 100—109 页。

苦的根源，就没有什么东西可以算作"自我"。①

第三个论证取决于冗余性（superfluity）观念。最初的观点是，对于自我与五种身心成分（five psycho-physical constituents）之间的关系，我们无法给出融贯的解释。自我不能与这些成分相同，因为后者是无常的，而自我——根据其定义——必须是永恒的。自我也不能完全与这些成分分离，因为它们划定了经验的范围，谈论任何"超出经验"（beyond experience）的东西都是无意义的。最后，对于任何特定的经验，自我都不能"具有"或"具有其属性"，否则我们就不清楚为什么从一开始就得区分"自我"和"它的"经验了。②总之，自我是一个冗余的概念。无需涉及潜在的自我，就可以很好地解释经验，因此设定这个额外存在物"我"完全是多此一举。自我没有起到任何解释的作用，对一个没有自我的世界进行描述也无所欠缺。③因此，我们没有理由相信它存在。

---

①《相应部》，I. 125。在西方哲学的读者看来，真我（True Self）与幸福的联系似乎有点儿奇特，但是，只要看看古人的著作（见索拉布吉：《自我》）或最近泰勒（C. Taylor）关于自我与道德的论述，就会发现这在西方传统中也是一个常见的观点。泰勒：《自我的根源》(*Sources of the Self*)，马萨诸塞州剑桥市：哈佛大学出版社，1989。

②《长部》II. 66—68。

③ 印度和西方的许多思想家都反对这一论点。他们认为，主体性、能动性、记忆、时间意识等——更不用说责任感和理性利己（rational self-interest）等道德概念了——都要求有一个强健的、统一的、持久的自我。这些问题大部分在西德里茨、汤普森、扎哈维的《自我，无我？》一书中讨论过。批判无我观（no-self view）的人很多，可惜这里并不是为之辩护的地方。

最后，第四个论证在佛经中看不到，但在后来的佛教文本中可以见到，该文本即公元 4 世纪的《阿毗达磨俱舍论》。与同时代的许多佛教徒一样，世亲只承认两种认识方式是有效的，即现量（perception）和比量（inference）。他断言，这两种认识方式都不能提供关于自我的知识。①自我既不是通过视觉、嗅觉、听觉、味觉、触觉来体验的，也不是在内省（introspection）中被"看到"的。②因此，或许会有一种自我的"感觉"，但没有对持久的实体性自我的感性认识。世亲继而又主张，任何用来证实自我存在的比量，要么无效，要么所依据的前提不可靠。这个认知论证（epistemic argument）的结论是，没有有效的方式可以支持自我存在这一说法。我们应该抛弃自我的信念。

当然，尽管佛教哲学对我们日常的自我观念进行了毫不妥协的批判，但它绝不会建议我们停止谈论自我、人、存在者（beings）和个体（individuals）等。使用人称代词来指代人是

---

① 《阿毗达磨俱舍论》，第 461 页。
② 可参考休谟对自我的研究，见《人性论》第 1 卷，第 4 章第 4 节。关于休谟与佛陀观点之间的密切关联，见莱瑟（A. H. Lesser）：《东西方经验论与无我论》（"Eastern and Western Empiricism and the No-Self Theory"），载《宗教研究》（*Religious Studies*）15（1），1979，第 55—64 页；但是，康兹则基于他（现在被认为是错误的）对佛教的超验主义解释，将这种相似性斥为"似是而非的"（"与佛教哲学似是而非的相似"，第 114 页）。值得注意的是，加纳里凭借贝尔的《历史批判辞典》（*Dictionnaire historique et critique*，1972，第二版）提出了一个富有争议的史学案例，以支持休谟的观点实际上直接受到佛教思想的启发。（《灵魂的隐秘艺术》，第 228—231 页）

非常有效的,更一般地说,使用各种语言的惯例(linguistic conventions),从字面上看,似乎意味着存在统一性与同一性(unity and identity),但实际上并不存在。①然而,正如佛陀所强调的那样,诸如"自我"和"存在者"这样的语词,"只不过是世间常用的名称、表达、措辞和指称(designations)"。②这样,尽管我可以说"我在行走",但我不应误以为真的有一个行动者("我")和一个行动("我完成的行走"),因为实际上只有活动("行走")。③事实上,即使不使用"自我"这个概念,也不使用一切依赖于这一虚构的习语,我们对世界的描述也不会缺少什么,但继续用它来表达我们自己,就像"我"(以及人称代词)实际上指的是一个持久的存在物,而不是指一个不断变动的、无我的身心成分集合,仍然是非常实用的。有鉴于此,早期的佛教注释家设计了一种解释学方法,即区分真谛(ultimate truth)与俗谛(conventional truth),前者"无我",后者则与"自我"或"我"的陈述有关。④

---

① 参阅格辛:《佛教基础》,第 145—146 页。
② 《长阿含经》I. 202。
③ 这个例子是我从龙树那里借用的。(《中论》II)
④ 在佛教哲学中,真谛与俗谛之间的区分,并不像人们通常认为的那样是一种本体论上的表象/实在之分,看到这一点很重要(关于这一点,见加纳里:《灵魂的隐秘艺术》,第 59 页)。相反,它是一种解释学方法,最初是为了区分佛陀所说的"字面上的陈述"(例如,"没有自我")和"需要解释的陈述"(例如,"看起来指向自我的陈述")。然而,在持实在论立场的说一切有部论师们那里,这种区分变成了本体论上的区分——"谛"(satya)既可以指"真理",也可以指"实在"——世

佛教认为统一的、持久的自我是一种虚构,在尼采的作品中也有与之相似的表述,尽管尼采对这一思想的阐述和辩护不那么系统。基于根本的洞见,尼采提出"根本没有自我"①,佛教也有这样的观点,即"我"只不过是一个"合成的概念"(synthetic concept)。②这里的观点是,人格同一性——包括共时的和历时的——是组成一个人的各种身心过程的前反思概念综合的产物,一个人是由各种身心过程组成的。当然,尼采知道,"我"不只是一个概念,而且是一种"感觉"。③这种感觉就是"灵魂迷信"(soul superstition)背后的原因。④与佛陀一样,尼采既认识到"自我"或"我"的观念是前反思心理机制的产物,也看到了统一、持久的自我概念大有问题。

尼采所批判的自我与佛教徒所拒斥的自我有许多共同特征。首先,它应该是一种不可还原的永恒之物,经久不变。就像在生成之海中有一块固定的存在金块。尼采称之为"灵魂原子论"(atomism of the soul),他的意思是"这样一种信念,即灵魂是某种根深蒂固、永恒和不可分割的东西,是一个单子(monad)

俗性实存(或表象)与实体性实存(或实在)之间的区分。龙树极力反对这一倾向。

① 《遗稿》(1887—1888),9(108)。另见同上书,40(42)。
② 《善恶的彼岸》,第19节;另见《遗稿》(1885—1887),1(87)。
③ 《遗稿》(1887—1888),10(19)。
④ 《善恶的彼岸》,第19节。在这方面,尼采将对于自我或灵魂的信念描述为"来自远古时代的某种民间迷信……作为主体或我的迷信,至今仍在制造麻烦"(同上书,序言)。

或原子"①。其次，尼采的自我观念从根本上说是一种行动者或实行者的观念。正是由于相信自我是一种各别的存在物（discrete entity），它拥有并控制着身体和心灵，这种活动——严格地说是非人格的（impersonal）——才能在行动者（人）与行动（人之所为）之间分岔。②尼采所说自我的第三个特征与其作为行动者的角色密切相关。简言之，它应该是一个负责思考与意愿单一的、单数的主体。③在这个意义上，自我应该是不可还原的"我"，充当"思想的起因"与"动机"的源泉。④

尼采认为，这种自我概念是完全没有根据的。首先，在主体的核心并没有什么永恒或持久的东西。在这一点上，尼采提出的论证与佛陀在佛经中的论证非常相似。他断言，所有身心事件都是无常的，这使我们无法谈论一个具有强有力的历时同一性的人："持续的转变不允许我们谈论'个体'。"⑤

关于自我作为行动者的观点，尼采的主张也与历代佛教思想家的主张遥相呼应。根据这种观点，人的一切活动都类似于"下雨"这样的事件。虽然我们可以说"正在下雨"（it is raining），但显然并没有一个"它"（it）作为"雨"（rains）的行动者，而

---

① 《善恶的彼岸》，第 12 节。尼采在这里显然针对的是莱布尼茨，尤其是莱布尼茨 1714 年的《单子论》（Monadology）中提出的单子概念。见莱布尼茨著，P. 石约翰、A. M. 石约翰（P.and A. M. Schrecker）编译：《单子论和其他哲学论文》(The Monadology and Other Philosophical Essays)，印第安纳波利斯：博布斯－里尔出版社。
② 《善恶的彼岸》，第 16—17 节；《偶像的黄昏》，第 1 章第 13 节。
③ 《善恶的彼岸》，第 19 节。
④ 同上书，第 17—18 节。另见《快乐的科学》，第 6 章第 3 节。
⑤ 《遗稿》（1884—1885），36（23）。

只有非个人的下雨（raining）。①同样，当我说"我吃"（I eat）时，其实只有"吃"（eating）。

然而，尼采对于把"我"作为意愿与思维之唯一场所的批判，在佛教思想中却没有直接相似之处。他认为，意愿的复杂性尤其表明，真正紧要的是意志、情感和其他"心理事件"②的多样性，而不是一个统一、深思熟虑并决定行动路线的自我或灵魂。因此，主体是一种"**多样性**"（*multiplicity*）③或"多灵魂的社会结构"④。我们不应将尼采思想推断为，有许多各别的"自我"以某种方式"栖居"于每个人身上，这是对上述短语的误解。毕竟，很明显，他认为把各别的自我当成一种简单而持久的"物"，这种观念本身就是荒谬的，而不仅是就个体拥有许多自我而言。虽然措辞独特，但他的观点与佛陀的观点本质上是相同的。不存在掌控身心复合体（mind-body complex）的统一的核心自我；即使那些看似从"自我"的活动中产生的身心过程——意愿、决定、深思熟虑、回忆、抬起手臂等——也都是极其复杂的事件，它们使诸多过程发挥了作用，却并不涉及

---

① 《偶像的黄昏》，第1章第13节。尼采实际上使用了闪电（lightning）的例子，但这并不能很好地翻译成当代英语，因为当代英语中并没有一个用来指称闪电"活动"的动词形式。——见钦定版《圣经》（*King James Bible*）的"闪电"。（《路加福音》17：24）

② 我把"心理事件"这个词加引号，因为尼采与佛陀不同，他持一种清晰的非二元论（non-dualist view）观点，即世界是权力意志，从而使自己在身心问题上的态度非常明确。（《善恶的彼岸》，第36节）这一主题将在第三章进行详细讨论。

③ 《遗稿》（1884—1885），36（23）。

④ 《善恶的彼岸》，第19节。

被视为"主宰"的"核心存在者"。共时的人格统一性，在尼采与佛陀看来，是一种心理建构。

尼采的否定思想与佛教哲学之间的第三个重合之处在于，二者都拒斥现在所谓的实体形而上学（substance metaphysics）。这种形而上学的核心信条是，世界由物或存在物（实体）构成，它们具有各种特性或性质（属性）。例如，一个实体形而上学家会认为，有各种类型的"岩石"，它们具有不同程度的"硬度"特性。根据这种观点，岩石拥有硬度特性/性质（property/quality）。从所谓属性（attribute）的角度来看，据说硬度为岩石所**固有**（inhere），岩石是硬度特性的基底（substratum）。这种高度直观的观点，在尼采思想和佛教哲学中都遭到了拒斥，因为这种观点展现了对存在的静止性（staticity）承诺，即实体之持久存在是持续的、不变的和永恒的，而它们非本质的（inessential）、仅仅是偶然的属性则随着时间的推移而变化。要充分理解佛教的观点，将其置于佛教兴起的宗教和哲学背景中是很重要的。在佛陀时代，占主导地位的印度意识形态以一种强大的存在形而上学为中心，这种形而上学在早期婆罗门的奥义书中得到了最为突出的表达。①对于奥义书时代的婆罗门来说，整个宇宙都可

---

① 这是迄今为止大多数佛教学者的观点——最著名的是沃德（《印度佛教与印度哲学大纲》）、格辛（《佛教基础》）和贡布里希（《佛陀的思想》）——尽管布朗霍斯特（J. Bronkhorst）最近在《大摩羯陀：早期印度的文化研究》[(*Greater Magadha*：*Studies in the Culture of Early India*) 第2卷，莱顿：皇家博睿学术出版社，2007] 中，对此提出了质疑。然而，布朗霍斯特所举证据并不能证明我们应摒弃这一观点，即佛陀对自我与存在的批判针对的是奥义书教义。无论如何，在古典时期，佛陀的追随者和婆罗门教的反对者肯定都是这样解释佛陀思想的。

以还原为原初的存在（brahman①），宇宙最初是从**梵**（*brahman*）中流溢出来的。②根据这种观点，梵是原初实体（Primordial Substance），是构成"万物存在"（sarvam idam③）的基础。佛陀对这种观点提出了经验论的反驳（empiricist rebuke）：

> 比丘们，我将教你们"一切"。你们要倾听：什么是"一切"？"一切"就是眼与色，耳与声，鼻与气味，舌与味道，身与所触，意与法。比丘们，这被称为"一切"。比丘们，如果有人说："拒绝这个'一切'，我将安立另一个'一切'！"那就是在空谈。④

感官及其对象是佛陀在描述世界时唯一承认的东西。⑤

简言之，佛陀在佛经中所表达的世界观没有为实体或更一般的"实存"概念留下任何空间。⑥实际上，当佛陀看到一个特定的"物"时，他提出的问题不是"它是什么，它有哪些特性，等等"，而是"这是怎样出现/终止的，这是在何种条件下出现/终止的，等等"。换句话说，他感兴趣的不是 x 是什么样

---

① brahman，梵文，"梵"。——译注
② 《大林间奥义书》，I. 4，第 1—2 页。
③ sarvam idam，梵文，"一切处"。——译注
④ 《相应部》，IV. 15。反复出现的称呼"比丘"（*bhikṣus*）指的是佛陀的大众，即作为僧侣信徒的集会参与者(比丘的字面意思是"乞丐")。
⑤ 实际上，在印度的语境中，意（mind）被视为第六感，与西方人公认的五种感觉具有同等地位。
⑥ 关于这一点，见沃德：《印度哲学大纲》，第 58—61 页。

的东西，而是当我们谈论 x 时，涉及怎样的（诸）过程或（诸）事件。关注缘起（conditional arising）而非实存，其直接结果就是普遍无常（universal impermanence）的原理。正如佛陀的追随者所言，毕竟"一切产生的事物都有终结"①。

在龙树及其追随者的作品中，佛教对实体形而上学的批判变得明确起来。龙树主张，万物都没有固有的实存或"自性"（own-being）。简言之，龙树的观点就是万物皆无实体。这就是所谓"空性"（śūnyatā）原理——其实是"实体空"（svabhāva-śūnyatā②）的简称。③

为了确立自己的观点，龙树重新编排和界定了佛教的基本教义——因缘共生（dependent co-arising）。④在佛陀的经文中，因缘共生——据说与佛陀所证悟的认知内容相契合⑤——被相当狭隘地运用于人，以表明我们所说的"个体"实际上是一种因缘所生的关系，由短暂、变动的因素组成，完全没有一个实

---

① 《律藏》，I. 181。

② svabhāva-śūnyatā，梵文，"实体空"，作者误作 svabhāva。——译注

③ 关于这一点，见韦斯特霍夫：《龙树的中观学》，第 23—24 页。

④ 在《中论》开头有两段赞佛偈，虽然可能是被补入的，但也有优点，此二偈一开始就清楚地表明，龙树修正了缘起（pratītyasamutpāda）教义，他宣称不仅是人，而且是所有事物，都没有自己的（sva-）实体性（-bhāva）。[根据鸠摩罗什译本，《中论》开篇是："不生亦不灭，不常亦不断，不一亦不异，不来亦不出，能说是因缘，善灭诸戏论，我稽首礼佛，诸说中第一。"——译注]

⑤ 见《律藏》，I. 1—2。

体性的"自我"。龙树进一步主张，世间一切事物都是因缘所生，因此完全没有坚固、内在的实存或实体："既然无物不是因缘所生，也就没有什么东西（实体）不空了。"①龙树的主要观点之一是，实体这一观念本身就是不融贯的。实体应该是无因的（uncaused）。因此，在一个普遍因缘性（conditionality）的世界里，没有与之相符的东西。更重要的是，即使一个实体存在，由于它是无因的，这一事实也会阻碍它参与到这个因缘性世界之中——由于无因，它本身不会有因果效力。②因此，实体是冗余的存在物——它们起不到解释的作用。

此外，在龙树看来，实体不仅是一个不融贯和/或冗余的概念，而且在根本上与我们实际感受到的世界格格不入。对"物"③

---

① 《中论》，XXIV.19。[《中论》第24品第19偈："未曾有一法，不从因缘生。是故一切法，无不是空者。"——译注]

② 关于这一点，参看《中论》XV和XXIV。

③ 这些"物"包括所有基本元素（primary elements），早期印度形而上学学派（包括佛教的毗婆沙师和说一切有部）试图将实在还原为这些元素。龙树通过审查所有这些概念——如感官（《中论》，III）、印度宇宙论中传统的元素（《中论》，IV）、成分（《中论》，V）、实存因素（《中论》，VI）等——表明它们都只能作为没有内在性的、非融贯的存在过程，而不能作为拥有实体的静态存在物而存在/出现。他还考察了各种关系——如因与果（I）、去与去者（II）、行动与行动者（VIII）、燃与可燃者（X）等，以表明这些关系所涉及的只能是偶然的、相互依存的过程，而不是实际的存在物（actual entities）。龙树论证这些结果首选策略是强调"不希望得出的结论"（prasaṅga，梵文，"应成"），即将实体性的本质归因于所讨论的任何 x。简而言之，他是通过一系列**归谬论证**（*reductiones ad absurdum*）来进行论证的。

以及它们之间的关系进行相对简单的分析，就可以得出这样的结论：我们的世界必定仅仅由过程组成，而不是由承载着特性的"对象"组成。他断言，如果物按照这样的方式出现，那正是因为它们没有实体。① 此外，一个实体或存在的世界与我们所生活的世界完全不同。那里将没有产生与消亡，宇宙将永远不变，也不会有任何可见的多样化状态。② 在一个不朽的存在世界与一个不断变化和动荡的生成世界之间，龙树采取了与巴门尼德、芝诺或柏拉图截然相反的立场——存在是虚幻或虚构的，只有生成是真实的。实际上，龙树对存在或实存概念本身提出了质疑："对于缺乏自性的存在物来说，没有实存（sattā）这样的东西。"③ 有了普遍的因缘性，实体就倒下了——世界是由相互依存的过程组成的，所以一切事物都缺少实体性内在实存。反过来，有了"实体"，实存本身也就倒下了，因为唯有

---

① 这是《中论》第 24 品的结论，可以说是对中观哲学（Madhyamaka philosophy）最清晰的表达。在《中论》第 24 品第 15 颂中，龙树宣称："以有空义故，一切法得成。若无空义者，一切则不成。"参看《回诤论》第 70 颂："若人信于空，彼人信一切。若人不信空，彼不信一切。"此颂自注清楚地表明：除了其他事物之外，"一切"还代表了关于世界如何运作的全部惯例（conventions）。关于这一关键问题，尤其可参阅阿诺德：《佛教徒、婆罗门教徒与信仰》，第 140—141 页；以及普利斯特（G. Priest）：《超越思想的界限》（*Beyond the Limits of Thought*），牛津大学出版社，2002，第 266—267 页。

② 《中论》，XXIV. 38。[鸠摩罗什译本译为："若有决定性，世间种种相，则不生不灭，常住而不坏。"——译注]

③ 《中论》，I. 12a—b。[鸠摩罗什译本译为："诸法无自性，故无有有相。"另外，作者此处误作"I. 10a—b"——译注]

实体才可以说是真正的存在。对龙树来说，从来没有什么"存在"，事件只是"发生"或"出现"。简言之，龙树拒斥任何存在形而上学，更一般地说，他拒斥任何将终极实在（Ultimate Reality）或绝对真理置于"纯粹"惯例或交互作用的修行领域之上的思想体系。这是因为，在他看来，任何形而上学所依赖的"自性"的观念都不过是一种虚构。

因此，自性的普遍空性（universal emptiness）支持"普遍生成"（universal becoming），从而构成了对存在形而上学的有力拒斥。①我们所拥有的不是一个存在与存在者（Being and beings）的世界，而是一个相互依存、相互关联和偶然性的世界——一个动态的过程而非各别存在物的世界。我们拥有的不是一个承载着特性（属性）的存在物（实体）的世界，而是一个转瞬即逝的"性质"的世界——用实体论者（substantialist）的术语来说——在这个世界里，一个"物"不过是"其效用的总和"。②

---

① 这是最符合文本的对龙树哲学的阐释。应该说，对龙树的解释在佛学中是一个极有争议的分支领域。这位哲学家曾被描述为一位形而上学虚无主义者、一位依赖于类似于康德先验观念论的一元论绝对主义者（monist-absolutist），最近又被描述为贝克莱式的形而上学观念论者。龙树还曾被描述为一位激进的怀疑论者、维特根斯坦的原型，以及罗蒂和德里达那样的预见者（anticipator）。

② 尼赫马斯：《尼采》，第74页。这句话出现于尼赫马斯关于尼采对实体形而上学批判的讨论中，但它也完全适用于佛教哲学，这不足为奇。

尼采也持同样观点。①在大量的段落中，尼采嘲笑了僵化的实存（与产生相对）、实体（与力量相对）和存在（与生成相对）的理念。②对尼采来说，巴门尼德和他的爱利亚学派追随者们是错的，而赫拉克利特是对的——一个人不会两次踏入同一条河流。③尼采写道，"物性（thinghood）的谎言、实体的谎言、永恒的谎言"，这一切都源于"对感官证词的伪造"。④就像在佛教思想中一样，尼采眼中的世界是由转瞬即逝的过程与事件组成的，而不是由物组成的。没有承受现象变化并"承载"属性的对象或存在物，只有动态的过程。⑤总之，尼采拒斥实体形而上学的理由与龙树非常相似。对他来说，我们的世界是一个永不停息的生成和无常的世界，在其中没有存在或实体的静止性位置。当尼采声称佛教背后有上帝的幻象时，他就是这样想的。⑥正如他正确地看到的那样，佛教完全拒斥实体，而实体对尼采来说只是真实世界虚构的另一种形式。

---

① 请参阅康兹的文章。由于对佛教思想的根本误解，他拒绝将空性学说与尼采的虚无主义相提并论，认为这是一种"似是而非的相似"（"与佛教哲学似是而非的相似"，第106页）。康兹认为，佛教的目的是实现先验的实在（Transcendental Reality），但是，这一观点现在被认为是不正确的。再加上康兹片面地解读了尼采对真实世界的批判，因而他对尼采思想与佛教哲学相似之处的评价非常不令人满意。

② 这些内容包括他早年的讲座（《前柏拉图的哲学家》）和来自其笔记的未发表文本（《希腊悲剧时代的哲学》）中的一些段落，以及《善恶的彼岸》和《偶像的黄昏》等已发表的文本。

③《偶像的黄昏》，第3章第2节。

④ 同上。

⑤ 关于这一关键问题，见尼赫马斯：《尼采》，第74—105页。

⑥《敌基督者》，第20节。

但是，尼采对这一点还有更多的话要说。关于佛教对形而上学的批判，他写道："佛教对实在的否定……是完全融贯的：不仅不可证明，不可企及，没有'自在世界'的范畴，而且还是一种对错误程序的洞察，这个整体概念是由这种程序得出的。"①有人会问，尼采这段话指的可能是什么？

正如尼采显然已经意识到的那样，佛教对存在的批判，以及随之而来的对整个实体形而上学的批判，最重要的是一种心理学批判。这并不是说佛教思想与尼采思想一样，将真实世界的"虚无主义的"发明归因于颓废和怨恨。确切地说，佛教的洞见是，将世界视为由短暂特性之下的持久实体组成的东西——在只有生成的地方看到存在——是宇宙的宏大人格化（grand personification）的结果。简言之，存在幻象其实是自我幻象的宇宙版。它是由同样的心理过程产生的，适用于整个世界及其无数短暂的现象，转瞬即逝的身心事件之流仿佛因这种心理过程而被统一为一个"我"，这个"我"是统一的、永久的、实体性的，被假定为身心事件的基底。在这个意义上，"我"的虚构是整个存在虚构的原型。换言之，自我是一种典型的实体。正如"我"在身心事件的起落之后/之下保持固定不变，任何"存在"都会经受时间的洗礼，不为万物之生灭所影响和动摇。

这种对存在形而上学根源的心理学分析，作为佛陀的陪衬，在早期婆罗门形而上学中已有所显露。对于奥义书的作者来说，整个宇宙所流溢的原初存在不是别的，正是阿特曼②或

---

① 《遗稿》（1887—1888），9（62）。
② 阿特曼，梵文 ātman 的音译，意为"我"。

"自我"①。统一的宇宙原则或实体不是别的,正是普遍自我(Universal Self)。结果就是我个人的核心——我的"自我"(即阿特曼)与构成一切现实之基础的原初存在(即梵)完全相同。这就是关于个人自我与宇宙自我(Cosmic Self)根本同一的学说,哲人邬达罗伽·阿伦尼(Uddālaka Aruṇi)用著名的诗句将此学说传授其子:"此物甚微妙,万有之本质。它即是真理。它即是自我。它是你所是(tat tvam asi)②,施伟多凯徒(Śvetaketu)。"③这种形而上学也是哲人耶若伏吉耶(Yājūavalkya)对其妻子的训谕的基础:"亲爱的梅怛丽依(Maitreyī),诚然,自我正是应该被看到、被听到、被思维和被关注到的东西。当一个人看到、听到、思维并关注自我时,整个宇宙就为其所知了。"④当然,对于耶若伏吉耶和阿伦尼那样的神秘主义者来说,"认识一切存在者"并不涉及获得关于世界的详尽经验知识。相反,它获得的是关于绝对的知识,关于万物之不朽本质(undying essence)的知识。⑤用尼采的话说,它获得的是真实世界的知识。

---

① 例如,可参考一下《大林间奥义书》(I.4,第1—2页)对宇宙起源的描述。

② tat tvam asi,梵文,意为"他是你"。——译注

③《歌者奥义书》VI.8.7。这些名句在第6篇第9—16章反复出现。

④ 同上书,IV.5.6。参看上文提到的《大林间奥义书》结尾处的宇宙起源论(cosmogony):"自我是通向一切存在者的道路,因为凭借它,人们可以知道万物之所是。"(I.4.7)

⑤ 实际上,奥义书中的自我被描述为完全无形和不可思议的东西(《由谁奥义书》,3.15.a—b 和 6.12),"免于老死,免于悲伤,免于饥渴"(《歌者奥义书》,8.1.5)。简而言之,它似乎是通过形而上学家的传统否定神学(via negativa)得出的。

44 　　真实世界是宇宙的自我——这是佛陀及其追随者所勘破的大惑（grand delusion）。简言之，奥义书的作者轻易地向佛陀交付了"对于得出（真实世界）这一整体概念的错误程序的洞察"①。事实上，佛教哲学一个关键的（也是未被重视的）观点是，奥义书时代婆罗门的情况绝非巧合。自我作为我们前反思地建构的永恒实体或持久基底，其实就是存在、实体或上帝的原型。佛教对自我和实体进行了双重批判，这种批判背后的观点是，"我"是原初"实体"、第一存在者、"存在，而非生成"的首要之物。婆罗门对人的真我（true self）与梵作为世界灵魂之根本同一性的推测并非纯属偶然。事实上，奥义书的推理发人深省。两千多年以后，在尼采所谓真实世界形而上学中，这种推理可以说是最明晰的案例之一。②

　　在龙树及其追随者的作品中，自我虚构与存在虚构之间的根本关联表现得最为明显。他断言一切事物都缺乏内在的实存或实体，实质上就是断言一切事物都缺乏自我：③事实上，"法无我"（dharmanairātmya）原理只是"人无我"（pudgalanairātmya）

---

① 《遗稿》（1887—1888），9（62）。

② 在西方传统中，这种明晰性可以在莱布尼茨的作品里找到。在《单子论》第 213—225 页中，莱布尼茨认为，不可还原的类灵魂存在物（soul-like entities）是最基本、最简单的原初实体，世界就是由这些存在物构成的。尼采对这种"原子论"进行了诙谐地批评，见《善恶的彼岸》，第 12 节。

③ 在指明实体批判的根源时，龙树特别提到佛陀的一个教义，即对人的实存与非实存的假定是一种孪生幻象（twin illusions）。（《中论》XV．7）龙树引用的文本是《迦旃延经》（*Kaccāyanasutta*）（《相应部》，II．16—17）。在这段经文中，佛陀宣称，说一个人"实存"或"非实

原理的延伸。①这种延伸基于一个根本洞见，即存在虚构的基础是我性（selfhood）本身的幻象。实际上，对于古典时期印度哲学家所说的"自我原则"（ahaṃkāra）②，龙树及其中观学派追随者认为其影响远远超出了"我"本身。自我原则最初负责前反思地产生一种持久的"我"的感觉，以充当身心复合体的所有者；它是"我"（ahaṃ）的制作者（-kāra）。③自我原则实际上影响了我们对世界的整个前反思认知，基于这一洞见，中观学将无我（selflessness）学说扩展到一切存在物。自我原则不仅"制作"了自我，而且还把"我"作为所有者的永久性和稳定性投射到世界上，以一种前反思承诺的名义，把"物"当作承载着特性的实体。因此，我们假定事物"实际存在"（actually exist），假定世界由"真正存在"（really existing）的存在物组

存"是没有意义的，因为原本就没有人。作为一种替代方式或中道（middle way），他提出了因缘共生的学说。结果，关于存在/非存在（being/non-being）或实存/非实存（existence/non-existence）的讨论应被抛弃，我们应该关注的是生成或（非个人的）生起与止息（arising and cessation）。龙树的观点是，这一学说适用于一切关于存在/非存在的讨论，而不仅仅适用于那些与人有关的讨论。

① 关于这一点，及其在龙树追随者中的充分讨论，见小洛佩兹（D. S. López Jr.）：《声闻理解空吗？》（"Do Śrāvakas Understand Emptiness?"），载《印度哲学杂志》（Journal of Indian Philosophy），16（1），1988，第65—105页。

② ahamkāra，梵文，意为"我执"。——译注

③ 关于这一点，请参阅兰（M. Hulin）：《古印度思想中的自我原则：我执的观念》（Le principe d'égo dans la pensée indienne classique: la notion d'ahaṃkāra），巴黎：法兰西公学院出版社，1978，第3—4页。

成，它们以特殊的、僵化的方式相互关联。我们对实体形而上学的前反思承诺，从佛教的角度看，就是我们对自我实体观的前反思承诺的产物。①在物化（reification）过程中，我们不断地把非人格的东西人格化（personifying），毕竟，这就是我们对自己的身心复合体所做之事。

这样，中观思想就超越了对存在/上帝之神秘崇拜的批判，这种崇拜可能源于"自我"–妄想（self-delusion）。其主张是，素朴的常识本身——看到的是一个由存在者与自我、行动的主体、实体与属性等组成的世界——展示了自我原则最有害和隐匿的影响。因此，"常识"涉及对存在形而上学的隐含承诺，这种形而上学的前提是物的实体性实存（substantial existence），它已为通往明确的神学或绝对主义或其他更清醒的实体形而上学版本铺平了道路。所有这些，在佛教看来，其实都只是宏大的自我崇拜（例如奥义书时代婆罗门的情况）。相比之下，中观学所持观点是，仔细的分析表明，若试图从物/存在物、实体

---

① 因此，佛教哲学发现自己从根本上反对利科（P. Ricoeur）所赞同的那种观点，在《作为一个他者的自身》（*Soi même comme un autre*）（巴黎：塞伊出版社，1990）中，利科区分了两种同一性：一种是我们归因于持久之物的**同一**（*mêmeté*），另一种是我们归因于自己的**我性**（*ipséité*）。利科认为，只有前者涉及持久实体的观念，后者则与持久的核心自我的持存没多大关系。根据佛教的观点，我认为它在现象学上的是有根据的，当谈到对我性（selfhood）的体验时，我们都前反思地承诺"实体的自我观"。这种隐含的实体主义把实体化的自我物化了，它也存在于我们对外部世界的看法中，因此，事件与过程，像那些组成所谓的自我同一性的"我"的事件和过程，也被物化为实体化之物了。第四章更详细地讨论这一主题。

与属性等方面来理解世界，就要对经验进行大量篡改。在真正"现实的"（realistic）世界观中，唯有生成有一席之地。那里只有非实体的（insubstantial）过程与关系，没有任何"物"，更不用说人了。这样，佛教试图从根源上破坏人类最伟大的虚构。这是因为，根据佛教哲学，除了有缺陷的人类心理之外，存在/实体别无根据。它唯一的根据就是我们妄想的人格同一感（sense of personal identity）。①

正是在采取同样观点时，尼采发现自己与佛教哲学最为一致。实体形而上学、存在虚构、统一性的"谎言"、物性和永恒性等——根据尼采的说法，所有这些东西都是从自我中分泌出来的。他在《偶像的黄昏》中讨论他所说的"语言形而上学"时写道：

---

① 关于这一点，韦斯特霍夫认为，龙树作品中的实体观念不同于任何西方的实体观念，因为它包含"认知成分"，而西方的实体观念普遍缺乏这种成分，这种说法是错误的。按照韦斯特霍夫的说法，龙树的实体观念是独特的，因为它"不仅是一个本体论的理论概念，而且是一种认知上的默认，即心灵在试图理解世界时，不知不觉地做出的补充"（《龙树的中观学》，第 13 页）。但是，龙树将实体视为"概念的叠加"（同上书），这一事实并不意味着他的实体概念与西方的实体概念有任何不同。相反，我们在龙树那里还发现了一种额外的关于实体形而上学之根源的心理学主张。"svabhāva"（自性）这个术语与西方形而上学中的"实体"总体上含义相同——它是"真正实存的"基底，是偶然的"偶性"（accidents）和现象变化的基础。龙树哲学的独特之处——并将其置入不同于任何西方形而上学（尼采的除外）讨论的范畴——在于它超越了这样一种说法，在我们的世界图景中没有实体的空间，并补充道："本己－实存"（own-existence）的属性，即我们对世界直观的特征，在人类心理中有着深厚的根基。

> 正是在（语言形而上学）这里，到处都是行为和行为者……它相信"我"，相信作为存在者的"我"，相信作为实体的"我"是实体，它把对我—实体的信念投射到一切事物上——它就是这样创造了"物"的概念……存在处处被思考，被强加……所以，只有从"我"的概念中才会产生出"存在"的概念……我担心我们摆脱不了上帝，因为我们还相信语法。①

当然，如此相信"我"的语言形而上学本身就植根于自我观念之中。请看下面这段话：

> 实体概念（是）主体概念的一个结果：反之则不然！如果我们摒弃了灵魂、"主体"，那么我们就完全没有了"实体"的先决条件……主体是一种虚构，即我们身上许多相似的状态都属于一个基底。②

首要的"实体"、任何"存在"而非生成之物的原型、认识永

---

① 《偶像的黄昏》，第3章第5节。另见《龙树的中观学》第2节。正如尼采的评论所表明的那样，很明显，语言根据实体与属性建构世界。佛教哲学家也意识到了这一点。这就是他们将语言视为世俗（saṃvṛti）或俗谛（vyāvahāra）领域的原因，而且他们还认为，不应将语言视为显而易见地捕捉语言之外的现实（即流变和过程）的东西。第三章和第四章将更详细地讨论这些问题。

② 《遗稿》（1887—1888），10（19）。

恒性和稳定性的东西等，皆非自我莫属。"我"是我们一切感觉之虚幻统一（illusory unitary）的基底，是我们一切行动之虚幻统一性的基础。它被假定为固定的、在"变动的多样性"中幸存下来的东西。因此，"我"是典型的实体；它是存在形而上学的心理模型和经验基础。①作为我们实体观念的根源，"我们相信我是一种实体，是唯一实在，我们基于它，把实在性归属于一般之物"②，它也应该是世界上一切主要宗教的基础，这是很自然的事。尼采总结道："人类全部宗教史都被认为是灵魂迷信的历史。"③简言之，一切形而上学与宗教都是"自我"-妄想的产物。

或许在下面这段话中，尼采最清楚地表达了他的观点：

"实在"与"实存"概念是从"主体"-感觉中派生出来的。"主体"：从我们自己内部出发来阐释，以至于"我"看起来是一种实体，是一切行动的源头，是行动者。逻辑—形而上学的假设，对实体、偶性、属性等的信念是有说服力的，它们通过习惯，把我们的所有行为都看成我们意志的结果——所以"我"作为一种实体，不会在变动的多样性中消失。④

---

① 对于这一点，尼采说，对自我的信仰是"最古老的实在论"。《遗稿》（1885—1887），7（63）。
② 同上书，1887—1888，10（19）。
③ 同上。
④ 同上书，9（98）。另见《偶像的黄昏》，第1章第13节。

这段话中的关键术语是"感觉"("主体"-感觉)和"习惯"。归根结底,尼采认为实体形而上学盛行的原因不是"自我/我/主体"的概念,而是作为实体性自我的前反思性感觉,以及由此而来的心理、认知和语言的习惯。"我"膨胀为上帝/普遍精神、原因、实体、真实世界等,它**不是**一个理念或概念,而是某种前反思和前哲学的东西。①

总之,谈到作为前反思综合产物的"我"和作为教条的自我/灵魂以及存在虚构之间的关系时,尼采思想与佛教哲学中的说法非常相似。组成一个"个体"的身心事件之流是前反思地综合的东西。然后,这种综合的产物被物化,从而产生了一种实体性"我"的感觉,它把虚幻的共时统一性(其实只有多样性)和虚幻的历时同一性(其实只有连续性)都赋予所谓主体。正如尼采在《道德的谱系》第1章第13节所说,正是这种自我感为形而上学家与宗教人士所"利用",才建立起"灵魂"的概念。当然,出于起源上的理由,对灵魂的信仰即使不能说是直觉的,也是一种非常自然的信仰。存在虚构,就其本身而言,也起源于那种产生了"我"的心理机制。可以说,基于对自身的前反思类比,我们在世界中遇到的任何事物,在最根本的意

---

① 强调"主体-感觉"的作用,而不是主体或自我的**概念**,就有可能回应尼赫玛斯对尼采观点的重要批评。尼赫玛斯认为,典型的实体是自我,这一观点"令人极不满意",并试图提供证据表明,这不可能真的是尼采的观点。(《尼采》,第85—86页)然而,事实证明,他引证了三个论据来支持这一判断,这三个论据都假定了尼采的观点与"自我"和"实体"的概念有关,它真正关心的是一种实体性的、持久实存的感觉,这种感觉首先被内在地体验到,与"自我"相关,随后向外投射。

义上都会立即被认为是由持久的实体构成的，而实体背后则是转瞬即逝的属性。更进一步，我们就到达了支持着"世界"的东西——被视为一种物的原初实体（Primordial Substance），到达了它的源头——造物主，到达了一切表象背后的本体——**物自体**（Ding an sich），等等。因此，真实世界、上帝、梵、存在等，对于这个转瞬即逝的、具有欺骗性的生成世界来说，就像永恒、长久和实在的"我"对于构成人的短暂身心事件一样——或者说它与生成世界的关系，就如同纯粹、不朽的灵魂之于腐败、衰朽的身体。这样，存在虚构就源于自我虚构（fiction of the self）了。无论在人的微观层面，还是在整个世界的宏观层面，都有同样的个体化原则（principle of individuation）在起作用。

最后，一方面，尼采与佛陀都拒斥上帝/存在/实体和灵魂/我/自我的孪生幻象（twin illusions）；另一方面，他们又坚持苦难的普遍性，这两者之间亦有关联。如果说苦难是生存的必然而非偶然的特征，而永久的和平、寂静和极乐永不可得，那是因为后者是并不存在的超验绝对（Transcendent Absolute）的特性。尼采与佛陀都拒斥这样的理念，即有一种纯净的灵魂，它可能经历某种最终的还乡（final homecoming），回到极乐的存在之家（abode of Being）。对于他们来说，没有任何地方可以躲避瞬息万变、持续不断的生成之湍流。没有存在或灵魂，因而也没有长久的极乐（lasting Bliss）。

在尼采思想与佛教哲学中，有三个重要神话位于尼采所谓虚无主义形而上学（nihilist metaphysics）的核心——极乐的神话、我的神话和存在的神话——它们不仅因相似的理由被拒斥，而且以同样的方式相关联。因此，它们以多米诺骨牌般的方式倒下："我"——存在——极乐。对尼采来说，拒斥这些神话，就是拥护虚无主义。他觉得佛陀就是这么做的。经过佛教对自我、存在和极乐（ānanda）的批判以后，生命就失去了原有的价值。作为虚无主义的先驱，佛陀破除了虚无主义的神话，从而摧毁了这些神话先前赋予生命的价值与意义。正是通过破除这些神话的欧洲形式（灵魂、上帝、天堂），尼采扮演了欧洲的佛陀。

尼采与佛陀之间的亲缘性（affinity）超越了他们思想的批判性元素。虚无主义危机是无价值、无效用、无意义和无目的的危机。但这只是一个过渡阶段。像尼采或佛陀这样的思想家的批判所留下的伦理真空（ethical void）必须被填补——它不能不被填补。①正如我上文所述，虚无主义的挑战在于，如何阐述一门后虚无主义伦理学（post-nihilist ethics），而又不再陷入基于以往评价模式的妄想。此外，值得注意的是，这种伦理学在尼采思想与佛教哲学中具有相同的形式。实际上，它们的伦理愿景都是伟大健康的愿景。

在这方面，作为佛陀的尼采与作为敌基督者（Antichrist）的尼采之间有深刻的关联。佛教是无神论的、实证主义的、现象主义的（phenomenalistic）、反形而上学的，"比基督教现实

---

① 这是因为，根据尼采的观点，价值、效用、意义和目的的归属是一种基本的活动，任何活着的生物都有必须参与其中，无论他们是不是有意识地参与。（《善恶的彼岸》，第9节）

一百倍"①，除了这一事实以外，佛教与基督教信仰的根本区别在于，它的伦理学不是道德的（moralistic），而是卫生的（hygienic）。在《瞧，这个人》中，尼采写道："（佛陀的）'宗教'应被称为一种卫生学，以免与基督教这样可怜的现象相混淆。"②基督教宣称苦难是罪的结果，并建立了基于道德化罪责情结（moralizing guilt complex）的伦理学，与之相反，佛陀则认识到苦难植根于人的心理与生理机能，因而采取了"卫生措施"（hygienic measures）来对付它。③良好的行为、态度、心态等，只要是健康的，就会成为处方；恶劣的行为、态度、心态等，只要是不健康的，就会受到谴责，这一切所依据的都是佛教的"根本卫生目的"（fundamental hygienic purpose）。④这与基督教形成了鲜明对比，基督教持典型虚无主义道德态度，即善（goodness）只有一个源头——上帝或天堂，而与尘世有关的一切——身体、世俗的快乐等——都被视为罪恶与堕落。在这个意义上，尼采解释道："佛教与基督教的深刻区别在于，它对道德概念的自欺弃如敝履。用我的话说，它超越了善与恶。"⑤

当然，随着存在形而上学的消亡，传统的"善"与"恶"的观念也无法幸存，因为存在形而上学摧毁了善的根基。尼采的观点是，佛陀必须用另一种伦理概念（ethical concepts）取代

---

① 《敌基督者》，第20节。参看《善恶的彼岸》，第23节："再说一遍，佛教（比基督教）冷静、真实、客观百倍。"
② 《瞧，这个人》，"为什么我这么有智慧"，第6节。
③ 《敌基督者》，第20节。
④ 同上。
⑤ 同上。

这种道德概念（moral concepts），他选择了"健康"与"不健康"的概念。从尼采对佛教的评论中可以明显看出，他非常了解佛教教义所表达的医学话语（medical discourse）。历代佛教徒都把历史上的佛陀乔达摩·悉达多视为至高无上的医生，[①]并将他的教导视为一种治疗实践。[②]因此，佛教哲学与修行所朝向的是一种独特的伟大健康或最高幸福（supreme wellbeing）的理想，即涅槃。[③]那些没有达到此状态的人被称为病态者、被迷惑者和/或有缺陷者。[④]佛陀的教导对一些事物起到了解药的作用，那些事物包含所谓的"漏"（āsrava），这种流体状毒素渗入心理－生理器官（psycho-physical apparatus）的潜意识之流，从而使之

---

① 这一别称在巴利文三藏（Pāli canon）中广为使用。例如，《增一阿含经》，IV. 340 以及《中部》，I. 156—160，II. 256—260。它跨越千年，延续至今。

② 这种观念在佛教中非常普遍，实际上，印度佛教文献中的任何文本几乎都会提到医学实践，或使用医学类比来阐明观点。关于佛教文献中所谓的"医学类比"的有益探究，可参看高恩斯（C. W. Gowans）：《佛教与希腊思想中的医学类比：平静与愤怒》（"Medical Analogies in Buddhist and Hellenistic Thought: Tranquility and Anger"），载卡莱尔和加纳里编：《作为治疗的哲学》（*Philosophy as Therapiea*），第 11—33 页，特别是第 16—19 页。

③ 巴利文三藏中，涅槃被描述为健康（ārogya），见《中部》I. 508—511 以及《经集》749。参看《相应部》IV. 371 和《中部》I. 173 的 abhyādhi 以及同上 511 页的 anītika。这些词都有否定的结构，其字面意思是"没有疾病"，但印度语言中的否定词汇往往有肯定的含义。因此，ārogya、abhyādhi、anītika 都有"幸福"（wellbeing）的含义。

④ 比如，可以参考《法句经》198："的确，我们很愉快地生活着。在众多疾病之中，我们没有病患；在众多病人之中，我们栖身于无病处。"

感染潜伏的心理偏好（abhiniveśa）和偏见（anuśaya）。①他的教导也被描述为洗涤了普通人的心灵染污（kleśa）②。简言之，佛教伦理学依赖于一种独特的"健康者"（healthy type）观念，它与"病态者"（sick type）观念相对立。尼采效仿他的印度前辈，复制了这一点。他的伦理学也关注健康者/强壮者与病态者/虚弱者的根本对立。他像佛陀一样超越了虚无主义善与恶的神话，他的伦理学是一种伟大健康的伦理学，他所攻击的目标也是一种疾病，即颓废。③

---

① āsrava：梵文，"漏"，烦恼之异名；abhiniveśa：梵文，"执著"，固执而不舍；anuśaya，梵文，"随眠"，烦恼之异名，因烦恼跟随人、我，使之昏沉；一说为烦恼之种子，随人、我眠伏于阿赖耶识之中。——译注

② Kleśa，梵文，"烦恼"。——译注

③ 在后期作品中，尼采才开始以人类医生自居。尽管越来越多的学术研究——例如，皮尔森（K. A. Pearson）：《为了凡人的灵魂：尼采〈朝霞〉中的哲学与治疗》（"For Mortal Souls: Philosophy and Therapiea in Nietzsche's *Dawn*"），载卡莱尔和加纳里编：《作为治疗的哲学》，第137—163页；胡特（H. Hutter）：《塑造未来：尼采的灵魂新及其禁欲主义实践》（*Nietzsche's New Regime of the Soul and its Ascetic Practices*），拉那姆：列克星敦出版社，2006；以及尤尔（M. Ure）：《尼采的治疗：中期作品中的自我修养》（*Nietzsche's Therapy: Self-Cultivation in the Middle Works*），拉那姆：列克星敦出版社，2008——表明，从19世纪70年代末开始，尼采就一直对作为治疗的哲学感兴趣，但直到19世纪80年代初，尼采才断然开始"生理学转向"（physiological turn），这引发了他在晚期作品中对于颓废的诊断。事实上，这项计划开始的标志是，1883年尼采宣布自己可以成为"欧洲的佛陀"。克恩（Kern）的《佛教手册》（*manual on Buddhism*）特别强调佛陀作为治疗师（therapist）的形象，该书出版于1882年，并很快成为尼采的藏书，这绝非巧合。

因此，对虚无主义危机的回应似乎总是涉及一门用医学术语来表达的伦理学。佛教哲学摆脱了虚构的、三位一体的自我－存在－极乐，独自呈现了这个苦难与生成的世界，并阐述了一个基于独特健康观念的伦理理想。遵循类似的批判，作为欧洲之佛陀的尼采也制定了一门伟大健康的伦理学。不论这门后虚无主义伦理学的内容是什么（我将在以下各章详细讲述），关于其形式本身就出现了一系列的问题。在上帝死后，为何伦理学必须用医学术语来表达？在尼采的实证思想和佛教伦理学中，为何独特的健康者观念扮演着如此重要的角色？这仅仅是一种行文习惯，一种任意的选择，还是因为在真实世界虚构的消亡与伟大健康的理想之间有某种更深的关联？

区分内在性（immanence）与超越性（Transcendence）是解决这一难题的关键。在尼采所谓虚无主义真实世界虚构的影响下——无论是在基督教的、婆罗门的，还是在其他类型的虚构中——内在（自然的、生成的"表象世界"）与超验（超自然的、存在的"真实/实在世界"）都迥然有别。善（the Good）位于超验（Transcendent）领域。相比之下，内在的表象世界（apparent world）则是堕落的、不道德的。它卑贱、粗野的居民唯有离开它，转向超验的另一方，才可以获得救赎。正是基于这种基本结构，传统的所谓虚无主义道德才得以建立。这样的道德植根于超验。

然而，随着内在与超验之间区别的瓦解，道德脚下的形而上学也遭受了釜底抽薪。因此，虚无主义危机出现了。那么，在什么样的基础上才能制定一门伦理学呢？请注意，谈及评价领域时，如果有什么东西能在超验消亡以后幸存下来，那恰恰是那些纯粹描述性范畴，人们总是用这些范畴比较和对比在此（以前只是内在的）世界之中的各种个体或有机体。在虚无主义危机之后，伦理学成了一种健康问题，原因正在于此。

　　道德变成了卫生，伦理学家变成了医生，一个人的伦理效用（ethical worth）变成了他/她的健康功能。在上帝或存在死亡之后，纯粹现象和经验的世界得以幸存，它被还原为身体及其感官、各种感官对象和心理事件。[①]这种对我们自然的、太过自然的心理-生理器官及其与环境之相互作用的关注是排他的（exclusive），这致使对一种伦理理想的阐明，除了健康与疾病范畴外，几乎没有其他选项。在没有超验的真实世界的情况下，任何关于德性（virtue）的讨论只能以有知觉的身体（the sentient body）这一内在领域为基础。可以说，健康"在这里"显然一直具有价值和意义。一旦没有在"其上"或"其外"的东西，健康就成了价值、效用和意义的范式（paradigm），即伦理学的范式。因此，医学话语弥漫于佛教文献以及尼采对健康

---

① 这个论点有一定争议。可以说，在上帝死后，"善"还有其他候选者，比如创造力、美、伟大、崇高或本真性（authenticity）。但我的基本观点是，当我们用这个世界的语言来评价这个世界的生物时，"健康/健康的"就是最原初的"好"，"疾病/有病的"就是最原始的"坏"。当我们只剩下这个世界的时候，它们自然就成了讨论伦理学的术语。如果说，在当代大多数世俗伦理学的讨论中，它们并未如此，那是因为，无论自觉与否，世俗伦理学家（secular ethicists）仍然致力于讨论某种形式的真实世界。在结语中，我将更多谈及这一点。

与疾病的类似关注中。①

也许有人会反对说,一般的医学隐喻,特别是医疗话语,绝不限于佛教哲学和尼采实证思想的表述。例如,柏拉图经常把苏格拉底比作医生,古代哲学家常常把自己称为治愈灵魂疾病的治疗师(therapists),基督教文献要么直接赞美耶稣行神迹治病,要么使用来自医学话语的类比。②在印度语境中,古典婆罗门学派(其中最重要的是吠檀多派)也采用了医学范式来表达他们的伦理观点,尽管他们信奉有神论和形而上学绝对主义。③有鉴于此,在伟大健康的理想与对存在形而上学的拒斥之间是否真的有任何联系,似乎是可疑的。即使在强大的形而上学体系中,疾病与治疗的隐喻似乎也很常用。

然而,这种宗教与形而上学体系使用健康语言的方式完全是隐喻性的(metaphorical),看到这一点很重要。这些语境中提及的健康完全是比喻性的(figurative)。它们代表了某种东

---

① 在希腊化哲学(Hellenistic philosophy)的一些分支中,也可以看到类似的阐述,特别是在自然主义者伊壁鸠鲁(Epicureans)(见高恩斯:《佛教与希腊思想中的医学类比》,第 19—20 页)和无神论怀疑主义者那里(见加纳里:《灵魂的隐秘艺术》,第 106—107 页)。

② 关于这一点,见博纳代尔(F. Bonardel):《佛教与哲学:寻求共同智慧》(*Bouddhisme et philosophie : en quête d'une sagesse commune*),巴黎:哈尔马丹出版社,2008,该书第 26—27 页详细讨论了与伦理学相关的医学话语在佛教和西方传统中的不同用法。

③ 关于这一点,参看哈布法斯的《传统与反思:印度思想探赜》(*Tradition and Reflection : Explorations in Indian Thought*),纽约:纽约州立大学出版社,1991,第 243—263 页。

西，其字面意义上的描述需要一种强有力的形而上学解释，比如说，灵魂上天堂，或我与梵合一。用尼采的术语来说，这样语境中的医学话语是隐喻性的，因为它借用"表象世界"（健康/疾病）的范畴来表达据说发生在"真实/实在世界"层面的事情。但是，当"真实世界"被拒斥时，表述伦理学的医学话语就不再是同样意义上的隐喻或比喻了。健康并不代表某种更准确、更合乎字面意义的形而上学描述。隐含在隐喻中的明喻（simile）现已不复存在；善不再**像**健康，善就**是**健康。

尽管在尼采思想或佛教哲学语境中，健康的观念要更多地从字面意义上来理解，然而重要的是要注意到，这样的观念并不应该对应或隐含现代医学所理解的身体健康状态。1889年，尽管实际上尼采的身体与精神都濒临崩溃，他却写道，他获得了伟大健康。① 同样，涅槃也并不意味着人们通常所理解的身体健康状态。这些伟大健康的观念是新的健康观念。因此，不应认为本书对健康与疾病的讨论指的是生理健康。这并不是说，根据尼采或佛陀的说法，当我感冒时，我实际上就没那么善良了。确切地说，本书的观点是，当我们阐述诸如后有神论的、后形而上学的德性概念时，祛病（illness removal）这一观念格外能说明问题。

在坚持存在形而上学的体系与那些拒斥它们的体系之间，谈论和思考健康的方式还有另一重要区别。这与理性灵魂（rational soul）的虚构有关。在基督教或柏拉图哲学中，道德

---

① 详见《尼采反瓦格纳》，"后记"第1节。

（以及一般哲学）旨在治愈灵魂的疾病，即激情、欲望、本能等，它们与身体联合以折磨灵魂。更重要的是，理性的灵魂能看到善和其他形式，与激情搏斗，并以存在领域为目标。然而，在佛陀或尼采的伦理学中，这整个框架都被摒弃了。任何灵魂或自我都不能与身体、欲望、激情和情感等相分离，更不用说理性的灵魂或自我了。不是灵魂，而是全体身心器官（mind-body apparatus），必须通过信仰（基督教）或理性的运作（柏拉图）来恢复健康。与柏拉图的观点形成鲜明对比的是，伟大健康不能仅仅通过理性——所谓的灵魂最高能力——的运作来获得，而是要通过整个身心复合体的参与来实现，这涉及的不仅仅是推理。因此，对于尼采或佛陀来说，伟大健康的理念不仅仅是字面上的意思，它还代表了某种不同的东西。它关乎整体之"人"，而非仅仅关乎其深层的自我/灵魂。因此，它不能仅仅是一个"拥有信仰"或"具备理性"的问题。

在这方面，我认为，如果当代世俗伦理学（secular ethics）未能实现尼采或佛教的"生理学转向"（physiological turn），那正是因为它凭借其理性主义，仍在无意中承诺了一种挥之不去的身心二元论。当然，现在关于灵魂甚至自我的讨论都在减少。但理性（Reason）或认知能力（cognitive faculty），作为与我们更"动物性的"（自然的）一面——情绪、意志、情感等——截然不同的东西，仍为大多数哲学家所期望，并借以指引我们走过荆棘丛生的伦理世界。从这个意义上说，西方哲学在很大程度上仍是柏拉图式的。它相信理性的灵魂，即使它拒绝其本体论。它是自然主义的（naturalist），但仍然带有表象/真实世界二元论的痕迹。当理性最终被完全自然化时，伦理学与心理学（更不用说精神病学）将合二为一。正如在尼采思想和佛教哲学中一样，伦理学将成为关于伟大健康的问题。①

作为佛陀的尼采。对于理解尼采的自我理解（self-understanding）的一个核心层面，这一短语是关键。它也是理解尼采思想核心层面的关键。他是欧洲的佛陀，因为他拒斥自我、存在和极乐这三个颓废的虚无主义神话，从而在欧洲虚无主义危机中发挥了积极的作用。他是欧洲的佛陀，还因为他构想了一种伟大健康的伦理理想，以回应虚无主义的挑战。然而，正是在这样做的过程中，尼采声称诊断出佛教伦理学核心是颓废。尼采从佛陀变成了反佛陀者。

---

① 事实上，可以说，人们对"作为治疗的哲学"的重新关注已经初露端倪。关于这一点，可参看加纳里和卡莱尔的《作为治疗的哲学》。

第二章

作为反佛陀者的尼采

55　　从表面上看,尼采作为反佛陀者的核心主张与他的作为佛陀的观点直接相悖。乔达摩·悉达多——历史上的佛陀——并未超越善恶;相反,他仍"为道德魔咒与幻觉所笼罩"①。这是因为佛陀的伦理学仍植根于对世界充满怨恨的谴责中。尽管佛陀拒绝了与现实世界相对立的真实世界,但他仍然把生命与自然评价为邪恶的和欺骗性的,而现实世界通常会遭遇这样的负面报道。佛陀提出了一种实际上包含于非实存(non-existence)的伟大健康——涅槃,按字面意义理解就是"出离"或"灭绝"②——他由此表明自己是一个病态的颓废者,一个

---

①《善恶的彼岸》第 56 节。另见《遗稿》(1885—1887), 2 (127)。我应该从一开始就非常明确地指出,我在本章所写关于佛教的一切都与尼采对佛教的解释有关。与第四章不同,本章不涉及佛教教义本身,而只是传达和重构尼采的观点。

② 为什么尼采保留了早期佛学著作(如克彭的著作《佛陀的宗教》和穆勒的早期佛学论文)宣扬的观点,将佛教的涅槃目标解释为"断灭论"(annihilationist),尽管他读过后来的佛学家对这种解释提出质疑的

否定生命的先知。

怎样调和尼采作为佛陀的主张与他作为反佛陀者的主张？尼采仅仅是自相矛盾吗？难道印度的佛陀不能既是又不是"超越善恶"的？①要着手解决这个问题，从虚无主义心态与虚无主义危机的区别出发，以阐明尼采关于佛陀之颓废的观点，会有所助益。

在尼采看来，佛教对虚无主义危机的回应仍然是虚无主义心态的核心——颓废的虚无主义——的一种表现。因此，佛陀还是从道德角度来评价生命。尼采解释道："在（佛教）那里，虚无主义中有一种无法克服的道德：把生存作为惩罚，作为一种错误来理解，从而把错误当作惩罚——一种道德评价。"②从这个意义上说，佛教与基督教一样是"虚无主义宗教"，二者都是"颓废的宗教"。③佛教当然超越了善恶，因为它的具体伦理学是一种卫生学，注重行动、心态和行为的健康/不健康，而非善/恶，但它仍将生存视为恶。因此，尽管佛教拒斥以善与恶的明确道德区分为基础的形而上学，但它仍然致力于对世界

著作，莫里森探讨了这一问题的原因（莫里森：《尼采与佛教》，第52—59页）。但莫里森在这里看到的问题其实根本就不是问题。事实上，奥尔登堡、晚期穆勒，甚至叔本华都反对断灭论的解释，提出涅槃真正涉及的问题是回到"纯有"（pure being）（同上书，第56页），这一事实直接印证了尼采的怀疑，即涅槃的伦理理想是一种对生命的彻底否定。正如本书第一章所示，对尼采而言，"纯有"其实就"纯无"（pure no-thing）。

① 尼采的前后矛盾不能归结为其观点的与时俱变——这两种矛盾的观点都是在同一"时期"的文本中提出的。

② 《遗稿》（1885—1887），2（127）和9（35）。

③ 《敌基督者》，第20节。

进行含蓄的道德谴责,而这正是颓废者虚无主义心态的根源。

在这个意义上,佛教就是尼采所说的"消极虚无主义"(passive nihilism)①的一种形式。消极虚无主义是对虚无主义危机的一种回应。在第一章,我解释了虚无主义危机是如何为一种主动的虚无化所引发的,这种虚无化是颓废者发明的形而上学神话。可以说,尼采和佛陀就是两位这样的虚无化者(nihilizers)。然而,佛陀"疲惫的虚无主义"(weary nihilism)②未能超越对生命(先前的、基于形而上学/宗教的)价值的否定。因此,虚无主义危机的核心是无价值,这被视为一个定论。③简言之,虚无主义者"对如其所是的世界(the world as it is)的判断是它不应当存在,对如其所应是的世界(the world as it ought to be)的判断是它并不实存"④,佛陀就是那些虚无主义者中的一员。简言之,正是形而上学把这个世界的价值还原为无,而未能为这个世界创造新的、积极的价值以重建之,在形而上学消亡以后,佛陀仍然把这个世界的价值视为无。这种消极虚无主义是一种"虚弱的标志"⑤,即一种颓废的标志。

佛教徒的确是太虚弱了,除了存在的和平、寂静和极乐以外,无法追求一种积极的"善"。当他意识到这样的善并不存在时,他的反应是对生命感到绝望。因此,对佛陀来说,"善"就

---

① 《遗稿》(1887—1888),9(35)。
② 同上。
③ 关于这一点,见莫里森《尼采与佛教》,第 22—23 页。
④ 《遗稿》(1887—1888),9(60)
⑤ 同上书,(35)。

成了一种绝对否定，即非实存（non-existence）。佛教徒在努力通往涅槃的途中，会主动而有意地"寻求一条通往非存在的道路"，原因正在于此。①实存被看作如此糟糕之物，以至于在没有一种形而上学的反世界（anti-world）作为人类奋斗目标的情况下，非实存就成了最高的愿望（desideratum）。尼采解释道，佛教对虚无主义挑战的回应是一种"远离生命的虚无主义转向，对虚无的渴望，或对实存的对立面，对另一种存在的渴望"②。简言之，佛陀的目标显然是虚无主义的。为了终结苦难——终结苦难之"恶"——他想要终止实存，他把这种终止称为"善"。那么，他可能是一位"深刻的生理学家"③，但是他要对抗的病理状态是生命本身。这是因为，与表象相反，佛陀并未真正超越善恶。即使在拒绝了存在的神话以后，他的颓废依然表现为对生命的否定，这一点现在已经很明确了。

有鉴于此，在《敌基督者》和《瞧，这个人》等文本中，尼采对佛教的正面评价显然并非完全真诚。在这些文本中，尼采对佛教的颂扬是为了达到其反基督教的抨击性目的。④当然，这并不是尼采亲近佛教的唯一原因。正如我在第一章所展示的

---

① 《遗稿》（1887—1888），10（190）。

② 《道德的谱系》，第 2 章第 21 节。另见《遗稿》（1887—1888），10（190）。

③ 《瞧，这个人》，"为什么我这么有智慧"，第 6 节。

④ 孔奇非常清楚地表达了这一观点："尼采对佛教的判断是肯定的还是否定的，取决于他是影射地还是间接地看待佛教，也就是说，通过对基督教的反思来看待佛教……还是直接地看待佛教，归根结底，佛教是一种虚无主义，是一种为生命所消耗的症状。"（《尼采与佛教》，第 127 页）

那样，当尼采谈及他的一些否定性观点和他对后有神论伟大健康理想的构想时，他真诚地把自己视为"欧洲的佛陀"。然而，毫无疑问，当尼采告诉我们佛教超越善恶时，他完全是从与基督教论战的立场出发的。①

关于尼采对佛教与怨恨之间关系的评论，人们也应该谨慎对待，不可只看表面。在尼采颂扬佛陀的美德的文本中，他赞扬了这位颓废的医生对于怨恨的态度，这部分内容很重要。尼采告诉我们，"最为[佛陀的]教义所反对者，莫过于复仇、憎恶和怨恨的情绪了"②。因为怨恨确实是最能削弱和减轻颓废的东西，③所以佛陀的处方实际上达到了预期的效果。与基督教相比，佛教的目标真的可以实现，原因正在于此："他们宣

---

① 在这方面，普鲁肖塔玛（B. Purushottama）谈到尼采以"工具主义者"（instrumentalist）的身份介入欧洲他者（Other）的哲学，使用亚洲思想来挑战基督教和西方思想传统的'颓废'"。普鲁肖塔玛：《作为"欧洲佛陀"和"亚洲超人"的尼采》（"Nietzsche as Europe's Buddha and Asia's Superman"），载《智慧》（Sophia），47（3），2008，第359—376页，特别是第375页。另见密斯特里：《尼采与佛教》，第44页；菲格尔：《尼采与佛教的相遇》，第234页；谢菲勒（E. Scheiffele）：《从陌生视角探问一个人的"本己"》（"Questioning One's 'Own' from the Perspective of the Foreign"），载帕斯克：《尼采与亚洲思想》，第31—47页，特别是第42页；弗雷泽《欧洲的佛教》，第146—147页；范德海德《尼采》，第169页及以下；以及德鲁瓦《印度的遗忘》，第188—189页。

②《瞧，这个人》，"为什么我这么有智慧"第6节；另见《敌基督者》第15节。

③《瞧，这个人》，"为什么我这么有智慧"第6节："对疲惫者来说，没有比这更不利的反应了：这种影响（怨恨的影响）包括神经能量的迅速消耗，有害分泌物的病态增加。"

称愉悦、寂静、无欲无求是最高的目标，而且他们也实现了这个目标。佛教不是一种让人仅仅追求完善的宗教：完善就是常态。"①鉴于尼采是一位亲佛（pro-Buddhist）的反基督教辩论家，而更清醒的尼采则关注各种形式的生命否定（life-negation），根据这一区分，我们该怎样看待这种夸张的热情？

首先，尼采的确认为，对颓废者来说，与道德说教的（moralizing）基督教对罪恶的讨伐相比，佛教对怨恨的打击要健康得多，认识到这一点很重要。②正如他真诚地认为，佛教作为一种清醒地反形而上学的宗教，比基督教"冷静、真实、客观百倍"③，在佛教对怨恨作为一种不健康情感的谴责中，尼采也确实看到了巨大的价值。同时，很明显，尼采在这里只说对了一半。佛陀的伦理学是对生命否定的一种表达，就此而言，佛陀一定还怀有尼采所说的"对现实的怨恨"④。毕竟，这就是颓废者对现实世界（即生成领域）进行道德谴责的原因。在任何"生命是恶"或者"生成不是善"的判断背后，都潜藏着一种隐秘的怨恨。作为一场颓废的运动，佛教是一种怨恨现实的宗教；作为一种素朴的虚无主义者，佛教徒的虚无意志表现出一种对生命进行复仇的潜在欲望。那么，我们就面临着第二个明显的矛盾。虽然有造诣的佛教徒"超越了怨恨"，但他也仍为怨恨所困。

---

① 《敌基督者》，第 21 节。
② 在《瞧，这个人》"为什么我这么有智慧"第 6 节中，尼采清楚地表明，他自己在极度痛苦的时期也运用了佛陀的方法。因此，当他把佛陀描写为一位"深刻的生理学家"时（同上），他并非完全不真诚。
③ 《敌基督者》，第 23 节。
④ 《遗稿》（1885—1887），2（127）。

尼采既赞扬佛教反抗怨恨，又谴责佛教怀有怨恨，这怎么可能呢？这里需要区分两个层面或层级的怨恨。**怨恨 I**（*Ressentiment*₁）在意识意向（conscious intention）的表层运作。它明确地指向某些人，表现为嫉妒、憎恨、怨恨、厌恶、复仇等。相比之下，**怨恨 II**（*Ressentiment*₂）则是潜意识（subconscious）和态度上的（attitudinal）。它源于颓废者对这个充满流变、矛盾和生成的痛苦世界的不满、不适与不悦的总体感受。它是一种前反思的、未被阐明的（unarticulated）和下意识的（subliminal）意志，它要对生命进行复仇。虚无主义的颓废者对真实世界的发明——其实就是他们的"形而上学需求"——是由这种更隐蔽的怨恨所激发的。①

现在，佛教的例子表明，怨恨 II 最初产生于形而上虚构（metaphysical fictions），并可以在这种虚构毁灭时幸存下来。更重要的是，佛教类型的例子表明，即使在怨恨 I——这种情感负责憎恨具体的人与处境并寻求积极的报复等——被打击，甚至被消除时，"反现实的怨恨"或怨恨 II 依然可以存在。尼采观点中的矛盾就这样消失了。有造诣的、平静的佛教徒既超越了怨恨 I，又仍为怨恨 II 所动。

这一区分也让我们有可能更好地理解消极虚无主义者在虚无主义危机中的遭遇。他们无法想象在上帝或梵死后，除了非

---

① 当然，在犹太教–基督教的背景下，随着这种形而上学的发展，对所谓的"主人道德"（master morals）的重估也发挥了作用，它带来了更刻意、更有意图的怨恨 I（关于这一点上，见《道德的谱系》第一章），但这不应妨碍我们区分怨恨 I 和怨恨 II。

实存，还有什么**至善**（summum bonum）——一旦存在的神话被揭穿，他们在生成中无法看到任何效用——不仅仅是由于缺乏想象力。这也不仅仅是懒惰的问题（毕竟，作为颓废者，疲惫和厌倦是他们的显著特征）。不，佛教徒崇拜非存在（non-being）并将其作为伦理目标，虚无主义心态崇拜上帝并将其作为一种美化了的无，二者真正的原因是一样的。①怨恨 II 仍然是消极虚无主义者意识形态的心理基础。佛教伦理学始于一种抗拒；它始于面对生命复仇的、怨恨的"不"。事实上，佛教对非存在中"灭绝"（extinction）的追求，其实暴露了始终支持着虚无主义心态的生命否定。这是最纯粹、最诚实的生命否定。虚无不再披着形而上学的外衣，不再被称为上帝、天堂、梵或物自体；相反，虚无就是明确和明显的目标。②与所有此类生命否定一样，这种对虚无的渴望是颓废的疲惫和烦躁的结果。在传播面向非存在或死亡的"良好生活"教义时，佛陀表明他致力于对生命进行复仇的颓废计划。怨恨 II 让使他充满活力。

尼采知道，佛教中"良好生活"的出发点就是认识到苦难乃生命固有之物。正如我在第一章所言，在这一点上，他认同佛陀的观点。"没有苦难的生活"是一个自相矛盾的说法，认

---

① 正如我在第一章解释的那样，"真实世界"是由"现实世界"（actual world）的一个纯粹而简单的矛盾得出的。因此，它是一种宏大的虚无。

② 谈及颓废者**与神合一**（unio mystica）的长久渴望时，尼采解释道，这其实一直都是"佛教徒对虚无、涅槃的渴望——别无其他"！（《道德的谱系》，第 1 章第 6 节）

识到这一点是对虚无主义挑战做出融贯回应的关键一步。作为一种后有神论伦理学（post-theistic ethics），佛教伦理学关注的是非常真实的苦难现象、苦难的心理基础、对苦难的恰当回应等。尽管尼采认为佛教对苦难的关注本身是非常恰当的（更不用说与基督教道德相比，佛教的现实和清醒令人耳目一新），但他还是觉得佛教对苦难的态度在根本上是不健康的。因此，佛陀所设想的伟大健康实际上是一种大病（great illness）状态。

根据尼采的诊断，佛教伦理学表现出两个基本特征，这两个特征都展示了对苦难不健康的、典型颓废的立场。佛教的涅槃理想关心的是一个人自己的苦难——毕竟，"灭绝"状态包括对经历痛苦之条件的消除。佛教培养同情心的理想，就其本身而言，则关乎他者的苦难。尼采这些评价中的每一个都需要进一步讨论。

佛教的至善——涅槃——表现了终结苦难的清醒意志。正如尼采所说，在佛教中，"'你如何才能摆脱苦难'的问题规范和限定了全部精神食谱"。[1]涅槃，这种"最深沉的睡眠"[2]，被设想为一种无痛苦状态。因此，从宇宙论的（cosmological）角度看，在一个苦难无边的世界里，它代表着轮回（cycle of rebirth）的终结。根据尼采的分析，在超验的存在领域没有关于极乐的积极承诺，颓废的佛教徒转向了第二好的东西，即涅槃或虚无状态下"没有苦难"的消极承诺。为了摆脱生成的斗

---

[1]《敌基督者》，第 20 节。
[2]《道德的谱系》，第 3 章第 17 节。另见同上书第 27 节。

争,通往非存在的和平与清净,佛教徒不仅进行了生命否定,而且是进行了最为根本的自我否定(self-negation)。

这在佛陀的四圣谛(four noble truths)①中体现得很清楚,尼采在叔本华的作品中首次读到这一教义。②在这里,这位古印度的伟大医师提供了:(一)一个说明,要缓解的状况,即苦难;(二)一个诊断,造成这种状况的原因,即欲望;(三)一个预言,断言当(且仅当)欲望被终止,就会有效地终结苦难;(四)一个处方,概述治愈之道,即终止欲望及与之相伴的苦难。从(二)和(三)可以看出,涅槃状态(从心理学而非宇宙论的角度看)意味着完全没有苦难,它只能通过欲望的毁灭来实现。如果说步骤(一)与颓废的生命否定密切相关,那么,步骤(二)至(四)则与其实际的必然结果有关,即自我否定。

关于步骤(一),重要的是要看到,佛教徒渴望终结苦难,这已是佛教徒根本颓废的一种表现。作为一种烦躁的(irritable)颓废者,佛教徒对所遭受的苦难过于敏感。③他如此疲惫,以至于不得不把阻力(resistance)——更不用说一般的接触(contact)——感受为痛苦。在这方面,尼采谈到了颓废者"对现实本能的憎恨",这是"对苦难和刺激具有极端感受力的后

---

① "四圣谛"即苦谛、集谛、灭谛、道谛。——译注
② 叔本华讨论过这一佛教核心教义,见《作为意志和表象的世界》第 2 卷,第 716—717 页。凭借早期德国印度学家和佛学家的著作,尼采应该也熟悉此教义。
③《敌基督者》,第 20 节。

果,它不想再有任何接触,因为它觉得每一次接触都太强烈了。"①其结果是,任何形式逃避苦难的颓废都隐含着基本的享乐主义(hedonism),②这在佛教中有明确体现,佛教伦理学将"疲惫的享乐主义"提升为"最高的价值尺度"。③因此,作为一种颓废的享乐主义者,佛教徒一开始就把苦难理解为一个问题,并力求达到一种无痛苦(painlessness)的状态。尼采解释道:"在精疲力竭的(即颓废)的情况下,任何人尚能感受到的唯一快乐就是入睡……精疲力竭的人想要休息、放松、和平、平静——这就是虚无主义宗教和哲学的幸福。"④从这个意义上说,佛教对涅槃的无痛苦状态的追求,就像历史上流传的几乎全部伦理学说一样,仍然是"颓废者特质"(idiosyncrasy of décadents)的一种表现。⑤所有颓废者都想不再受苦,而这正是佛陀提供的观点。当然,当他把痛苦当作一种有待消除的东西时,他已经在对生命进行否定了。如果没有苦难就没有生活(living),那么没有生命的缺席(absence of life)也就没有苦难的缺席。

与欲望斗争的目的是终结苦难,因此,它就是反对生命的斗争。这样,一个人就从生命否定达到了自我否定。这一点在佛陀根本教导的步骤(二)和(四)中得到了最清晰的表达。

---

① 《敌基督者》,第 30 节。
② 同上。
③ 《遗稿》(1887—1888),10(190)。另见同上书,9(35)。
④ 《遗稿》(1888—1889),14(174)。
⑤ 《瞧,这个人》,"为什么我是命运",第 7 节;《偶像的黄昏》,第 5 章第 6 节。

佛陀声称，苦难源于欲望。由此可见，要终结苦难，就必须终结欲望。因此，为达到涅槃而采取的策略与俄国宿命论者（Russian fatalist）①的策略相似，后者躺在雪地里，让自己的本能被冻结，从而尽可能少地消耗他所剩无几的能量。佛教中反对欲望、激情和本能的斗争是自然的，甚至可以说是本能的、颓废的典型反应。②颓废者因极度疲惫而持续受苦；可以说，他们的能量水平如此之低，以至于任何形式的接触、任何有阻力的遭遇都是痛苦的经历。由此可见，要终止苦难，则凡是与人、物和处境发生冲突的（因而被定义为痛苦的）接触条件，都得消除。摆脱了欲望、意志、雄心、决心、憧憬、抱负、希望等，佛教徒躺在雪地里，任由自己麻木。没有欲望，就没有斗争，没有反抗和阻力，也没有失望。简言之，即没有苦难。摆脱了欲望，颓废的佛教徒就不再进行任何抵抗。他们被冻结在无情的雪中，进入了涅槃的"最深睡眠"。

这种为了中止苦难而"毁灭欲望"的理想，完全落入了尼采所谓**去自我化道德**（*Entselbstungsmoral*）的框架里。"去自我化"（unselving）是生命否定伦理学的本质。③去自我化的伦理学包括对自己的激情、本能和欲望的斗争——简言之，就是与

---

① 关于尼采对俄国宿命论与佛陀疗法之间的友善，见《瞧，这个人》，"为什么我这么有智慧"，第 6 节。
② 关于这一点，见《偶像的黄昏》，第 2 章第 11 节，"必须与本能作斗争——这是颓废的公式"。
③《瞧，这个人》，"为什么我这么有智慧"，第 6 节。

自己的意志作斗争。①因此，去自我化是生命否定最具体的表达，亦即自我否定。意志、欲望、激情、成长与扩展的本能等，这些都是人类最基本的东西。活着就意味着意愿（Living implies willing）。②所以，与自己的意志作斗争就等于与自己的生命力（vitality）作斗争。这是通过自我否定进行的生命否定。就佛教徒的情形而言，正是凭借这种去自我化的实践，才实现了终结苦难的既定目标。通过自我否定——欲望的毁灭——佛教徒从根本上达到了他们的生命否定目标——苦难的止息（cessation of suffering）。当然，当佛陀这样使用去自我化的方法来麻痹颓废者时，他再一次把"颓废者的特质"提升为一种命令（imperative）。③他给疲惫的人带来幸福，让他们把自己的本能与激情投入睡眠，变得麻木，不再抵抗——简言之，就是让他们去自我化。这样就实现了涅槃的伟大睡眠（the great sleep）、虚无和反生命（the anti-life）。

对尼采来说，最高的生命否定与自我否定是无欲（desirelessness），它不是伟大健康，而是大病。去自我化的伦理学既产生于颓废之病，又加重了颓废之病。话虽如此，尼采还是把佛教的去自我化——作为真正后有神论伦理学的一部分——与以往的去自我化道德区分开了。这种道德的传统形式依赖于一种

---

①《瞧，这个人》，"为什么我能写出这么好的书"，原稿本第 2 节；《瞧，这个人》，"为什么我是命运"，第 7 节；以及《偶像的黄昏》，第 5 章第 1 节。

②《善恶的彼岸》，第 259 节。另见同上，第 13 节。尼采关于意愿在人类心理学中的首要地位，以及更一般的权力意志（the will to power）的观点，将在本书第三章得到详细讨论。

③《瞧，这个人》，"为什么我这么有智慧"，第 6 节。

严格的二分法（dichotomy）：一方面是纯净的灵魂，它是理性的住所和善的源头；另一方面是堕落的肉体，它是欲望、激情和本能之所在。① 这种二元论（dualism）在佛教中被拒绝了，因为佛教舍弃了灵魂的观念。然而，尽管已不再从纯净灵魂的立场出发——更不用说超验的善（Transcendent Good）了——佛陀依然将欲望、激情和本能视为需要反抗并最终摧毁的东西。他的斗争不再是一场道德斗争，后者把苦难解释为这样一种结果：肉体的罪恶侵犯了神圣的灵魂，并使之陷入这个堕落的世界。然而，佛陀寻求的是终结苦难，就此而言，他的斗争所反对的仍是生命中最为本质的东西——欲望。心理-生理器官充满了痛苦，它的"核心自我"（core self）被消除以后，其空壳也被宣布为有害和有罪的。伦理的目标就是让苦难止息——在涅槃中"把它熄灭"。这就要求，在自我/灵魂消失以后，任何幸存下来的东西都要去自我化或被毁灭。

因此，尼采在反基督教的论战中对佛教健康的"利己主义"（egoism）的评论，我们不可尽信。尼采在《敌基督者》第20节提出，佛陀当时在与印度意识形态中盛行的趋势作斗争，这种趋势"让人格从属于'非个人'的东西，从而损害了人格的本能（instinct of personality），进而导致'个体对自身兴趣的丧失'"②。根据这一说法，佛陀极力反对这种趋势，他"以一种严谨的尝试，甚至让最为精神化的兴趣返回到个人那里。在佛

---

① 关于这一点，见《瞧，这个人》，"为什么我能写出这么好的书"，第2节，以及同上书，"为什么我是命运"，第8节。

②《敌基督者》，第20节。

陀的教义中，利己主义变成了一种义务"①。从表面上看，尼采似乎是在说，佛陀战胜了去自我化，重建了一种健康的自我关怀（self-concern）。正如之前尼采作为反基督者与反佛者的矛盾一样，其亲佛的主张也并非毫无诚意。尼采的确认为，颓废的佛教徒对自己苦难的关心构成了他们对自己、自己的心理、自己的生理等方面的关注，与基督教对罪与罪责（sin and guilt）的关注相比，或者跟旨在与宇宙整体非个人性合一的体系（如奥义书时代的婆罗门）相比，佛教的关怀显得尤为开明。同时，无论佛教徒对自身苦难的利己主义关心是否较为健康，尼采都明显认为佛陀为战胜苦难而开发的方法都包含着去自我化，这是所有虚无主义道德的共同核心。跟许多传统伦理学的形而上学基础相比，佛教的自我关怀受到的迷惑可能更少，但它还是提供了一种不健康的、自我否定和生命否定的去自我化伦理学（ethics of unselving）。一个人必须生病和疲惫才渴望涅槃，而朝向涅槃前进又会让人病情加重、愈发疲惫。

佛教伦理学的第二个重要特征也揭示了作为其核心的颓废。谈及他者的苦难，佛教开出的处方是"同情心的培养"（cultivation of compassion）。②尼采并非没有注意到同情、平静和利他主义（altruism）对佛道（Buddhist path）的重要性。他尤其看到了佛

---

① 《敌基督者》，第20节。
② compassion 在佛经中通常译为"慈悲"，但尼采作品中的 compassion，通常还是译为"同情"或"同情心"更合乎其语境，而且作者下文凡是在佛教"慈悲"的意义上使用 compassion 一词时，都会以上标 Buddhist 的形式注明，即 compassion[Buddhist]。因此，为了保持译文的一致性，译者将 compassion 统一译为"同情"或"同情心"。——译注

教与同情之间的深刻联系。①事实上，如果佛教徒对自己的苦难持典型不健康的态度——希望结束它，那么他们对他者的苦难也应该采取典型不健康的态度——同情，这完全合理。

　　为什么尼采认为同情是如此不健康？从最浅显的层面分析，我们发现尼采的简单说法是，佛教对同情的赞颂展示出一种"对全部苦难致命的憎恨"②。佛教徒畏惧苦难。这种畏惧超出了自我关怀，扩展到对他者的苦难也拒绝接受。当然，既然苦难是生命的本质——那么"对苦难的憎恨"实际上就等同于"对生命的憎恨"——佛教徒对同情心的培养其实只是他们潜在的生命否定之延伸。③

　　但是，同情与自我否定之间也有密切联系。在这方面，尼采声称同情包含着"自我憎恨"（self-hatred），④甚至"自我禁欲"（mortification of self）。⑤在这种夸张说法的背后，隐藏着一个更为冷静的观点，即同情是去自我化程序的一部分。正如佛教徒之所为，与自我关怀的本能和激情作斗争摧毁欲望，才

---

① 尼采频频提及，同情在欧洲的道德话语中具有卓越地位，并视之为"佛教的预备运动"（Buddhistic pre-movement）。见《遗稿》（1887—1888），9（126）。另见同上书，（1885—1887），9（126），《道德的谱系》，"序言"第5节，以及《善恶的彼岸》，第202节。尼采关于同情的观点将在本书第5章详细讨论。在当前语境中，我关心他对同情的看法，是因为这与他对佛教伦理学的看法有关。

②《善恶的彼岸》，第202节。

③ 关于这一点，见《遗稿》（1888—1889），15（13），同情在其中被描述为一种生命否定的形式。

④《善恶的彼岸》，第202节。

⑤《遗稿》（1888—1889），15（13）。

能把一个人变成一个温顺、谨慎、谦逊和富有同情心的耳软心活者（compassionate pushover）。佛教徒式的人无欲无求，不做任何抵抗，避免一切发生冲突的可能性；他们充满同情心，为他者着想，对于可能给他者造成伤害或妨碍的方式永远保持敏感，为他者分忧解难，如此等等。正是通过自我否定和去自我化，他们培养了同情心。

这一伦理程序跟产生苦难这一问题与消除苦难这一愿望同宗同源。尼采在评论"颓废心理学"时解释道：

> 对情感中任何厌恶、敌意、边界或分歧的本能排斥：这是对苦难和刺激的极端承受力的结果，它把任何抵抗，甚至任何抵抗的冲动，都体验为难以忍受的不快……并发现幸福（快乐）仅仅在于不再抵抗任何人，既不抵抗恶，也不抵抗恶人……对痛苦，哪怕是极小痛苦的恐惧——只能在一种爱的宗教中结束。①

由此可见，在任何"爱的宗教"中，同情心的生起都是一种关键的美德，② 而不仅仅是去自我化不可避免的结果。它有助于实现颓废者将人际冲突风险降低为零的目标。因此，佛教对于培养同情心的训谕，不过是再度体现了"颓废者的特

---

① 《敌基督者》，第 30 节。
② 关于这一点，请参考《朝霞》第 132 节，《快乐的科学》第 338 和 345 节，以及《遗稿》（1884），25（178）。

质"。①

与此相似，尼采也把这种自发倾向归之于颓废者：面对他者的苦难时感同身受。这是因为他们对于"抵抗刺激"（resist stimuli）无能为力。②因此，像佛教徒那样崇尚同情，只不过是"（把自己的虚弱）当成美德来炫耀"——在尼采看来，这是一种真正的"伪装"。③这里的意思是，同情实际上是一种非常普通的情绪，它反映的不过是，暴躁的颓废者面对他者的苦难时，自己也不能免受其苦。

在这方面，尼采的部分观点是，同情本质上使人衰弱（enfeebling）。同情意味着为他者的苦难所伤害、损害或损伤。尼采解释道：

> 同情与滋补性情绪（tonic emotions）是对立的，后者可以增强生命感受的能量，前者则有一种压抑的效果。当一个人同情时，他就会失去力量……。同情是虚无主义的实践……同情让人走向虚无！④

在这里，我们已触及尼采关于同情的最大问题。它是一种压抑的情感（depressive affect）。我被他者的苦难压垮了。虚弱而暴躁的颓废者倾向于这样，这不足为奇，正如他们易于被

---

① 《瞧，这个人》，"为什么我是命运"，第7节。关于这一点，见《瞧，这个人》，"为什么我这么有智慧"，第4节，尼采主张，唯有颓废者才会把同情当作一种美德来赞扬和提倡。
② 同上书，"为什么我这么有智慧"，第4节。
③ 《快乐的科学》，第377节。
④ 《敌基督者》，第7节。

任何可能压垮他们的东西所压垮。

关于这一点,尼采的说法颇为直观。当身体疲惫时,我发现自己对他者的困境更加敏感和易受影响。别人的悲伤会让我更加烦恼,在一部本来很糟糕的电影中,一段强调剧中人物悲惨命运的夸张配乐会让我泪流满面;在公交车上,一个婴儿的尖叫声会让我陷入极度不适的状态,如此等等。在这方面,我的自制力似乎很差。这正是尼采所指出的。在他看来,被佛教当成一种伟大的美德来颂扬的同情,与基督教和其他虚无主义体系中发现的同情没有什么不同——它源于颓废,崇尚自我弱化(self-enfeeblement)。

因此,佛教伦理学为同情保留了如此特殊的位置也就不足为奇了。毕竟,佛教以非存在为目标。一种富有同情心的利他主义倾向总是令人为他者着想,而不为自己着想,这会促使颓废者沿着自我弱化和去自我化之路走向伟大的虚无(great nihil)。只要同情被减弱和耗尽,对于那些通往涅槃的伟大睡眠(great sleep)之路者而言,这就是极其自然的做法(modus operandi)。

尼采认为,佛教对虚无主义的回应在根本上是不健康的,他对佛教的批判与他对叔本华哲学的立场之间存在着紧密而复杂的联系。在扮演反佛陀角色的同时,尼采也扮演了反叔本华的角色。[1]这在很大程度上是因为叔本华对佛教、佛教与

---

[1] 正如普鲁肖塔玛所写,尼采"对佛教的评价是'虚无主义'和'精神萎靡',这与他对叔本华的悲观主义的拒绝成正比"(《作为"欧洲佛陀"的尼采》,第361页)。

基督教之间的关系以及佛教与他本人哲学的关系的理解，对尼采自己对于佛教的理解产生了相当大的影响。结果，相对于他的印度同行，这极大地影响了他的自我定位方式。因此，要阐明尼采反佛陀的思想，就需要仔细研究叔本华的思想。

在尼采眼里，叔本华的思想是一个明确无误的历史重演案例。在叔本华思想中，欧洲虚无主义危机暴露了虚无主义心态的核心——生命否定以及罗马时代以来欧洲历史进程中产生的形而上学。这就像两千多年前的印度一样，其结果是一门伦理学的核心是一种毫不掩饰的虚无意志（will to nothingness）。简言之，叔本华之于欧洲，正如佛陀之于印度。他的伦理学是一种消极虚无主义（passive nihilism）的结果，一旦存在被揭示为一种虚构，这种虚无主义就只能以非存在为目标了。①

但是，叔本华的意志（本质上是康德的物自体的加强版）难道不是存在神话（myth of Being）的一个版本吗？难道它不是真实世界的一种形式，并与纯粹**表象**（*Vorstellung*）的"表象世界"相对立吗？如果是这样，那么叔本华就与佛陀不同了，因为他并未超越虚无主义心态的最强神话。那么，他的伦理学怎么会是消极虚无主义的后果呢？难道不是只有当虚无主义心态醉人的虚构趋于沉寂并导致某种价值隐退（value withdrawal）时，消极虚无主义才能站稳脚跟吗？如果说叔本华的意志是存在虚构的一种版本，那么这种隐退对他有何影响？更一般地说，尼采在佛陀与叔本华之间建立了一种相似

---

① 关于这一点，见《遗稿》（1885—1887），9（35）。

性,这看起来令人惊讶——因为他很清楚佛陀拒斥形而上学思维,而叔本华是一位地地道道的形而上学家。

然而,尼采的观点是将叔本华的体系视为思想史上的一个事件,而不仅仅是一套思想。如果他的关注点和兴趣在于叔本华思想本身,那么上述问题对于尼采实证思想的核心——佛教与叔本华的友善(rapprochement)——将有致命的影响。然而,尼采感兴趣的是在所谓虚无主义历史中起作用的更大趋势,就此而言,这种友善并未受到虚无主义危机中明显的生命否定思维——形而上学与"实证主义"——影响。

尽管叔本华是一位形而上学家,但在尼采眼中,他也是欧洲的开创性人物之一,他负责杀死上帝,并带来许多异想天开的虚无主义思想,这些思想长期以来一直支配着欧洲。当然,"作为意志的世界"(the world as Will)是一种传统形而上学学说,它把存在的实在领域与生成的纯粹表象领域对立起来,但是,如果只看到这一点,就会错失叔本华哲学作为哲学史和宗教史上一个事件的重要意义。叔本华版的存在不是上帝,而是某种盲目的撒旦(Satan)。他的物自体不是善,而是恶。叔本华的学说有一些形而上学残余,这一事实无关紧要,真正重要的是其核心内容中毫不掩饰的生命否定。世界是罪恶的,生命是不好的(no good)——这才是叔本华思想中真正重要的东西。这远远超出了它偶然披上的形而上学外衣,它传递了叔本华不折不扣的生命-毁灭(life-destruction)伦理学思想。

这些思考还是相当抽象的,要充实它们,就得从一种坚定的尼采式视角出发,对叔本华哲学作一个简明的概述。首先，应该指出的是，除了像康德一样天真地保留了物自体以外，①叔本华对许多事情的看法是正确的。叔本华认为，谈论一个自因或无因的（self-caused or uncaused）造物主上帝，这完全是不融贯的（incoherent）。②更重要的是，他相信这个世界显然充满了无意义的苦难与悲伤，因而假定一个全能而仁慈的造物主上帝毫无意义。③在叔本华眼里，认为这个充满痛苦的世界是由一位仁慈的上帝创造的，这充其量只是个乏味的笑话。

叔本华雄辩地指出，人与自然界中的其他存在物没有任何根本区别。实际上，他把世界上所有类型的事件——从发生在无生命体（inanimate bodies）之间的自然现象到人类行为——都置于一个单一连续体（continuum）之中了。④一块石头由于地球的引力而落地，我因为饥饿——而且刚刚看到了

---

① 在《作为意志和表象的世界》第 1 卷的序言中，叔本华将康德的著作描述为"两千年来哲学中出现的最重要现象"（第 xv 页），尽管该书附录透露出，在康德哲学中，真正让叔本华印象深刻的只是其先验观念论（transcendental idealism）学说。在这方面，叔本华把时间和空间的先验观念性（transcendental ideality）称为"一个已被证实且无可争辩的真理"[《作为意志和表象的世界》第 1 卷，"附录：康德哲学批判"（Anhang： Kritik der kantischen Philosophie），第 496—497 页；另见《论道德的基础》，第 22 节］。

② 见 1847 年版的《论充足理由律的四重根》，特别是第 8 节。叔本华的讨论是分析性的。因为，一切发生的事物皆有原因，而且即使某些无因的事物存在，它也无法引起任何事物出现，作为"原初推动者"的自因（causa sui）观念本身就是不融贯的。

③ 关于这一点，见《快乐的科学》，第 357 节。

④ 见《作为意志和表象的世界》，第 1 卷第 29 节。

可以给我提供营养的东西——从而伸手去拿一个苹果,这两件事情之间只有程度上的差别。①说到有情众生,我们人类与其他动物并没有什么不同,我们渴望并奋斗着,怀着相同的冲动去追求徒劳的快乐和短暂的目标,就像桌上的盘子被打落在地。

叔本华强调了这一点,这使他谈及身心问题时采取了一种严格自然主义的物理主义(naturalist physicalism)立场,我称之为**经验唯物论**(*empirical materialism*)。②作为现象,世界上的一切都是彻头彻尾的物质(matter)。③正如在佛教与尼

---

① 这是叔本华在《论意志的自由》全文中极力表达的观点。
② 叔本华的主张是,作为时空现象,万物都是物质的(material)。这是因为物质是他所谓"知性的主观形式"——因果性——的客观相关物(《作为意志和表象的世界》,第 1 卷第 4 节)。在叔本华的认识论中,感性(Sinnlichkeit)的形式是空间和时间,就像在康德那里一样。但是,叔本华摒弃了康德对知性(Verstand)的复杂分析,只保留了因果性(causality)作为知性的"形式"。当知觉发生时,知性所做的就是,将空间与时间以"物质对象"的形式结合在一起,从而推断出知觉的"原因"(见《作为意志和表象的世界》,第 1 卷第 4 节;以及他早年关于视觉的著作《论视觉与颜色》,特别是第 1 节)。叔本华宣称,可感知性(perceptibility)与物质性(materia-lity)如此相互蕴涵:每个对象都是作为现象的物质(《作为意志和表象的世界》,第 2 卷第 349 页)。因此,将叔本华的经验唯物论与康德所说的经验实在论(与先验观念论相对)相提并论是恰当的。当然,对叔本华而言,其经验唯物论为强大的先验非物质主义(在贝克莱的意义上)所调和,即作为意志的世界。
③《作为意志和表象的世界》,第 2 卷,第 349 页。

采思想中，没有非物质的灵魂，也没有我。①意识，就其本身而言，则是一种纯粹物理现象；它是大脑活动的结果。②无神论、决定论、自然主义和物理主义——这些也都是尼采赞同的立场。

尼采从未停止对叔本华这些观点的赞赏。在他晚期作品的一些段落中，我们发现他赞扬了叔本华的"诚实"：他写道，叔本华第一个提醒我们，我们只不过是野兽，从根本上说，我们是"愚蠢的东西"。③他教导我们，"早在达尔文之前……环境与适应学说"就已走得如此之远——对尼采来说也许走得太远了——以至于将人的意志还原为反应能力，这种反应能力是以粗糙的"机械过程的呆板性"来运作的。④在这一语境中，尼采正确地谈论了叔本华的"**自然主义**"（*naturalisme*）。⑤

---

① 叔本华强烈反对"将我或……它的超验本质称为'灵魂'"，他认为这是一个极其古老且普遍的根本错误。（《作为意志和表象的世界》，第2卷，第222页）

② 至于叔本华自然主义认识论，则完全以主体的大脑和神经系统为基础，见《作为意志和表象的世界》，第2卷第1节。

③《遗稿》（1887—1888年），9（178）。

④ 同上。

⑤ 同上书。尼采对叔本华的"自然主义"阐释与许多当代叔本华专家的所推崇的阐释背道而驰，参看哈姆林（D. Hamlyn）:《叔本华》，伦敦：劳特里奇出版社，1980；伯曼：《叔本华与尼采》（"Schopenhauer and Nietzsche"）；杨：《叔本华》，伦敦：劳特里奇出版社，2005；威克斯（R. Wicks）:《叔本华》，牛津：布莱克威尔出版公司，2008。所有这些学者都在为某种我称之为万物有灵论的解释作辩护，这种解释认为叔本华的学说主张：所有现象背后都有一个独特的、非物质的世界灵魂。尼采的观点跟贾纳韦更为接近，贾纳韦指出："（叔本华）试

简言之，他认为叔本华是一位令人敬畏的人物，他积极促成了上帝之死，因为他拒绝了形而上学错误，而更为传统的真实世界的基础正是这些错误——神学、身心二元论、随之而来的对个体灵魂不朽的迷信、自由意志主义者（libertarian）对自由意志的虚构等。

根据这些消极的观点，叔本华还坚持认为，世界不过是一股起伏不定的洪流，充满了无意义的恐惧、痛苦和追求。对于叔本华来说，在这一切的背后并没有一个善的真实世界。取而代之的是一个恶的真实世界。根据尼采的分析，正是在这里，叔本华让他潜在的怨恨战胜了自己。

关于这一点，请看叔本华的意志形而上学。叔本华对形而上学的贡献在于，从量与质两方面对康德的物自体进行了限定：①物自体（一）是单一的（singular），②（二）最好被描

图把人的行动解释为一种更广泛的"积极进取"力量，他的愿望是，既要使人性自然化（naturalize humanity），也要使自然人性化（humanize nature）。见贾纳韦：《叔本华哲学中的自我与世界》（*Self and World in Schopenhauer's Philosophy*），牛津：克拉伦登出版社，1998，第203页；另见肖内西（B. O'Shaughnessy）：《意志：一种双重理论》（*The Will: A Double Aspect Theory*），剑桥大学出版社，1980，第xxv页。或许，尼采会进一步断言，叔本华使全部自然表现为相同的基本动力学原理，他更多的是把人给自然化了。

① 当然，这明显与康德的主张相矛盾："对于构成这些现象的物自体，则丝毫不能断言。"（《纯粹理性批判》，A49/B66）但是，叔本华则乐于咬紧牙关坚持这一主张。（见《作为意志和表象的世界》第1卷，附录）。

②《作为意志和表象的世界》，第1卷第23节。

述为一种盲目、无意识和无目的的追求,叔本华称之为意志。①因此,万物的本质都是单一的、无根据的和无目的的意志。因此,这个不断追求的意志并不追求"满足"任何特定欲望或需求——正如所有形式的因果关系一样,动机(motivation)的因果关系毕竟只适用于作为表象的世界。②所以,与我们通常所理解的意志力(volition)不同,可以说意志并不追求"铭记于心"的特定目标。③因此,从根本上说,满足(satisfaction)与意志无根据的、难以遏制的渴望格格不入。④因此,意志不仅是自发的、盲目的和无目的的,而且永不满足。这意味着,由于我们所有人在本质上只不过是意志,我们的生活就只能是痛苦的,这痛苦无穷无尽,无法避免。

这就是叔本华的形而上学转向心理学的地方。意志不断地追求,毫无意义地追求,只是为追求而追求。其他成为阻

---

① 《作为意志和表象的世界》,第1卷第19—20节。

② 实际上,像任何其他形而上学家(依据尼采的模型)一样,叔本华也通过这个世界诸属性之矛盾来推断他的真实世界的种种属性。如果说世间万事的发生都有原因(这一点很关键,见叔本华《论充足理由律的四重根》),那么意志反而毫无根据了(《作为意志和表象的世界》,第1卷第29节)。

③ 在《作为意志和表象的世界》第1卷第23节中,叔本华解释道,感知主体的意志只是形而上学意志这个属(genus)的一个种(species)。后者与前者不同,它既不预设意识和意向,也不预设目标导向。应该指出的是,在叔本华的论述中,消化或心脏跳动等无意识的活动都是"意愿"(willing)的实例。因此,即使涉及主体及其身体,叔本华对意愿这个词的理解也与通常的理解明显不同。

④ 《作为意志和表象的世界》,第1卷第57节。

碍的事物，也都以各自的方式无意义地追求着。未被满足的欲望、正在面临的障碍等，都与苦难相应，因此苦难遍及一切可感存在物（sentient existence）。①此外，当一种欲望碰巧得以满足时，世界的形而上学的本性——意志的无根据性——就会确保另一种欲望取而代之，由此引发更多的苦难，永无止境（ad infinitum）。假如一个人的所有欲望都得到了满足（这只能是一种暂时的状态），那么无聊和不安就会接踵而至。这些只是苦难的其他形式，或者说是缺乏。②此外，现象世界永远变动不居，这一本性所确保的是，任何在理论上可以给我们以长久幸福的东西，最后都会在它不再令我们幸福之前就消失（例如，逝去的爱人）。这样的经历也是非常痛苦的。③

这就是叔本华所说的悲观主义（pessimism）理论的形而上学基础。对于莱布尼茨的乐观主义信条——"这是所有可能世界中最好的世界"④——叔本华针锋相对地说出了自己的悲观主义格言——这是所有可能世界中是最坏的世界。叔本华声称，即使一个世界比我们所生活的世界稍差一点儿，都会陷入

---

① 在《作为意志和表象的世界》第 1 卷第 56 节可以找到这个论证。
②《作为意志和表象的世界》，第 1 卷第 57 节。
③ 同上书，第 56 节。
④ 莱布尼茨于 1710 年提出了神正论（theodicy），见贾拉伯特（J. Jalabert）编：《论上帝的善、人的自由与恶的来源》（*Essai de théodicée sur la bonté de dieu, la liberté de l'homme et l'origine du mal*），巴黎：奥比埃出版社，1962。

不可持续的混乱、暴力和自我毁灭。①因此，这个世界不过是一股充满无尽痛苦与不满的洪流，没有可取之处。如果它没有任何可取之处，那是因为它的痛苦特性不是偶然的。相反，它来自世界最深层次的形而上学本性。因此，对人的境况进行清醒的评估就会得出这样的结论：非实存（non-existence）比实存更可取。所以，叔本华悲观主义的核心是生命否定。

因此，叔本华的伦理学明确地朝向自我与世界的毁灭。更确切地说，他的至善包含着"看穿"生命赖以肯定和延续的幻象。事实上，叔本华元伦理学的一个核心概念就是**个体化原则**（principium individuationis），继商羯罗（Śaṅkara）之后，他也将其称之为"摩耶之幕"（梵文 māyā 的字面意思即"幻象"）。②这一原则支持着素朴的常识实在论（common-sense

---

① 《作为意志和表象的世界》，第 2 卷，第 669—670 页。

② 在这一原则的理念中，叔本华看到，在先验观念论和印度婆罗门哲学之间有一个明显的重叠区域（《作为意志和表象的世界》第 1 卷，第 1 节）。尽管叔本华对自己这个看法赞赏有加，但事实表明，他并非那么有原创性。叔本华读过的（直到他生命的最后一刻还在重读）最重要的著作之一是安格提勒-杜佩隆（Anquetil-Duperron）的拉丁文译本《奥义书》，马耶尔（Friedrich Majer）于 1813 年（叔本华开始写《作为意志和表象的世界》的那一年）将此书送给叔本华。杜伯龙根据梵文《奥义书》的波斯文译本，以拉丁文（重）译了其中一些文本，在一个附录中，他提出，《奥义书》与康德在《纯粹理性批判》"先验感性论"部分所讲的基本上是一回事，并鼓励哲学家和耶稣会士同仁探究这一联系。见《康德主义》，载安格提勒-杜佩隆：《奥义书》（Oupnek'hat），巴黎：斯特拉斯堡出版社，第 2 卷，1801—1802，第 711—724 页。叔本华显然注意到了安格提勒-杜佩隆的呼吁。

realism）。①普通人认为世界是一系列对象，而他本人则是一个真实的、不同于其他物体的独立存在物。正是基于这种前反思的立场，世间一切生物都表现出一种根本的利己主义特征，②而统一的意志似乎在多样的欲望和目标中表现自身。

然而，只要个体化原则的幻象消失，个体就会越来越不以自我为中心，而越来越关注他者。在这方面，叔本华认为道德的两大支柱——正义（不伤害）与仁慈（实际帮助）——根植于一种深层次的形而上学现象，即同情。③同情包括看透多元性的虚幻之幕，并认识到我们共属一体。正义和不伤害（non-harming）形成了这一过程的第一阶段——一个人忍住不做不义之事，是因为自我与他者之间的差别开始消失了。主动的仁慈（active benevolence）是下一个阶段——一个人渴望帮助他者并减轻他们的悲伤，因为他更接近于"自我与他者其实是一体的"这样的认识。叔本华写道："消除我与非我之别的观念……印度教徒称之为摩耶，即幻象、欺骗、幻觉和海市蜃楼"，它与"伦理学的形而上学基础"直接相关，"包括一个个体在另一个人身上再次认出他自己的自我"。④因此，同情是形而上学一元论的实际相关物。

---

① 《作为意志和表象的世界》，第1卷第53节。
② 在《论道德的基础》第14节，叔本华把利己主义称为"自然立场"，并解释道："人和动物一样，其主要和基本的动机是利己主义……因此，一般来说，他的所有行为都源于利己主义。"另见《作为意志和表象的世界》，第1卷第61节。
③ 见《论道德的基础》，第17节。
④ 同上书，第22节。

然而，高尚的行为只是第一阶段。实际上，当一个人穿透了摩耶之幕，他的同情心其实已经让位于彻底的自我克制（self-abnegation）了。①当富有同情心的人对意志及其毫无根据的残酷性彻底失望，以至于他最终决定在自己身上惩罚它时，这种情况就会发生。②如果说伦理行为已是反自然的（counter-natural）——毕竟利己主义及其原则（principium）构成了唯一的"自然立场"——那么对于富有同情心的圣贤来说，这只是一个微弱的阴影，因为他已充分认识到个体化的虚幻本性，并完全背叛了他自己的本性。然后，彻底毁灭世界就成了他的目标。

现在，叔本华观点的真正激进本性已浮出水面。性欲作为有情众生之意志最为本质的特征，③是禁欲主义（asceticism）所针对的首要目标。禁欲主义者的目光确实超越了自己的有限存在，他们看到，要消除意志和毁灭自然，就要终止物种的再生。④例如，在《作为意志和表象的世界》（第2卷）第68节的一个段落中，叔本华提出，如果人类停止繁殖，那么动物就会停止繁殖，这个观点不能令人信服——正如他凭借观念论（idealism）表明没有什么东西可以在最后一个主体死亡后幸存——但它至少有一个优点，那就是非常清晰地阐明了他的观点。禁欲主义的圣贤以独身（celibacy）的方式承担

---

① 《作为意志和表象的世界》，第1卷第70节。
② 同上书，第68节。
③ 关于这一点，请看叔本华在《作为意志和表象的世界》第2卷第47节对性冲动的首要地位的评论。
④ 《作为意志和表象的世界》，第1卷第68节。

了毁灭整个世界的使命。

但这还只是第一步。在独身和无欲无求（desirelessness）之后，很快就会寻求羞辱与伤害，紧接着就是主动的自我毁灭。①这样，禁欲主义者最终达到了完全无意志（willlessness）的层次。他身上一切自然的东西都被摧毁了。他的意志完全平静下来了。他获得了"完全的神圣化和救赎，其现象就是如前所述的顺从状态，与此相伴的是不可动摇的平静，以及死亡中最高的喜悦和欢乐"②。这是对意志进行最高级否定的结果。

总之，叔本华伦理学的基础是，一种伴随我们"看穿"表象之网的神秘能力，以及一种神秘的动机——同情。这种同情会把品德高尚的人从正义引向禁欲主义。归根到底，叔本华的救赎（Erlösung）与"自然的健康"背道而驰。如果说自然与世界是生命意志（Will to life），那么叔本华的救赎则恰好是对自我与世界的彻底否定。简言之，叔本华的伦理理想是一种反健康（counter-health）的东西、一种神圣的疾病（saintly sickness）。

最重要的是，叔本华伦理学背后的形而上学对尼采来说是无关紧要的。对他来说，真正的问题在于叔本华从仅仅是描述性主张，即人是动物，世界充满苦难，斗争是生存的基本特征，等等，跳跃到规范性主张，即非实存比实存更可取，因而应当通过主动的自我否定和生命否定使之实现。正是在

---

① 《作为意志和表象的世界》，第 1 卷第 68 节。
② 同上。

这样做的过程中——"良好生活"的目标直接从上帝转向了虚无——叔本华的思想重复了佛陀在印度所做之事。

事实上,叔本华是尼采这一思想的首要来源。从1840年起,叔本华就成了热衷于一切佛学作品的读者,并热烈支持这种强有力的印度"悲观主义"。①叔本华看到自己的思想与佛陀的思想有许多相似之处,这令他格外震惊。他在《作为意志和表象的世界》第2卷(1844)中写道:"如果我想把自己的哲学成果作为真理的标准,就必须给佛教以优于其他(宗教)的地位。"②

叔本华认可佛教的观点,最明显的表现是他在后期作品中使用了**轮回**(saṃsāra)和涅槃这两个术语。他把世界描述为一片苦难的海洋(ocean of suffering),并明确地将其等同于佛教的轮回教义:"这就是轮回,其中的一切都在谴责它,最重要的是,在人类的世界里,道德的堕落和卑劣、智力的低下和愚蠢无处不在,达到了惊人的程度。"③然而更重要的是,叔本华把他对于救赎的观点与佛教的涅槃等量齐观。对于自我否定和生命否定的禁欲主义者,他是这样描述的:"他

---

① 正如德鲁瓦所写,叔本华"将一种沉迷(enthrallment)转移到了佛教之中,这种沉迷产生于与婆罗门教有关的世纪"(《印度的遗忘》,第182页)关于叔本华印度学和佛学资料的完整列表,请参阅尼克尔斯(M. Nicholls)。《东方思想对叔本华物自体学说的影响》("The Influence of Eastern Thought on Schopenhauer's Doctrine of the Thing-in-Itself")一文的附录,载贾纳韦编:《剑桥哲学指南:叔本华》(*Cambridge Companion to Schopenhauer*),剑桥大学出版社,1999。

② 《作为意志和表象的世界》,第2卷,第186页。

③ 《附录与补遗》,第2卷第114节。

心甘情愿地放弃了我们所了解的实存；在我们眼里，他变成了虚无，因为我们的实存对他来说就是虚无。佛教信仰者称之为涅槃，即灭度。"①对于后期的叔本华来说，佛陀的涅槃与他自己的救赎概念存在于同一个理想中。

叔本华对佛教的发现也促使他宣称，悲观主义是一切真正宗教的伦理内核。不仅他提出的一元论（monism）和"看穿个体化原则"的学说在印度原始宗教（婆罗门教）中已有先例，而且他视世界为苦海（ocean of sorrow）的评价在佛教中也得到了印证。叔本华拒斥犹太教、伊斯兰教和古希腊宗教，认为这些宗教是粗糙的乐观主义信条，他将基督教、婆罗门教和佛教归为真正的宗教，即悲观主义宗教。②他忠于浪漫主义的"印度狂热"（Indomania），③这影响了他对印度宗教的理解，他相信基督教源于印度。他断言基督教的教义"在

---

① 《作为意志和表象的世界》，第2卷，第640页。叔本华还试图以意志的否认与涅槃之间的关系为依据，阐明他对意志的定义："我们只能把它（即意志）描述为拥有自由的意志，它可以成为生存意志或不成为生存意志。对于后一种情况，佛教用涅槃这个词来表述。"（同上）

② 《作为意志和表象的世界》，第2卷，第623页。"事实上，并非犹太教'一切都好'，而是婆罗门教和佛教……与基督教相似……就其起源而言，基督教属于人类古老的、真实的和崇高的信仰。这与希腊异教（Greek paganism）、犹太教和伊斯兰教表现出的虚假、肤浅和有害的乐观主义形成了鲜明对比。"

③ "印度狂热"是杰拉德在他的《东方与德国浪漫主义思想》（南希：托马斯出版社，1963）中发明的词语。德国浪漫主义对印度的沉迷为叔本华对印度宗教的了解提供了背景，关于这一点，另见哈布法

某种程度上是从那些原初的宗教中衍生出来的"①。这是因为"基督教道德精神与婆罗门教和佛教完全相同"②。此外,这些真正的悲观主义宗教的伦理本质正是尼采后来所说的生命否定,"基督教以及婆罗门教与佛教中所包含的伟大根本真理"是"一种从陷入苦难与死亡的实存中获得拯救的需求"。③

此外,叔本华还认为佛教优于基督教和婆罗门教,因为佛教没有为其伦理目标披上一件多余的神学外衣。例如,他将婆罗门教徒与佛教徒进行了对比,婆罗门教徒渴望**解脱**(*mokṣa*)、即与梵合一,佛教徒则"用涅槃一词直截了当地对此事做出否定性的描述,涅槃是对这个世界或轮回的否定"④。然而,在叔本华心中,所有这些精神愿景都有相同的隐秘意义。无论是**与神合一**(*unio mystica*)、与梵合一,还是上天堂,悲观主义信条的真正目标都是对生命**意志**的否定,或涅槃/灭度。在世界各大宗教中,佛教对悲观主义做出了最诚实、最直接的表达。

由此可知,叔本华显然是尼采宗教哲学的主要来源,进而也是他关于虚无主义心态、真实世界的建构、佛教等问题

斯:《印度语欧洲》;威尔森(A. L. Willson):《神秘的映像:德国浪漫主义的印度理想》(*A Mythical Image:The Ideal of India in German Romanticism*),北卡罗来纳州达勒姆:杜克大学出版社,1964;以及施瓦布:《东方文艺复兴》。

① 《作为意志和表象的世界》,第 2 卷,第 623 页。
② 同上书,第 633 页。
③ 同上书,第 628 页。
④ 同上书,第 698 页。

的看法的主要来源。尼采认为，在任何对存在的伦理或宗教追寻背后，都隐藏着一种不言而喻的生命否定精神，这就是叔本华一个观点。当尼采宣称，对与神合一的渴望一直是"佛教徒对虚无或涅槃的渴望"①或"一切悲观主义宗教都把虚无称为上帝"②，他实质上是在展现叔本华宗教哲学的翻版。更重要的是，尼采认为，一旦基督教脱掉其有神论乐观主义的外衣，像佛教一样的东西（在这里是指叔本华思想本身）就会取而代之，这正是叔本华的立场。

当然，尼采扭转了叔本华的立场。如果说叔本华对自己大为赞许，是由于他在否定意志的问题上与佛陀的观点一致，③那么尼采对叔本华进行指责，则是由于即使叔本华看穿了许多基督教的虚构以后，仍然陷入道德主义的生命否定思维中。对尼采来说，佛陀之于欧洲如同佛陀之于印度，并不值得称赞——恰恰相反。当然，尼采也有所创新。他把生命否定归因于颓废与怨恨，并记录了它的影响，这一影响远远超出了宗教领域,进入了一个更广阔的一般存在形而上学(metaphysics of Being in general)领域。尽管如此，尼采与叔本华和佛教

---

① 《道德的谱系》，第 1 章第 6 节。

② 同上书，第 3 章第 17 节。

③ 哈布法斯说叔本华以表达永恒、普遍的真理为荣。他写道：叔本华"提出了自己的教义，并将其视为印度教义的标准与完成"，因而"认为自己已经站在知识的巅峰"。(《印度与欧洲》，第 114 页）只有在早期浪漫主义者的语境中，这一说法才有意义，因为他们迷恋印度，认为印度是一切文化、哲学和宗教的源头。至少在这个意义上，在德国知识界超越了浪漫主义的亲印度立场以后，叔本华依然是一个亲印度者。

事实上还是和解了，这一和解源于叔本华哲学本身，这对于尼采对佛教的评价至关重要。正是基于叔本华的自我理解，尼采将基督教、婆罗门教、佛教和叔本华哲学解释为对同一种虚无意志的表达。①正是在这个基础上，他把佛陀与叔本华的伦理学看作同一种消极虚无主义的两个实例。

更具体地说，尼采将佛教哲学和叔本华思想也视为同一类型悲观主义——弱者的悲观主义（the pessimism of the weak）——的两种形式。②这种悲观主义超越了"活着就意味着痛苦"这种单纯的描述性说法，并得出了"活着不可取，而死亡可取"这样的规范性含义。尼采当然认为，这种佛教式的悲观主义比叔本华欧洲式的悲观主义成熟得多。③佛教不仅超越了形而上学，而且在具体的伦理学问题上也更加高贵和清醒。它不像叔本华的伦理学那样提倡极端的苦行。④它也不屈从于明显的自我憎恨和主动的罪责。它所规定的去自我化更温和，没有那么伤感、放纵和平民化（plebeian）。简言之，与叔本华的学说相比，佛教没有那么多基督教色彩。⑤然而，这

---

① 这在《道德的谱系》第3章第17节中最为明显。
② 《遗稿》（1888—1889），14（25）。
③ 《遗稿》（1884），25（16）。
④ 关于这一点，见德鲁瓦：《叔本华与佛教：一种"令人钦佩的一致"》（"Schopenhauer et le Bouddhisme：une 'admirable concordance'"），载 E. 冯·德·卢夫特（E.von der Luft）编：《叔本华》（*Schopenhauer*），刘易斯顿：埃德温·梅伦出版社，1988，第123—138页。
⑤ 在《善恶的彼岸》第56节，尼采嘲笑了叔本华"半基督教式的"悲观主义。

些表面上的差异不足以改变两者之间根本的亲缘性（affinity），它们在形式上都是生命否定伦理学。两者都看不出这个永不停休地斗争的世界有什么价值，它丧失了和平的、超凡脱俗的（Other-worldly）对应物，因此，两者都谴责这个世界。两者都把非实存提升为一个目标以回应上帝之死。两者都揭露了居于虚无主义宗教和哲学核心的生命否定。两者都揭示了潜在的弱者悲观主义，这种悲观主义总是站在基督教或柏拉图主义等明显的乐观主义体系的背后。①

---

① 所以把尼采的实证哲学当作对佛教的回应，并非高估了印度宗教在尼采思想发展中的作用。诚然，尼采是一位深刻的欧洲中心主义思想家，主要关注欧洲及其困境。因此，可以说他对佛教的关注是次要的，而且有点儿肤浅。毕竟，尼采不是将自己的主要身份描绘为反基督者，而只在次要的、难以捉摸的意义上把自己描绘为反佛陀者吗（在一个鲜为人知的未发表段落中）？难道晚期尼采真正的眼中钉（bête noire）是基督教，而不是佛教吗？难道生命肯定不是被视为基督教颓废的解药，而是被视为佛教的解药吗？但仔细分析尼采的文本——尤其是在叔本华思想的背景下——就会发现这些问题并不是非此即彼的问题。尼采同意叔本华的观点，认为基督教和佛教具有一个共同的核心。然而，与叔本华不同的是，他认为这个核心是腐朽的。佛教的悲观主义将虚无主义心态的核心——生命否定——暴露无遗。它的虚无主义一直存在，潜藏于基督教的乐观主义、柏拉图主义、观念论（Idealism）以及任何基于存在虚构的体系背后。佛教只是更现实、更清晰，不那么安于乌合之众对精英的仇视。然而，在本质上，它与基督教并无不同。其实，这就是在叔本华悲观主义的掩盖下，基督教在上帝死后所能够变成的样子，正如叔本华自己所宣称的那样。从这个角度看，用一种截然相反的生命肯定的哲学来反驳佛教的生命否定，是尼采更广泛的对抗基督教的计划的一部分。事实上，尼采真正的目标既不是基督教，也不是佛教本身，而是作为其根源的颓废、怨恨和生命否定。

因此，佛陀与叔本华显露了自己作为颓废者的身份，对现实的深刻怨恨激发了他们的思想和教义。他们唯一的美德是诚实——与以往的哲学和宗教不同，非存在（non-being）是他们伦理方案的明确目的。

无论是在观念层面，还是在整个文化层面，尼采都恼怒地思虑了历史重演的可能性。尼采深知佛教很快就传遍了印度和亚洲，从而成为主导亚洲一千余年的意识形态，他担心欧洲面临的虚无主义危机可能会导致叔本华式悲观主义在整个欧洲大陆迅速蔓延。鉴于叔本华在19世纪晚期的欧洲备受推崇，①尼采的担心似乎得到了证实。

在这方面，尼采曾谈及一种新的欧洲佛教正悄然兴起，"在欧洲各地慢慢壮大"②。在尼采看来，佛教的第二次化身就是叔本华式的悲观主义，这是"最大的危险"③。悲观主义只有在佛教中，这种生命否定才变得完全透明和自觉，这一模式是后形而上学虚无主义心态的分支，尼采形成了与之对立的模式，即生命肯定的伟大健康愿景。因此，尼采是反基督者，也是反佛陀者，二者之间并无矛盾。如果说有什么不同的话，那就是他作为反佛陀者的身份更加重要。

① 德鲁瓦在《日蚀的终结？》（"La fin d'une éclipse？"）［载德瓦鲁编：《叔本华的在场》（Présences de Schopenhauer）巴黎：格拉塞特和法斯盖尔出版社，1989，第7—23页］中，为19世纪70年代至20世纪30年代叔本华思想的广泛传播提供了一个极好的描述。可以说，作为一位现代哲学家，叔本华对大众和博学者在文化上都有最广泛和持久的影响。

②《遗稿》（1885—1887），2（144）。另见《善恶的彼岸》第202节，以及《道德的谱系》"序言"第5节。

③《遗稿》（1885—1887），2（131）。

的信条——"沉睡是好的,死亡更好——当然/最好之事是从未出生"①——有席卷整个欧洲之虞,因为基督教的乐观主义已被摧毁。简言之,尼采担心虚无主义危机可能会让位于一种更深层次的颓废,让位于衰落意志(will to decline)本身。对尼采而言,这是虚无主义危机可能包含的最大风险——一种颓废的意识形态憧憬着一种伟大健康的状态,其实是代表着死亡的状态。虚无主义危机之后,弱者的悲观主义曾盛行于印度。同样的情形可能在欧洲重演。对尼采来说,这是虚无主义危机带来的最根本威胁。

然而,像所有的危机一样,虚无主义危机也包含着巨大的机遇。因此,尼采不仅看到了虚无主义危机中的危险,而且看到了希望。实际上,消极虚无主义并不是对虚无主义危机唯一可能的回应,明显的弱者悲观主义也不是其唯一可能的结果。相反,尼采设想了一种"相反的理想"(inverse ideal)——与佛陀或叔本华的理想不同,它坚决地"超越善与恶"。②实际上,尼采是一位反佛陀者,不仅仅是因为他谴责佛教的生命否定。他之所以是一位反佛陀者,最重要的原因是他勾画了一个新的、关于伟大健康的相反理想——生命肯定的理想。

在这方面,首先应当指出的是,在(欧洲)上帝之死和随之而来的虚无主义危机中,尼采并未看到某种(在虚无主

---

① 节选自海涅(H. Heine)的《吗啡》("Morphine"),载《海涅全集》(*Sämtliche Werke*),汉堡:霍夫曼和桑佩出版社,1863,第18卷,第169页。关于这一点,参看《瞧,这个人》"为什么我能写出这么好的书"之《悲剧的诞生》第4节中尼采对海涅的赞扬。

② 《善恶的彼岸》,第56节。

义心态的意义上）内在或必然的虚无主义。诚然，尼采在一些段落中声称，（弱者的）悲观主义是虚无主义危机的前奏和铺垫。①然而，在这些段落中，尼采显然只说对了一半。是的，尼采的确说过上帝死于基督教道德——基督教的、转向科学的真诚——之手。②是的，他确实把现代科学描述为清教徒的谎言——谴责无神论是虚无主义者"禁欲主义理想"的最新体现。③但是，上帝之死并非仅是颓废的弱者悲观主义之所为。更具体地说，参与基督教自我克服过程的不仅有虚弱的颓废者，而且还有强大且健康的"自由精灵"（freie Geister）——尼采是其中之一——他们也继承了基督教的真诚（Christian truthfulness），却转身挥舞着从基督教那里继承来的东西，积极而快乐地摧毁颓废者的虚无主义神话。④这就是尼采放声歌颂有神论消亡的原因。⑤

---

① 《遗稿》（1885—1887），2（131）。

② 《快乐的科学》，第 357 节；以及《道德的谱系》，第 3 章第 25 节。本书第一章也讨论了这一点。

③ 《道德的谱系》，第 3 章，第 24—25 页。

④ 现在常用的"自由精灵"（free spirit）这个词就是尼采创造的。关于自由精灵作为反基督教的远见卓识者的形象，见《人性的，太人性的》第 2 章第 186 节，《朝霞》第 201 节，《快乐的科学》第 343 节，以及《偶像的黄昏》第 4 章。在《善恶的彼岸》第 230 节，特别强调了自由精灵的伟大诚实性（Redlichkeit）和冷酷的真诚性。

⑤ 在某些段落中，虚无主义危机可能带来机遇的观点被明确地表述出来了——《快乐的科学》第 346 节以及《遗稿》（1885—1887），2（45）——在那里，它被视为寻求新价值的机会，并认识到这个世界，以及更普遍的人类生存，可能比以前认为的更有价值。

事实上，虽然上帝之死确实造成了价值真空，这一真空也有可能被新佛教虚弱的悲观主义所填补，但这并不是唯一可能的结果。这一点在《快乐的科学》中是显而易见的，尼采在其中强调了上帝之死模棱两可的本性。当"某种太阳似乎已经落山，某一古老而深切的信任变成了怀疑"，因而"我们这古老的世界一定会显得更多秋气，更不可信，更陌生，'更衰老'"，这也是事实：

> 听到"旧神已死"的消息时，我们这些哲学家和自由精灵感到被新的黎明照亮了；我们的内心充满了感激、惊奇、预感和期待——终于，地平线似乎又变得清晰起来，即使它并不明亮；终于，我们又可以扬帆启航了；启航去面对任何危险；热爱知识者可以再次去冒险；海洋，我们的海洋，再度开阔起来；如此"开阔的海洋"或许是前所未有的。①

关于这一点，另一个需要顾及的文本是《偶像的黄昏》的如下段落：

一个错误的历史

1. 真实世界对智者、虔敬者和有德行者来说是可以到达的——他栖居其中，他就是它。

（理念最古老的形式比较健全、简单、有说服力。这

---

①《快乐的科学》，第343节。

一说法可改写为:"我,柏拉图,就是真理。")

2. 真实世界现在还不可到达,却许诺给智者、虔敬者和有德行者("给悔改的罪人")。

(理念的进步:它变得更微妙、更迷人、更难以理解——它变成了一个女人,它变成了基督教式的……)

3. 真实世界不可到达、不可证明①、不可许诺,但它仍被认为是一种安慰、一份责任、一个命令。

(本质上还是那同样古老的太阳,但其光芒穿透了迷雾和怀疑主义;理念变成了崇高的、苍白的、北方式的、柯尼斯堡式的。)

4. 真实世界无法达到?无论如何都尚未达到。而未达到也就是未知的。所以也无法安慰、拯救,赋予义务:未知的东西怎么能让我们承担义务呢?

(灰暗的早晨。理性的第一个哈欠。实证主义的鸡鸣。)

5. "真实世界"——一个不再有任何用处的理念,甚至也不再是任何义务,一个已经变得无用、多余的理念,因而也是一个被驳斥的理念:

我们把它摧毁吧!

(明朗的一天;早餐;健全理智(bon sens)和愉快心情的回归;柏拉图因羞愧而脸红;一切自由精灵纵情驰骋。)

6. 我们已经废除了真实世界:剩下的是什么世界?

---

① 作者在此处把 unprovable(不可证明的)误写为 improvable(可改善的),译者根据上下文及其他译本校改。——译注

也许是表象世界?……但是,不!随着真实世界的废除,我们也摧毁了表象世界!

(正午;阴影最短的时刻;最长久错误的终结;人类的顶点……)①

在这里,尼采带领我们回顾了真实世界在西方历史上的各个阶段——从柏拉图存在或善的观念,经过基督教神学和康德的形而上学,到无神论的虚无主义。这段话值得注意的是"最长久错误的终结"所包含的喜悦。在这里,与真实世界错误之终结相关的虚无主义,不是向世界投射无意义的阴影的一朵乌云,而是涤除有神论谎言之阴霾并开拓新的地平线的一轮艳阳。上帝死后,虚无主义作为没有任何绝对价值的东西,在这里甚至连危机都算不上。混乱的长夜过后,是一顿令人愉快的早餐,沐浴在阳光里。

一些段落提出,潜在的、极端颓废的弱者悲观主义应为上帝之死负责,但若只关注这些段落,则无法区分作为心态的虚无主义、作为事件的虚无主义和作为对虚无主义危机做出回应的虚无主义。②实际上,引发虚无主义危机的上帝之死,

---

① 《偶像的黄昏》,第4章。

② 这对德勒兹和威廉姆斯来说似乎都是个问题。(见德勒兹:《尼采》,第170页;威廉姆斯:《导言》,xiii)可以说,海德格尔是反其道而行之。他把尼采关于欧洲虚无主义危机的文本(《权力意志》,第2—3节)——随上帝之死而来的无意义性(meaninglessness)危机——解读为关于一般虚无主义的文本,从而解读为关于整个人类思想"历史"的文本。(海德格尔:《尼采》,第2卷,第63—71页)结果,他

不仅是被动的虚弱悲观主义者所为，他们因处于快速衰落状态而无法维持更高的价值；而且也是健康的自由精灵所为，他们积极发扬基督教的真诚以达到创造性的目的。

在这方面，重要的是强调极端基督徒（arch-Christian）用谴责谎言的真诚杀死了上帝，这与颓废密切相关。实际上，上帝之死就是颓废的自我克服。这就开辟了两种主要的可能场景：① 上帝之死可能是这样一个实例，即颓废战胜了它的一个化身，从而为一种更有害的颓废形式（即欧洲的佛教）开路；或者它可能导致彻底战胜颓废。第一种场景发生于印度。尼采的愿望是，这回在欧洲发生的事情会有所不同。

虚无主义危机中的希望、承诺和机会就在这里。在尼采的视域中，这是一个治疗的过程，可以根治颓废之病。在明亮的日光下，他开始憧憬一种与佛陀截然相反的伟大健康状态，对善与恶的虚构没有任何残留的依恋。尼采写道：

> 谁若像我一样，怀着某种神秘的渴望，长期致力于对悲观主义进行深层次的思考，并将其从最近所表现出

发现自己提出了一个尴尬的说法，即虚无主义的真实世界形而上学，不知何故，源于一种无目的、无价值和无意义的感觉，类似于欧洲在上帝死后所面临的感觉。因此，海德格尔完全忽略了尼采的根本见解，即真实世界首先是对实存的怨恨的产物。颓废的虚无主义者不仅未能找到世界的意义和目的，而且他们的虚弱使他们无法做到这一点，因此，他们不能不对实存感到愤怒、愤恨和仇恨。其次，海德格尔还有一个相对较小的缺点，他没有看出无价值的危机只有在上帝死后才会出现。

① 参看本书第三章，我在那里讨论了第三种场景。

的半基督徒、半德国人的狭隘和质朴中解救出来，也就是从叔本华哲学形态中解救出来；谁若真以亚洲的和超越亚洲的眼光审视——并洞察——所有可能的思维方式中最否定世界的那一种（超越善恶，而不再像佛陀和叔本华一样囿于道德的魔咒与迷惑，无可奈何）——谁就可能无意中大开眼界，看到相反的理想：这理想属于最勇敢、最鲜活、最肯定世界的人。①

这段话概述了尼采反佛教、反颓废的计划。他力图阐明的是一种与佛陀的理想"相反的理想"。在生命否定的危险背景下，尼采看到了与之对立的生命肯定承诺。

为了"拯救悲观主义"，尼采将他的强力悲观主义与道德说教式的弱者悲观主义相对立起来。②强力悲观主义并未以生命充满了苦难与斗争为由，认为生命是一种应被终结的恶，而是肯定生命是美好的、令人向往的，之所以如此，恰恰是因为生命总是动荡不安、令人痛苦。③事实上，尼采阐明了一种伦理理想，它包括对生命说"是"，因而也对苦难说"是"，这与佛教终结/否定苦难的理想直接对立。在尼采看来，佛教是对生命否定最纯粹、最明晰和最成熟的表达。这就是尼采将

---

① 《善恶的彼岸》，第56节。
② 《遗稿》（1888—1889），14（25）。另见《悲剧的诞生》，"一个自我批评的尝试"（Versuch einer Selbstkritik）第1节，以及《遗稿》（1885—1887），10（21）。
③ 尼采甚至告诉我们，强力的悲观主义"发现毫无意义的苦难是最有趣的"。[《遗稿》（1885—1887），10（21）]

佛教理想视为反面典型（counter-model）的原因，他所要阐述的是生命肯定伦理学。佛教的生命否定与尼采的生命肯定都建立在悲观主义基础之上——二者都始于对内在于实存的痛苦本性的充分承认——但前者属于悲伤且可悲的弱者，后者则属于快乐的强者。

实际上，佛陀与尼采都是虚无主义的先驱——同样的虚无主义神话的毁灭者——但他们对虚无主义危机的回应却截然相反。在回应虚无主义危机时，尼采并不赞成消极虚无主义，一旦无法选择存在，消极虚无主义就会温顺地把非存在当作"第二好"的选择。相反，他所赞同的恰恰是这种虚无主义的对立面；他赞同"积极的虚无主义"，它摧毁了以往的价值观，为新的、积极的、健康的、肯定生命的（life-affirming）价值观清除了障碍。[①]正因为如此，他成了其印度同行的**对立面**（*Gegenstück*）。[②]

尼采将佛教作为其生命肯定伦理学的反面典型，当我们审视其积极观点的细节时，这一点变得更加明显。回想一下，佛教伦理学是怎样关涉两个中心组成部分的：对自身苦难的具体立场——通过达到涅槃状态来终结苦难的愿望；以及对他者苦难的具体立场——将同情作为首要的美德。免于苦难和同情为怀——这就是佛教所理解的"伟大健康"。在这方面，尼采是一位完美的反佛陀者。对自身与他者苦难的立场，构

[①]《遗稿》（1887—1888），9（35）。关于这一点，另见莫里森：《尼采与佛教》，第22—23页。

[②]《遗稿》（1882—1884），4（2）。

成了他关于伟大健康的对立观点，也是那些形成佛教伦理学核心观点的镜像。①对于在涅槃中终结苦难的愿望，他以爱命运的受苦意志（will to suffer）来抵制。对于佛教培养同情心的训谕，他以克服同情心的方式来抵制。这是尼采刻画生命否定与生命肯定之间对立关系的两条轴线。尼采这两个相反理想（inverse ideal）的特征都需要更详细地考察。

作为一个病态的颓废者，佛陀认为苦难是生命中最大的问题。因此，苦难的止息是最高的愿望（the supreme desideratum）。尼采则截然相反地主张，我们甚至不应把苦难当作一个有待解决的问题，这才是对待苦难的健康态度。②事实上，尼采的伟大健康与终结苦难的主张恰好相反，它包括接纳苦难和颂扬苦难。继斯多葛学派之后，尼采将这种对苦难的颂扬称为 amor fati（字面意思就是"对命运的爱"）。

尼采的爱命运在两个方面是反涅槃的。首先，它对整个世界的苦难给予英雄般的肯定和颂扬，汹涌澎湃，竭尽全力，以取代佛教"苦难之止息"的平静。尼采的健康者所渴望的

---

① 因此，罗素在伦理学方面将尼采与佛陀对立起来也就不足为奇了（《西方哲学史》，第 737—739 页）。事实上，罗素所指出的正是我在这里要讨论的两个话题，即尼采和佛陀对苦难与同情的对立态度。

② 相反，从健康的角度看，苦难不是一个问题，而是一个机会。（《偶像的黄昏》，第 1 章第 8 节）我将在下一章更详细地探讨这一点。更一般地说，接下来关于爱命运这个话题的一切，都只是背景。第三章详细论述了爱命运对苦难的肯定。同样，以下关于克服同情心的粗略讨论，也只是第五章更详细分析的序言。我们当前目标是，表明尼采的生命肯定伦理学是怎样成为（所谓）佛教生命否定伦理学的镜像的。

不是满足，而是成长。这里没有"疲惫者的享乐主义"。①相反，尼采的健康者寻求斗争。生命中无尽的苦难并未让他们气馁，而是促使他们继续前进。作为必须克服的障碍——必须克服的阻力——令人痛苦之事是强者通往更强大生命力、权力和能量的梯级。②苦难不会阻止这种健康者，也不会让他们像无力的弱者那样去谴责生命。相反，他们将经历更多苦难、更多阻力、更多生命。

对涅槃的追求为生命否定、即终结苦难的愿望所驱动，它自然来自弱者的颓废，而对于爱命运的追求则受生命肯定、即受苦的意志所驱动，它自然表现为上升的力量。③这在永恒轮回（eternal recurrence）的考验中得到了最清晰的表达：

> 最重的重物——在某一白天或夜晚，假如有一个恶魔溜进你最孤独的孤寂中，对你说："你现在和过去经历的这种生活，你将不得不再经历一次，而且还要再经历无数次；而且其中不会有任何新的东西，而你生命中的

---

① 《遗稿》（1887—1888），10（190）。有关颓废与享乐主义之间关系的进一步评论，见《敌基督者》，第 30 节。

② 见《遗稿》（1887—1888），11（76）和（77）。

③ 关于尼采与佛陀对于苦难之态度的对比，亦可参阅阿玛蒂亚（S. M. Amadea）：《尼采对印度的渴望：以叔本华、婆罗门教徒和佛教徒的口吻对真理、禁欲主义理想和永恒轮回的反思》（"Nietzsche's Thirst for India: Schopenhauerian, Brahmanist, and Buddhist Accents in Reflections on Truth"），《观念论研究》（*Idealistic Studies*），34（3），2004，第 239—262 页，特别是第 240，256—257 页。

每一次痛苦、每一次快乐、每一个思想和每一声叹息，以及一切难以言说的大大小小之事，都必须回到你这里，而且都按照同样的更迭次序到来，甚至这只蜘蛛和这树间的月光，甚至这一时刻和我自己，概莫能外。实存的永恒沙漏一再被翻转——你也随之翻转，你只是一粒沙！"你会不会扑倒在地、咬牙切齿地诅咒那个说了这些话的恶魔？或者当你经历过一个不同寻常的时刻，你会这样回答他："你是一位神，我从未听到过比这更神圣的事。"如果这种思想支配了你，就像你现在这样，它就会改变你，也许还会碾压你；一切事情的问题在于，"你还想让此事再来一次，再来无数次吗？"这个问题将成为你的行为所承载的最重的重物！或者，你得怎样善待自己和生命，才会更热切地渴望虚无，甚于渴望这终极永恒的确定性和印记？①

尼采式的健康者是那些强壮到足以承受这种"最重的重物"的人。他们会渴望所有生存及其全部苦难都无限重复，这就是他们的生命肯定。因此，爱命运包含了对世界无尽苦难之永恒轮回的接纳。这与佛教徒的没有痛苦的涅槃状态恰好相

---

① 《快乐的科学》第341节。关于永恒轮回的考验与爱命运之间的联系，在《瞧，这个人》"为什么我这么聪明"第10节这样的段落中有明显的表达："我表达人类之伟大的公式是爱命运：一个人别无所求，不要向前，不要向后，不要永恒；不要仅仅忍受必然之事，更不要隐瞒它……而是要爱它。"

反。①

从宇宙论角度看，爱命运的反涅槃作用更为明显。涅槃意味着从生死轮回中最终解脱出来，而爱命运则涉及这样一种意志，它让一个人充满痛苦的生命完整地"循环"，一遍又一遍，无限重复。②简言之，尼采用斯多葛学派的爱命运阐明了他的伟大健康观，尼采选择了一种完全符合其反佛目的的古代学说。尼采的健康者渴望的是轮回的无尽循环，而不是轮回在涅槃中终结。从某种意义上说，爱命运就是一种轮回意志。③

有鉴于此，我们转向尼采的健康者心理学，就会发现他④确实没有那种困扰着佛教徒的疾病，因而也没有与此病相伴

---

① 其实，当尼采在《善恶的彼岸》第 56 节中就首次谈到了其"相反的"反佛教理想，他说那是"最勇敢、最有活力、最能肯定世界的人的理想，这样的人不仅学会了接受和承担曾在和现存的东西，而且还想重新拥有它，就像它曾在和现存那样，在永恒的时间里，永不满足地呼喊着'*da capo*'（从头开始）"。很明显，尼采在这里指的是爱命运及其对永恒轮回的拥抱。

② 尼采思想中的永恒轮回是否真的应该属于宇宙论，这在当前语境中不是我要回答的问题。在我看来，尼采没有宇宙论的观点。但这与我眼前的目的无关。在当前语境中，真正重要的是：永恒的轮回是对强力的一种考验，在爱命运的状态中拥抱永恒轮回是反涅槃的。

③ 正如哈布法斯所写："（尼采）自己的'永恒轮回'学说肯定了佛陀所否认的东西。"（《印度与欧洲》，第 128 页）

④ 因为尼采似乎信奉一个很成问题的观点，即只有男性才能获得伟大的健康——他的这一看法跟佛陀不一致——在讨论他的伦理学时，我将单独使用阳性形式（masculine forms）。

的症状与行为。简言之，尼采的健康者已经战胜了颓废。与颓废的佛教徒截然相反，他既不如此虚弱和疲惫，以至于不能勇敢地肩负无数生存斗争的重任；也不如此烦躁不安，以至于不得不把生命中无尽的苦难当作一个问题。相反，他想要斗争，接纳苦难。他是一个**上升**（ascendance）的人物，而不是一个颓废的人物。因此，尼采的健康者完全没有颓废的主要症状——怨恨。他不仅没有怨恨 I，而且与佛教徒不同，怨恨 II 的毒素——对现实的怨恨，在他身上也完全平息了。他甚至没有想过要向生活复仇，因为他的颓废已经痊愈，他不觉得受到过生活的伤害。这就彻底排除了生命否定的理由。相反，他肯定生命。随生命肯定而来的是与佛教伦理学的去自我化正好相反的东西，即自我肯定（self-affirmation）——一种健康的自爱（self-love），一种对自己的激情、本能和欲望的颂扬。如果说涅槃伴随着"欲望的毁灭"所涉及的去自我化，那么爱命运则恰恰相反，它所涉及的是对欲望与激情的接纳和培养，正是欲望与激情让人有活力且健康。

这与标识佛陀伦理学与尼采伦理学截然对立的第二条轴线密切相关。尼采在其反佛疗法中颠倒了同情的作用。佛陀开出的药方是，培养同情心，这是通往伟大健康之路的一个基本特征；而尼采开出的药方则是，彻底克服同情心，这是实现生命肯定之爆发（paroxysm）的一个必要条件。[1]对尼采来说，同情心的培养需要去自我化。持续关心他者的福祸，始终如一地对他者负责，等等。所有这些都意味着自我关怀（self-

---

[1]《瞧，这个人》，"为什么我这么有智慧"，第 4 节。

concern）的减少，以及自我贬抑（self-belittling）和自我轻视（self-effacement）。相反，生命肯定和自我肯定则需要冷酷地克服一切悲悯之心。

更重要的是，尼采认为同情是一种庸俗的、固有的抑郁情绪，只有暴躁的颓废者才会把它说成一种美德，他们无法控制自己的情绪。然而，真正的问题在于，同情使人虚弱并渴望虚无。因此，从健康的生命肯定角度看，同情"比任何恶习都更为危险"①。就尼采的治疗型伦理学（therapeutic ethics）而言，其目标在于追求一种上升的伟大健康，而不是佛教那种完全颓废的伟大健康，与佛陀相反，他应当开出的药方是克服同情心，而不是培养同情心，这是很自然的。

尼采作为反佛陀者。这个短语是理解尼采的实证哲学（positive philosophy）的关键。它也是理解尼采超越善恶的生命肯定伦理学的关键；②与佛陀（或叔本华）不同，他的思想

---

① 《遗稿》（1888—1889），15（13）。

② 也许有人会反对说，我一定是曲解了尼采思想，因为从根本上说，尼采对维护一种伦理理想毫无兴趣。实际上，设想一种伟大健康状态的姿态本身不就存在着某种颓废的东西吗？我们说任何事情"应当"与众不同，是否也隐含了对这个世界之所是"说不"呢？难道一种融贯的积极虚无主义不应是纯粹否定和批判的吗？难道它不应摧毁神话和虚构的价值观，并放弃提出新的价值观吗？难道它不应包含克服任何事情的需求吗？简而言之，令人担忧的是，把一种"应当"（伟大健康）与一种"是"（准普遍性的颓废）对立起来，仍然存在着一种对现实的根本怨恨。对颓废本身的疾病进行诊断时，是否存在着某些道德说教和颓废的东西？这似乎是不可避免的，毕竟，在任何"是"之中——对于永恒轮回的"是"，对于"爱命运"的"是"，对于这个

中没有对现实的潜在怨恨。他是一位反佛陀者，因为他的生命肯定伦理学与佛陀的生命否定伦理学绝然对立；因为他的伟大健康观是佛陀的伟大健康观的镜像。对于佛陀的涅槃，尼采拒之以爱命运———一种完美的反涅槃。对于佛陀的培养同情心，尼采拒之以克服同情心。简言之，作为反佛陀者，他提出了一种相反的伦理学，主张无条件的生命肯定和自我肯定，以反对佛陀所支持的一切——与欲望、本能和激情作斗

充满动荡与矛盾的世界的"是"——似乎都不可避免地存在着隐含的"不"——对于生命否定的"不"，对于颓废的"不"，对于"怨恨"的"不"。然而，尼采所说的"不"并不是从超验、存在、纯善（pure Goodness）或诸如此类的立场上讲的。它是从这个世界内部说出的"不"；就这个"不"本身而言，它并未设定对世界的超越、克服世界和否定。然而，更重要的是，它是一个从"是"而来的"不"——对于生命与健康的"是"，对于颓废与死亡的"不"；而不是一个从"不"而来的"是"——对于生命的"不"，对于上帝的"是"。这就是积极的虚无主义必须超越否定的、依然被动的领域的原因，它摧毁神话、偶像和虚假的"更高"价值。它还必须着手真正积极的、创造性的计划，锻造完全内在的新价值和新理想。正因如此，即使是尼采用来反对佛教消极虚无主义的积极虚无主义，也只是一种"中间的病理状态"。[《遗稿》（1885—1887），9（35）] 尼采可能会拒斥所有以往的道德，但他的思想并不缺乏一种独特的伦理学。尽管他可能认为很少有人能真正治愈自己，但是当他声称"对病人的治疗"是"生命中真正值得认真对待"的事情之一时，他完全是认真的。(《瞧，这个人》，"为什么我是命运"，第 8 节) 实际上，在虚无主义之外，还有一种新的生命肯定伦理学，其目的在于使一个人从颓废的痼疾中康复。这种伦理学将为这个充满生成、斗争和纯粹内在性的世界赋予价值、作用和目的。与以往的道德规范不同，这不是一种关于绝对价值和绝对命令的伦理学，而是一条通往伟大健康的道路。

争、去自我化、自我消解和自我否定等。他的（积极）虚无主义、（强者）悲观主义以及他的理想，对于佛陀的虚无主义、悲观主义和理想来说，都是"颠倒"。尼采与佛陀都从虚无主义出发，却从那里分道扬镳。从这个意义上说，尼采既是欧洲的佛陀，又是印度佛陀的"对立面"。

Part II
Suffering

第二部分
苦难

第三章
"爱命运"与对苦难的肯定

作为伟大健康的最高表现,"爱命运"是尼采生命肯定伦理学的核心。虽然把它理解为一种刻意的反涅槃颇有可取之处,但这绝不是对尼采伦理理想的详尽描述。当然,爱命运是尼采作为反佛陀者提出的观点,它是佛陀的"相反理想",但这个理想不仅仅是一种相反的东西。从更广泛的意义上说,生命肯定不仅仅是生命否定的对立面。因此,我们需要将"爱命运"置于尼采哲学这一更广阔语境中考察其本身。

这就是本章当前的任务。在下一章,我们也将单独考察佛教道德心理学,这样就有可能从一个外在的、解经学式的可靠角度来评估尼采的爱命运与涅槃的对立。这样,我们将超越尼采与佛教哲学关系的历史维度——就尼采思想中佛教的影响、接触和回应而言——进入比较尼采实证伦理思想与佛教道德心理学之间关系的哲学领域。① 然而,首先我们必须审视尼采的

---

① 在本书第三部分,我将以同样的方式进行讨论。因此,第五章将专门讨论尼采关于同情心及其克服的观点,而第六章将探讨佛教关于同情心的观点,然后再进入比较领域。

生命肯定伦理学本身。

爱命运是生命肯定的顶点。鉴于尼采对生命特征的看法，这意味着爱命运包括对苦难的无条件肯定。拥抱并赞颂生命就是拥抱并赞颂苦难。①意愿生命就是意愿苦难。这是因为，生命蕴涵着斗争、冲突、无序、不可预知、毁灭、无常和衰败，而这一切都是痛苦的。因此，要想弄清生命肯定的真相——更不用说它在"爱命运"中的最高表现了——就必须牢牢把握尼采所理解的"苦难"（除了"刻画生命特征的东西"和"应当被肯定的东西"以外）到底是什么。考察尼采关于苦难的思想，将我们带入他哲学的核心，是全面理解爱命运的可靠途径。

不幸的是，苦难是尼采哲学中最难牢固把握的东西之一。就浮滑性（slipperiness）而言，它仅次于虚无主义。实际上，在尼采作品的基础上重建"苦难理论"，这一企图提供了一个令人沮丧的矛盾模式。实际上，当苦难被当作一种影响时——正如人们所认为的那样——得出的不是一种有点儿前后矛盾的叙述，而是两种内在一致却又截然相反的说法。最令人不安的是，这两种模式恰好与尼采伦理学中最为核心的概念——健康的概念——相对立。下面我将分别简要地介绍这两种模式。

在尼采两种说法中，第一种是苦难的影响促进健康。进入这一模式有一个很好的切入点，即尼采在《偶像的黄昏》中创造的（现已众所周知的）格言："来自生命的战争学校——没

---

① 贾纳韦的思路也一样，他写道，在尼采哲学语境中，赋予苦难以意义就是赋予生命以意义。贾纳韦：《超越无我：解读尼采的谱系学》（*Beyond Selflessness: Reading Nietzsche's Genealogy*），牛津大学出版社，2007，第 239 页。

有杀死我的东西让我更强大。"①我们在这里发现了一个普遍的理念：力量或健康是通过面对逆境而增长的。例如，在生物学中，疫苗接种背后的原理就是这样。然而，我们应该把这一宏大的理念暂时放在一边，先详细讨论一下尼采对第一人称代词的使用。这不仅仅是文章风格上的技巧。相反，它的确有积极的启发作用。

在尼采的写作生涯中，他始终为极其痛苦的疾病所折磨，但他认为这疾病显然使他变得更强壮、更健康，记住这一点很重要。②更具体地说，是疾病让他看透了叔本华式悲观主义的愚蠢，③从而"带［他］回到理性"；而更重要的是，疾病还为他提供了动力，使他"将［他的］意志转向健康、生命和哲学"。④更一般地说，尼采解释道，正是由于痛苦的疾病及其引发的深重苦难，使他获得了一些关键的心理洞察力，它们构成

---

① 《偶像的黄昏》，第1章第8节。

② "我要把一种更高的健康归功于它（我的疾病），这种健康在一切不能杀死它的东西中变得更强大！"（《尼采反瓦格纳》，"后记"第1节）阅读诸如此类的段落时，重要的是要记住我在本书第一章区分的两种健康，一种是医学科学中通常理解的健康，另一种是尼采的实证哲学所依赖的伦理学的健康概念。

③ 《瞧，这个人》，"为什么我这么聪明"，第2节。另见"它是对于悲观主义的根本治疗……以这些自由精灵的方式生病，并持续很长一段时间，然后，慢慢地，慢慢地，再次变得健康，我的意思是'更健康'"。（《人性的，太人性的》第2卷，"序言"第5节）他在此提到的悲观主义是虚弱的悲观主义（也就是叔本华或佛陀的悲观主义），这是不言而喻的。

④ 《瞧，这个人》，"为什么我这么有智慧"，第2节。

了其全部作品的背景。①正是通过亲身经历衰退（颓废）状态并观察疾病对其思想与行为的影响，尼采才意识到颓废的心理影响以及随之而来的怨恨的影响——简言之，即意识到弱者是怎样感受和思考的。②这让他洞察到生命否定的核心所在，摒弃了那种不健康的对待生命的态度，获得了生命肯定的更高健康（the higher health）。因此，在尼采的自传中，③苦难是形成真正健康的必要条件——他的疾病没有杀死他，反而使他变得更加强大。

---

① 在《瞧，这个人》的几段话中就可以看出这一点，不过这个观点绝非仅仅在尼采的"自传"中表达过。例如，在《快乐的科学》"序言"第 3 节、《朝霞》第 114 节和《善恶的彼岸》第 270 节这样的段落中，有明显的自我指涉的气息，尼采在那里赞扬了受苦者高度的洞察力和感受力。

② 尼采可能会受到批评，因为他用内省（introspection）的方法对人类心理进行了广泛概括，而这种方法相当不可靠。可以说，这是一个正确的观点，不过我认为对尼采的评判应该基于他的后果，而不是他的方法。在我看来，将颓废设定为一种普遍的人类状况，将怨恨设定为一种基本的心理机制，大有裨益，尽管这一理论和其他理论一样，也有其局限性。

③ 尼采谴责以往的哲学是无意识的自传，它们更多地源于作者的倾向、生理机能和（主要是道德的）偏见，而不是任何真正"非个人"的洞察力。（《善恶的彼岸》，第 6 节）尼采哲学与其前辈的哲学的区别不在于它不是自传，而在于它是"有意识的自传"（伯曼："叔本华与尼采"，第 180 页）。在一个面临着虚无主义危机的颓废的欧洲，尼采对佛教的关注，甚至也源于他早年患病时佛教对他的强力吸引，正如他 1875 年致卡尔·冯·格斯多夫（Carl von Gersdorff）的信中所表明的那样[《遗稿》(1875—1879)，495]——关于这一点，另见莫里森：《尼采与佛教》，第 15 页；以及阿玛蒂亚：《尼采对印度的渴望》，第 239—241 页。

当然，苦难是健康的动因，这一观点绝非仅限于尼采的自传式评论。事实上，在《偶像的黄昏》中，那句格言经常被忽略的前半部分——"来自生命的战争学校"——为这种苦难理论的起源提供了一条很好的线索。"生命的战争学校"这一短语明显与赫拉克利特（Heraclitus）有关。赫拉克利特是少数几位令尼采真正喜爱的哲学家之一，①他第一个提出这样的教导：万物从斗争中产生，面对逆境而成长，最终在巨大的炽热生成之流中消亡——简言之，即"战争是万物之父"②。赫拉克利特将宇宙描述为一团"永恒的活火，在一定分寸上燃烧，在一定分寸上熄灭"③。尼采的理解是，万物皆有生灭；宇宙是一个类似于燃烧的动态过程，而不是一个静止不动的整体。赫拉克利特认识到，永恒、持存和存在不过是"空洞的虚构"④。这就是支撑《偶像的黄昏》中那句格言的世界观。赫拉克利特所

---

①《瞧，这个人》，"为什么我能写出这么好的书"之《悲剧的诞生》第3节；另见《偶像的黄昏》，第3章第2节。当尼采还是巴塞尔的一位年轻语言学家时，首先给他留下深刻印象的就是赫拉克利特。在尼采19世纪60年代末和70年代初的讲座（收录于《前柏拉图的哲学家》）以及《希腊悲剧时代的哲学》中，都表明了这一点。在关于"前柏拉图"哲学家的讲座中，尼采对赫拉克利特的处理，尤其是对实体形而上学的拒斥，预示了他后期思想的许多重要方面。

②《残篇》Lxxxiii.a，载可汗（C. H. Khan）编：《赫拉克利特的技艺与思想》(The Art and Thought of Heraclitus)，剑桥大学出版社，1981。古典学家现在开始质疑赫拉克利特的格言是出自赫拉克利特本人，还是出自斯多葛学派，因为他们的著作中保存了这些残篇，这与本书的讨论无关。重要的是，尼采把这些格言归于赫拉克利特。

③《残篇》xxxvii.c—d，载可汗编：《赫拉克利特的技艺与思想》。

④《偶像的黄昏》，第3章第2节。

理解的世界是一股斗争的激流,可以说是为"没有杀死你的东西使你更强大"这一法则所支配。

然而,在尼采的阐述中,赫拉克利特所起的最重要作用不是他的思想,而是他的榜样。赫拉克利特成了尼采的典范。他之所以成了尼采的典范,是因为他的事例证实了尼采的"法则"。赫拉克利特遭受了巨大的磨难,但这场磨难只会让他变得更强大。更具体地说,赫拉克利特有足够的诚实与勇气去承认这个世界其实充满了残忍、悲伤和矛盾,但他也有力量始终不谴责世界的不公正。①赫拉克利特像他之前的阿那克西曼德(Anaximander)一样,得出了一个惊人的认识,即这个世界只是一个动荡的生成世界;然而与阿那克西曼德不同,他拒绝将世界谴责为"有罪的",而是宣称世界是"无辜的"。②更进一步说,赫拉克利特迎难而上,把他在生成面前的恐惧和惊骇转化成了"勇敢的快乐"(brave joy)③。阿那克西曼德谴责万物之消亡是不公正的,谴责这个充满斗争与苦难的世界是罪恶的。因此,他谴责了整个生成世界。相比之下,赫拉克利特不仅如其所是地接受它,甚至还把它歌颂为"美妙、纯真、永世的游戏"④。面对无意

---

① 关于这一点,请参阅兰布雷利斯(D. N. Lambrellis):《超越世界的道德解释:作为游戏的世界:尼采与赫拉克利特》("Beyond the Moral Interpretation of the World:The World as Play:Nietzsche and Heraclitus"),载《哲学研究》(*Philosophical Inquiry*),2005,27(2),第211—221页。

② 《希腊悲剧时代的哲学》,第7节。

③ 同上书,第5节。

④ 同上书,第7节。[本书作者误作第5节,译者根据尼采原著校改。——译注] 另见《前柏拉图的哲学家》,第10节。

的生成世界的恐怖,赫拉克利特没有屈服于生命否定,而是从磨难中变得更强大——他从根本上采取了生命肯定的健康态度。

总之,赫拉克利特认识到痛苦、矛盾和斗争是生命的本质,从而引发了实存的眩晕(existential vertigo)反应,这就为尼采理解伟大健康提供了一个范式。赫拉克利特拒斥其前辈对生命的谴责,赞同对生命的歌颂,如果没有遭受世界本身造成的巨大苦难,他就不可能获得这样的伟大健康。①没有杀死赫拉克利特的东西使他更强大。同样,没有杀死尼采的东西也使他更强大。②简言之,尼采对苦难与生命都采取健康的态度,赫拉克利特的事例是这种观念的原型。

不仅接受,而且肯定和赞美一个可怕、不公正和痛苦的世界,这正是一种赫拉克利特式的壮举,它在阿提卡悲剧(Attic tragedy)中得到了例示。简言之,根据尼采在《悲剧的诞生》中对悲剧的分析,赫拉克利特的观点就是,狄奥尼索斯(Dion-

---

① 关于这一点,可参阅尼采在《希腊悲剧时代的哲学》第5节中对赫拉克利特的世界观的描述:"正如赫拉克利特所教导的那样,一切实在之物俱是无常,永恒而唯一的生成不断地起作用、产生和不再存在,这是一种骇人听闻的思想,它的影响类似于人们在地震期间的感觉,即对坚实的大地失去了信任。"

② 实际上,在阅读《希腊悲剧时代的哲学》或《前柏拉图的哲学家》等文本时,人们会获得一个明显的印象,那就是尼采将阿那克西曼德与叔本华相提并论,将赫拉克利特与自己相提并论,从而预见了德国悲观主义从生命否定哲学向生命肯定哲学的发展。阿那克西曼德/叔本华是否定生命的悲观主义者,他们把世界解释为一种道德现象,而赫拉克利特/尼采则把世界解释为一种审美现象,面对这充满痛苦的生成洪流,毫不退缩。

ysus）作为充满痛苦的毁灭与生成之激流①——被赋予了一种个体化的阿波罗形式（Apollonian form），以便人们对他顶礼膜拜。②这样，这充满了无尽痛苦的整个世界才会被神化和肯定。因此，悲剧感是希腊古典文化的标志，也就是一种赫拉克利特式的特征。它从表面上看待世界及其一切无意义的恐怖，但它避免对世界做出不健康的、阿那克西曼德式的道德评价，而是将其作为一种审美现象来赞颂。此外，正是由于忍受"世界是生成与苦难的激流"这一真相——由于勇敢地接受生存的极度悲伤和焦虑——希腊人才有机会将他们的极度痛苦与恐惧转化为狄奥尼索斯崇拜的伟大健康。这个说法与赫拉克利特或尼采的说法如出一辙——没有杀死希腊人的东西使他们更强大。

总之，正是在尼采早年的古典学研究中，出现了赫拉克利特式的法则——"来自生命的战争学校"。更重要的是，他关于生命肯定的全部观点都植根于这一土壤。生命肯定的哲学是赫拉克利特式的"悲剧智慧"（tragic wisdom）。③在爱命运的状

---

① 在《瞧，这个人》中，尼采回顾了写作《悲剧的诞生》的时光，他明确指出，赫拉克利特的观点是"狄奥尼索斯哲学必不可少的东西"。（"为什么我能写出这么好的书"，《悲剧的诞生》第3节）

② 因此，尼采把悲剧看作一种"阿波罗神正论"。（《悲剧的诞生》，特别是第4节）关于《悲剧的诞生》中狄奥尼索斯与阿波罗的对立，在这里还不必详细讨论。简单地说，狄奥尼索斯是无差别的、可怕的实存整体之神——因此，他是不可言说、不可思议的，他摆脱了任何表象——而阿波罗则是代表个体化和表象的梦境之神。阿提卡悲剧是二者的综合——以阿波罗的形式表现狄奥尼索斯的精神。

③ 可以参考尼采在《瞧，这个人》"为什么我能写出这么好的书"之《悲剧的诞生》第3节中的一段话："以前没有人把狄奥尼索斯的激

态中，伟大健康的顶点是对生命/苦难的悲剧立场。如果说佛教的涅槃为这一理想提供了消极的反面典型，那么悲剧时代的希腊人则通过狄奥尼索斯崇拜来颂扬生命，为爱命运提供了积极的模式。就此而言，尼采的伦理学的一个核心特征是，若不遭受巨大的苦难，就不可能获得"爱命运"的伟大健康。

实际上，赫拉克利特、悲剧时代的希腊人和尼采的例子都表明，《偶像的黄昏》中的那句格言其实只讲了半个故事。不仅仅是没有杀死你的东西会让你更强大，而且更重要的是，为了变成强者，你必须受到威胁。在尼采的赫拉克利特式世界观中，健康不是一种状态，而是一种动态克服的过程；①正如尼采所说："为了变得强大，你必须得有所需求。"②假如悲剧时代的希腊人是自我欺骗的乐观主义者或虚弱的有神论者，将希望寄托于一个和平且**稳定存在**（*Stable Being*）的超验领域，那么他们就永远不可能达到阿提卡悲剧所代表的文化健康（cultural

---

情转变为一种哲学上的情感共鸣；因为他们缺乏悲剧智慧……对赫拉克利特我有些怀疑；与他相伴时，我感到比在任何地方都更温暖，心情也更好。对于消亡与毁灭的肯定，对狄奥尼索斯哲学来说至关重要，肯定对立与战争，随着对生成的肯定，彻底摧毁'存在'这一概念——所有这些与我的关系比迄今为止人们所想的任何其他东西都更为密切。'永恒轮回'的学说……没有什么是赫拉克利特不能说出的。"

① 正如考夫曼所写："尼采——尽管没有准确地使用这些表述——但他并未把健康定义为一种偶然的无感染状态，而是定义为一种战胜疾病的能力。"考夫曼：《尼采》，第131页。

② 《偶像的黄昏》，第9章第38节。

health)的顶峰。①同样,假如尼采是相对舒适的、(医学上)健康的、自我竞争的(self-contended)、受人爱戴的资产阶级中的一员,他就不会揭露潜藏在基督教、佛教和德国悲观主义背后颓废的、助长怨恨的生命否定,更重要的是,他就不会想到生命肯定的悲剧性伟大健康。

因此,苦难不仅是健康的**一个**动因(an agent)——而且它就是健康的**这个**动因(the agent)。关于这一点,尼采将苦难形容为"生命的诱惑"(Reiz des Lebens),②生命在那里代表任何成长——无论是智力的、审美的还是身体的成长。这一模式既适用于文化、民族和时代的宏观层面,也适用于特定个体的微观层面。尼采告诉我们:"迄今为止,人类的每一次提升都来自苦难的训练,伟大的苦难训练。"③也就是说:"每一次重要的成长都伴随着可怕的崩溃和消亡:苦难……属于这个大步前进时代。"④在个体层面,这一观点也是一样的。危险、风险和苦难对幸福与成长是必不可少的——"通往自己天堂的道路要经过

---

① 布洛根(W. A. Brogan)说:"在这里,苦难是一种力量,它是创造性行为的基础,并使之得以可能。"布洛根:《苦难在尼采思想中的核心意义》("The Central Significance of Suffering in Nietzsche's Thought"),载《国际哲学研究》(International Studies in Philosophy),1988,20(1),第53—62页,特别是第57页。

② 《遗稿》(1887—1888),11(77)。

③ 《善恶的彼岸》,第225节。另见同上书,第44节。

④ 《遗稿》(1887—1888),10(22)。在这一段落中,尼采将这一规则应用于虚无主义危机,并将其解释为取得巨大进步的契机。

自己地狱的妖娆。"①苦难作为阻力（resistance）是任何生命与健康之增长的必要条件，在《查拉图斯特拉如是说》中，尼采诗意地表达了这个一般原理："最高的山从何而来？我曾经这样问过。"查拉图斯特拉吐露，"后来我知道了，它们来自大海"。②

归根到底，尼采坚信健康与生命在苦难中茁壮成长，或者受苦难所诱导，这基于一个更加抽象的原理。这一原理就是，阻力是任何行动的基本要素。对尼采来说，任何真正的活动（而不是单纯的反应）都需要某种形式的阻力，或者克服某种障碍。③他举了几个例子来说明这一观点："我们欲望的正常**不满**（dissatisfaction），例如饥饿、性欲、运动欲望的不满……对生命感受产生鼓动作用……这种不满……是对生命的最大的**刺激**。"④在这方面，尼采小心翼翼，他没有把快乐与痛苦简单地对立起来，而是声称它们是"虚假的对立"⑤。快乐表明障碍已被成功克服，而痛苦则不仅表明障碍的在场，而且还对应于

---

①《快乐的科学》，第338节。在同一段落中，尼采解释道："幸福和不幸都在成长……而且都长不大。"（同上书，第338节；关于这一点，请参阅《论非道德意义上的真理与谎言》第2节中尼采早年对"理性人"的思考）另外，请参阅《人性的，太人性的》第一卷［作者误写为"第二卷"——译注］第591节，尼采告诉我们，幸福往往只能在世界苦难的火山土壤上生长。苦难的火山越危险，它的土壤就越肥沃。

②《查拉图斯特拉如是说》第3部，"漫游者"（Der Wanderer）。

③见《遗稿》（1887—1888），11（77）。"任何力只能在抵挡它的东西上消耗自身，就此而言，任何行动都必然有一种不快的成分。"

④《遗稿》（1887—1888），11（76）。

⑤《遗稿》（1888—1889），14（173）。

障碍的在场所提供的刺激,即有待克服的阻力。①从这个角度看,苦难是诱人的。它引诱着人,并充当一种为快乐而克服障碍的必要条件。爱命运的伟大健康本身就是一种克服——一种对无限苦难的克服,它所带来的正是对这个充满苦难的世界的认识。因此,它所带来的快乐也是无与伦比的。

彻底的生命肯定是悲剧性的壮举,正是由于将这一点放在心上,尼采才把苦难描述为不仅是有价值的,而且是可取的。②在生存的可怕本性面前,面临令人彻底绝望的最大威胁,并因而背负最大的痛苦、动荡和苦恼,正因为如此,一个人才能够克服最大的障碍。结果就是爱命运的伟大健康——这是强力的最高表现。从这个角度看,苦难是必要的,也是可取的。

这一苦难理论的一个惊人推论是,最健康、最强大的人恰恰是最容易遭受苦难的人。尼采告诉我们,悲剧时代的希腊人

---

① 尤其可参看《遗稿》(1888—1889),14(173)。这就把尼采的论述与斯宾诺莎非常相似的论述区分开了,根据斯宾诺莎的论述,"快乐"与"悲伤"都只是表征(symptoms),它们随附于(supervene on)更本质的东西。对斯宾诺莎来说,与"快乐"相应的是"一个人从较小的完满到较大的完满"(《伦理学》,第3部分,定义二),与"悲伤"相应的是"一个人从较大的完满到较小的完满"(《伦理学》,第3部分,定义三)。[经核对,这两句引文实际上出自斯宾诺莎《伦理学》第3部分命题十一的"附释"。——译注]然而,对尼采来说,快乐与痛苦是虚假的对立物,因为痛苦实际上就是斯宾诺莎所说"通往更大的完满"的必要条件——因而也是体验到快乐的必要条件。

② 见《查拉图斯特拉如是说》第4部,《高人》("Vom höheren Menschen")第6节;《快乐的科学》,第338节;《遗稿》(1887—1888),10(118)和(103)。关于这一点,亦可参阅贾纳韦:《超越无我》,第68页和243页。

之所以是如此杰出的艺术家和剧作家，正是因为他们是"唯一能够承受最强烈、最沉重的苦难的人"①。后来，尼采在更一般的意义上提出了这个观点，他声称："一个人能够承受**何等深度**的苦难几乎决定了其等级秩序。"②

因此，根据定义，尼采的健康者对苦难高度敏感。这种敏感甚至可能把他带到绝望的边缘，因而它有潜在的危险——尼采可能一直是一个悲观主义者，赫拉克利特可能走上阿那克西曼德的道路，希腊人可能欣然接受西勒诺斯（Silenus）生命否定的智慧，如此等等。③但是，如果没有这种极大的危险，没有这种巨大的障碍，就无法获得更高的健康。

因此，最健康者不仅是那些苦难深重的人，而且是那些受

---

① 《悲剧的诞生》，第 7 节。另见《狄奥尼索斯的世界观》，第 2 节，尼采谈及希腊人时解释道，"受苦的才能、受苦的智慧"是"艺术才能的相关物"。关于这一点，参看丹托（A. Danto）:《作为哲学家的尼采》（Nietzsche as Philosopher），纽约：麦克米伦出版公司，第 34—35 页。

② 《善恶的彼岸》，第 270 节。另见《遗稿》（1887—1888），10（118）。有趣的是，在一个早期的文本中，尼采也以类似的方式介绍了叔本华，他声称，正是由于这位哲学家拥有伟大的受苦能力，以及勇于接受世界恐怖真相的能力，他才成了伟大的思想家。（《不合时宜的沉思》，第 3 篇第 3 节）

③ 根据埃斯库罗斯（Aeschylus）的说法，西勒诺斯是一位有智慧的恶魔（demon），是狄奥尼索斯的同伴。当国王弥达斯（Midas）强迫他分享自己的智慧时，他表明自己是一位真正的生命否定的先知："可怜而短命的人，机遇和艰辛之子啊"，他狂笑道："你们为何强迫我告诉你那些你最好不要听到的事呢？最好的事是你完全无法实现的：不要出生，不要存在，要成为虚无。然而，对你来说第二好的事就是——赶快去死。"（《悲剧的诞生》，第 3 节；另见《狄奥尼索斯的世界观》，第 2 节）

苦意志最强的人。没有杀死他们的东西会使他们更强大、更健康，所以他们想接触到那些很可能"杀死"他们的东西。正是在这个意义上，爱命运的伟大健康不仅接受和拥抱苦难，而且还意愿（willing）苦难。因为没有巨大苦难，就没有伟大健康。

尼采两种苦难理论中的第二种认为，苦难是疾病或颓废的一个动因，而最容易遭受苦难的恰恰是弱者，那么我们应怎样对待这种理论呢？在尼采的作品中，确实有大量段落明确地把一般的生命否定，尤其是基督教各式各样的生命否定，描述为苦难大众的产物，并把基督徒描述为典型的受难者。①更具体地说，正是颓废者的极端虚弱和"暴躁"（Reizbarkeit）②导致他们鄙视世界，并编造出一个和平、极乐和稳定的虚构领域来报复世界。简言之，正是虚无主义颓废者的苦难导致了存在形而上学的出现。简言之，大众的巨大苦难致使某些意识形态得以发展，而这些意识形态在人类历史上是最不健康的。

在这一模式下，苦难滋生了虚无主义疾病，后者渴望伟大的虚无。因此，尼采指责颓废者过于关注琐碎的痛苦与不适，③过于强调快乐与不快乐的二分法。④颓废者想要的是一个"舒

---

① 例如，《道德的谱系》，第3章第15节，以及《遗稿》（1887—1888），9（18）和（159），11（112），14（125）和（142），15（110），16（476）。

② 《善恶的彼岸》，第293节。

③ 见《遗稿》（1887—1888），11（228）和17（6）。

④ 《善恶的彼岸》，第225节。在这一段落中，尼采嘲笑了现代哲学家对快乐与痛苦的痴迷，他声称"任何仅仅局限于快乐与痛苦的哲学

适"的领域。但这种对快乐的看法其实是消极的;天堂般的真实世界只是一个没有逆境、没有苦难的世界——简言之,是一个完全"非现实"(unreality)的世界。①基督徒上天堂的目标、佛教徒对涅槃的追求等,都显露了这种反应机制(reactive mechanism)。极端的暴躁和对痛苦的过度敏感是其根源所在。

在《道德的谱系》中,尼采解释道,当禁欲主义牧师(ascetic priest)主持编造这个被动的、充满怨恨的真实世界时,他所做的就是给大众的苦难赋予意义。在尼采看来,最令人痛苦的不

都是幼稚的",因为"有比快乐和痛苦更重要的问题"。但是,尼采的哲学不也对苦难予以极大重视吗?那么,尼采以自己的所作所为来批评别人同样的行为,是不是有点儿虚伪?解决这个问题的办法是,解读《善恶的彼岸》第225节时,将其与尼采讨论苦难问题的更广阔框架联系起来。尼采实际上批判的是这样的一些哲学:它们把快乐与痛苦设定为对立关系,以追求快乐为目标,而这种快乐的本质就是没有痛苦。如上所述,对尼采来说,痛苦和快乐其实是"虚假的对立物",因为阻力——意味着一定程度的痛苦——对于任何真正的快乐体验都是必要的。[《遗稿》(1888—1889),14(173)]正是由于假定它们确实是对立的,大多数哲学家才显露出自己的"天真"。此外,我们很快就会看到,这些哲学(含蓄地或明确地)追求的是快乐的否定观念——快乐是没有痛苦的——这只能成为那些疲惫的颓废者的目标,他们想要结束苦难。现在,我们只需要说,对苦难的看法的改变,以及对苦难的态度的改变,恰恰是尼采认为哲学应该处理的"更重要的问题"之一。简言之,尼采对苦难问题的思考,与他在《善恶的彼岸》第225节所谴责的从根本上否定生命的、被动的哲学,毫无共同之处。

① 见《遗稿》(1885—1887),37(8),以及同上书(1887—1888),9(107)和10(57)。

是苦难本身,而是无意义性。①这正是虚无主义的宗教和哲学所要补救的。它们建立了一个框架来解释苦难,从而使苦难变得更容易忍受:"真实世界是善的、纯净的和宁静的。我们所居住的这个充满冲突与生成的世界则是虚假的、罪恶的,是不纯净的(impure)。这是因为罪恶/无知/缺乏信仰等(取决于所讨论的虚无主义意识形态)。"有了这样的虚构,苦难的无意义就可以被赋予意义,或者至少被给予解释和辩护。

但是,禁欲主义牧师的解释已表达了对生命的深度反感。这种怨恨情感的表现是,对这个世界所涉及的一切都加以谴责。这就是宗教人士(religieux)或哲学家对生存的道德判断。我们在这个世界受苦,因为自然本身就是邪恶的。我们之所以有罪,仅仅是因为我们生存于这个污秽、腐败的世界之中。当然,结果就是,对一切世俗的东西——身体、情感、欲望、意愿等,我们都应当感到愧疚。禁欲主义对苦难的解释是一种兜售罪责(guilt-mongering)的解释。②如果我们受苦,原因在于我们最自然的东西——我们"罪恶的"行为,我们对实在与善的"无知",或者我们的"怀疑"。憎恨生命就意味着憎恨自己成为自然的一部分。这种罪责是与本能作战的燃料,也是与生命作战的燃料。

---

①《道德的谱系》,第 2 章第 7 节和第 3 章第 28 节。这是尼采苦难观的一个特点,已受到评论家的广泛关注,其中最值得注意的是威廉姆斯的优秀著作《对过去的感觉》(*The Sense of the Past*),第 331—337 页。另见尼赫马斯:《尼采》,第 121—122 页;丹托:《作为哲学家的尼采》,第 159—160 页;以及贾纳韦:《超越无我》,第 106—107 页。

②《道德的谱系》,第 3 章第 16 节。

尼采用他的奴隶道德与主人道德理论解释了罪责的制度化（institutionalization）。① 尼采认为，对苦难进行虚无主义和道德说教的解释所导致的道德，对一切自我肯定或生命的肯定的东西都不屑一顾。这些道德是奴隶道德。根据尼采的（相当自觉的非历史的）说法，苦难大众的怨恨Ⅰ首先针对的是天然强大的统治阶级。因此，它导致统治阶级道德准则根本上颠倒。② 统治者的"善"变成了奴隶的"恶"（böse），统治者的"坏"（schlecht）变成了奴隶的消极"好"（例如不骄傲、不强壮、不富裕、不强大等）。③ 但这还只是第一步。随后，禁欲主义牧师将这种道德与怨恨的主题对立起来。当怨恨转向内心，对保留在弱者身上一切活泼、自然和健康的东西都会产生不利影响。这些东西被定性为"罪恶的"，这就引发了罪责和良心不安，对罪责的自我厌恶（self-loathing）成为道德的主旋律。④ 正是在这种意识形态语境中，苦难、衰弱和疾病作为生命的减退才被视为有价值的。因此，各种形式的禁欲主义应运而生。

然而，怨恨与罪责最终会使苦难更加深重。⑤ 禁欲主义理想的自我否定与生命否定伦理学进一步削弱和扼制了弱者微弱

---

① 这一理论在《善恶的彼岸》（第195节和第260—261节）首次出现，并《道德的谱系》中得到了更充分的阐述。
②《道德的谱系》，第1章第10节。
③《道德的谱系》的第一篇"善与恶，好与坏"（Gut und Böse, Gut und schlecht）完全致力于这一主题的讨论。
④《道德的谱系》，第3章第15节。
⑤ 我之所以说"最终"，是因为禁欲主义牧师的道德在短期内也能减轻一些颓废者的痛苦，其方式就是为他们提供一个宣泄沮丧情绪（对

的生命力，使他们更加脆弱，更容易遭受苦难。简言之，虚无主义颓废者对苦难的反应增加了颓废，也可以说颓废通过"感染伤口"增加了苦难。①虚无主义意识形态本应是抚慰人心的，但它们实际上却为人经历更多痛苦创造了条件。

尼采据此提出，事实上，正是因为基督教道德，欧洲人才变成易于受苦的动物。②尼采的观点是，如果没有虚无主义心态引发的罪责和怨恨的道德，西方人就不会像今天这样衰弱、敏感和容易受苦。

因此，这种苦难理论与尼采的赫拉克利特模式相比，最大的反差莫过于谁在受苦。后者告诉我们，伟大（greatness）取决于一个人承受了多少苦难，而前者的说法恰恰相反——那些因生存而受苦的人是虚弱者、患病者、衰弱者。简言之，这第二种理论强调了颓废者的暴躁及其在文化和"生理"上的灾难性影响。在某些段落中，尼采甚至攻击颓废者对痛苦的极端敏感性，并将他们与强大的主人进行对比，后者"对苦难持怀疑态度"③。强者在这里被简单地描述为"幸福者"④。这与我最初提出的苦难理论的矛盾是再明显不过了。

生命、主人、在这个世界之中生存等的仇恨）的出口，并通过大量的情绪（怨恨、罪责、道德谴责等）宣泄来分散他们的注意力。关于这一点，可参阅《道德的谱系》，第3章第15节。

① 《道德的谱系》，第3章第15节。同上书，第16—17节，对这一观点有所推进。

② 《朝霞》，第52节和第476节。

③ 《善恶的彼岸》，第46节。另见《道德的谱系》，第3章第16节。

④ 《道德的谱系》，第3章第14节。

苦难的影响是健康与成长的动因,还是疾病与颓废的动因?健康者是首要的受苦者,还是过于敏感的病态者遭受了更多苦难?病态者与幸福的、粗心大意的强者是相反的。在尼采那里寻找关于苦难的统一理论,会导致对上述两个关键问题得出根本上矛盾的答案。从赫拉克利特模式看,健康以苦难为条件,这似乎对爱命运的全面理解取得了进展,它不仅是对苦难的肯定,而且以尽可能大的苦难为条件。然而,根据第二种模式,尼采关于苦难的观点看起来是如此矛盾,以至于这个理想的说服力都受到了损害。当然,除非尼采这两种相互矛盾的模式能够以某种方式得到调和。

要统一尼采这两种相互矛盾的苦难理论,就得把重点从苦难本身转移到苦难的体验方式上。这又意味着,如果我们要理解尼采所说的苦难与健康/疾病之间的关系,就需要一种受苦者的类型学(typology)。在以下段落中,尼采指向了这样的类型学:

> 我们把苦难与一种苦难——耗竭——混为一谈了;后者确实代表了……一种可测量的力量损失。这就是说:有作为刺激权力增长之手段的不快,也有在权力耗竭以后的不快;在第一种情形下,它是一种刺激,在第二种情形下,它是过度刺激的结果……无力抵抗属于后者:对抵抗者的挑战属于前者……在精疲力竭的情况下,任何人唯一能感受到的快乐就是入睡;胜利是另一种情况下的快乐……精疲力竭的人想要休息、放松、和平、宁静——这是虚无主义宗教和哲学的幸福。富有而活泼的人想要胜利,想要

战胜对手，权力感流溢到前所未有的广阔领域。①

在这里，尼采从两种不同类型的苦难开始讨论——作为力量减少的苦难与作为有待克服之阻力的苦难——以及两种相关类型的快乐——一种没有苦难的纯粹消极快乐和一种克服阻力的积极快乐。然而，在这段话的结尾，我们非常清楚地看到，真正的类型学并不在苦难的诸类型之间，而是在两种"理想"类型的受苦者之间，他们体验苦难的方式大相径庭。

健康的强者将苦难经验视为一种诱人的挑战。因为他们更坚强、更有韧性，所以苦难不会削弱他们，相反，苦难会召唤他们达到更高的高度。病态的弱者将苦难的经验视为使人虚弱的东西。因为他们可以说已经很疲惫了，无法对苦难做出回应，只能被动地承受苦难的冲击。根据这种类型学，苦难是健康/上升的动因，也是疾病/颓废的动因，这一观点并无矛盾。实际上，这完全取决于谁在受苦。

这就指明了外延苦难（extensional suffering）与内涵苦难（intensional suffering）之间的关键区别。②外延苦难是一个人实际遭受的身体或心理伤害。内涵苦难涉及的是对外延苦难的解释。健康者与病态者对苦难经验的真正差异体现于内涵苦难层面。简言之，问题完全在于如何解释苦难。

例如，尼采的两种模式之间最明显的矛盾是谁受苦最多，弱者还是强者。在抨击颓废者的文本中，尼采关注的是他们对

---

① 《遗稿》（1888—1889），14（174）。
② 丹托：《作为哲学家的尼采》，第259—260页。

苦难过于敏感,这与他们对苦难的解释密切相关。他的观点是,颓废者的解释开辟了整个外延苦难领域,而强者确实不容易受其影响。这是罪责的道德领域。①当然,这不仅因为我们从罪责中受了更多的苦,而且因为我们从道德角度系统地解释了苦难,例如:"一场事故发生了,多么残忍,多么不公平,某些事/某些人必须受到谴责"——这使我们总体上对苦难更加敏感,更难以容忍和接受苦难。从这个意义上说,奴隶道德使广大人类更容易遭受道德上的苦难,从而通过一种具体的内涵聚焦(intensional focus)模式,极大地扩展了外延苦难的范围。尼采说颓废者"受苦更多",而且我们现代人比祖先更容易受苦,更容易暴躁,就是这个意思。

发明神学与形而上学的虚构,使生活变得可以忍受;激发内在和外在道德愤怒的影响,以分散自己的注意力,病态者以此逃避深重的生存苦难,而唯有健康者敢于承受这样的苦难。此外,通过赋予苦难以意义,他们可以解除苦难带来的许多刺痛。最后,通过自我贬抑的去自我化道德(unselving morals),颓废者避免了因卷入冲突或进行抵抗而消耗精力。这样,他们尽可能少地遇到障碍,从而少受苦。因此,颓废者关闭了整个外延苦难领域,健康者则对其保持充分的开放。健康者对一切苦难持开放态度并愿意承受苦难——哪怕是一切苦难中最大的苦难,即认识到这个世界毫无意义并永远饱受苦难——他们确实是能够承受最大苦难的人。他们没有把苦难当作一种道德现象,而是当成一种审美现象,因而接受了苦难的无意义性,与

---

① 《道德的谱系》,第 3 章第 8 节。

那些用道德意义的外衣把苦难包裹起来的人相比，他们的态度其实更加开放。

这种受苦者的类型学又指向一种根本的悲观主义类型学。在这里，我们离开了个人以不同的方式体验和解释苦难的领域，进入了更广阔的领域，我们在其中往往以难以言喻的方式解决生命中最大的问题。在悲观主义中有一种描述性元素（descriptive element），它既为不健康的意识形态——佛教和叔本华的悲观主义以及基督教和任何形式的存在形而上学、妄想的乐观主义（delusional optimism）、千禧年主义等——的阐述所共有，也为健康的意识形态——悲剧时代希腊文化和尼采的生命肯定哲学——的阐述所共有。无论是阿那克西曼德还是赫拉克利特，无论是佛陀/叔本华还是尼采，无论是禁欲主义者还是自由精灵，无论是基督教徒还是狄奥尼索斯的信徒，他们至少都默认活着就是受苦。无论他们是否相信有一个没有苦难的存在领域——基督徒相信而佛教徒不相信——都明确地认同这个事实，即在这个生成世界里，斗争永不停息，苦难无穷无尽。分歧产生于对这一事实的回应。

这就指向了各种悲观主义之间的核心差异。一方面，是健康者的"强力悲观主义"，尼采也称之为"艺术家的悲观主义"[1]或"古典悲观主义"[2]。这是悲剧的悲观主义（tragic pessimism），它就在赫拉克利特的生命礼赞、阿提卡悲剧和尼采的狄奥尼索

---

[1]《遗稿》（1887—1888），10（168）。
[2]《遗稿》（1888—1889），14（25）。

斯智慧的背后。另一方面,是病态者的"弱者悲观主义"①,也被称为"道德与宗教的(相对于艺术家的)的悲观主义"②或"浪漫主义的(相对于古典的)悲观主义"③。这是"各大虚无主义宗教(婆罗门教、佛教、基督教)"的悲观主义,尼采解释道,这些宗教"可以被称为虚无主义的宗教,因为这三种宗教都把生命的对立面——虚无——提升为目标,提升为最高的善或'上帝'"④。与这两者悲观主义相对应的是,一个人面对无限苦难之现实可能做出的两种基本类型的回应。强力的悲观主义与健康者对苦难的体验相应,他们把苦难当作一种诱人的东西,当作一种对生命的诱惑。反之,虚弱的悲观主义恰恰是人们对颓废者的预期,苦难对他们来说意味着衰弱(enfeeblement)。

因此,这两种悲观主义在每一点上都是截然相反的。虚弱的悲观主义对生存提出了一个消极的道德判断:这个世界是罪恶的。强力的悲观主义拒绝对生命做出道德判断,而是做出积极的审美判断:这个世界是美丽的。⑤虚弱的悲观主义从根本上说是被动的(reactive):它退步不前,远离苦难所代表的巨大障碍。强力的悲观主义从根本上说是主动的(active):它迈步前进,并寻求与苦难接触。虚弱的悲观主义将苦难的无意义性视为一个问题,需要加以解释。强力的悲观主义则认为,没

---

① 《遗稿》(1887—1888),11(294)。
② 同上书,10(168)。
③ 《遗稿》(1888—1889),14(25)。
④ 同上。另见《道德的谱系》,第3章第27节。
⑤ 《遗稿》(1887—1888),10(168)。

有什么比无意义的苦难更有趣了,对苦难无需解释,更不用辩护。①虚弱的悲观主义把生命本身看作有罪的,因为苦难是不公平的、武断的,这会导致弱者在他们展现出有活力的迹象时,产生人格上的负罪感和自我厌恶感。强力的悲观主义则没有罪责的位置:无论是生命还是强力的悲观主义者,对任何事情都不会感到"愧疚"。虚弱的悲观主义使人采取各种措施来限制苦难,麻痹自己,如此等等。强力的悲观主义则拒绝任何会产生麻木效果的东西,因为它将苦难作为克服障碍以获得快乐的条件。虚弱的悲观主义最终导致生命否定。反之,强力的悲观主义则为生命肯定铺平了道路。②

虚弱的悲观主义与强者的悲观主义(pessimism of the strong)之间的对立是尼采思考健康与疾病问题的范式(paradigm)。尼采伦理学中的病态者——颓废者——是一种虚弱的悲观主义者。尼采伦理学中的健康者是一种强大的悲观主义者。苦难的现实不可逃避,这对二者来说是一样的;不同之处在于这两种"理想类型"怎样解释苦难。关于这一点,可以参考尼采关于狄奥尼索斯和耶稣基督殉道的笔记:

---

① 《遗稿》(1885—1887),10(21)。另见《遗稿》(1887—1888),10(168)。

② 当然,我刚才列举的所有对立观点之间也有一些关联。例如,罪责概念是虚弱悲观主义者解释明显无意义的苦难的关键,也是他们对世界的道德责任的核心。虚弱悲观主义的被动性也与寻求苦难的意义和通过麻醉措施逃避苦难密切相关。同样,强力悲观主义者的审美判断也是他们主动性、而非被动性的标志,而且与他们的苦难意志等密切相关。这些只是少数几个关联。其理念是,这两种悲观主义对于苦难的态度呈现出一种内在的一致性。

狄奥尼索斯与"被钉在十字架上的人":在这里你们有了对立。关于殉道并无差别——只是这相同之事[殉道]有不同的意义。生命本身,它的永恒成果和轮回,创造了折磨、毁灭、求毁灭的意志……在另一种情形下,苦难,"无辜的人被钉在十字架上",是对这种生命的反对,是对生命进行谴责的公式。人们会猜测,问题在于苦难的意义:要么是基督教的意义,要么是悲剧的意义。①

在这里,狄奥尼索斯与基督被呈现为生命肯定与生命否定的终极象征:强者的悲观主义和弱者的悲观主义。他们都经历了可怕的死亡,随后又复活,在这一点上他们是相似的;然而正是在这种巨大苦难的意义上,他们的分歧如此之大。狄奥尼索斯的受难与复活,代表着毁灭与创造的生成洪流,它激励我们快乐地颂扬生命。相反,基督的殉道则谴责了生命的不公与残酷,他的复活指向不死的存在领域。因此,强力悲观主义的审美性颂扬与虚弱悲观主义的道德化怨恨(moralizing spite)是对立的。那么虚弱悲观主义的反面就不是乐观主义——所有妄想的乐观主义实际上都基于潜在的虚弱悲观主义——而是强力悲观主义。这些说法构成了对苦难的相反解释:一种是根本上健康的,即生命肯定的解释;另一种是根本上不健康的,即生命否定的解释。

现在,可以清楚地看出,生命否定与生命肯定之间的区别

---

① 《遗稿》(1888—1889),14(89)。

取决于苦难——特别是苦难的无限性和无意义性——是怎样被解释的。如果说苦难既可以孕育健康，又可以孕育疾病，那是因为苦难的效果取决于特定的受苦者怎样领会它。那么，对苦难的肯定构成的生命肯定，就是以某种方式解释苦难的问题。因此，要完成我们对尼采实证哲学的重建，就需要对尼采的解释理论进行考察。

要理解解释（interpretation）在尼采哲学中的作用与性质，就要仔细研究他那声名狼藉的权力意志理论。①尼采的解释理论确实是在权力意志学说中被阐明的。反过来说，尼采的权力意志理论在最根本处是一种解释理论。②然而，解释与权力意志之间的关系并非显而易见。唯有仔细探究权力意志学说，才能揭示这一关系。这样做还可以使我们更充分地理解本章讨论

---

① 我没有把"权力意志"（will to power）这个词的首字母大写，原因如下文所述，权力意志严格来说并不是一种形而上学学说。尼采的权力意志理论在评注性文献中受到了广泛的关注，围绕这一学说的许多争论都是技术性的，即使不是简单混淆，也是高度混乱的。克拉克的《尼采论真理与哲学》（*Nietzsche on Truth and Philosophy*）（剑桥大学出版社，1990）提供了一个很好的概述，对于权力意志学说的主要解释，迄20世纪80年代末期，俱有述及。最近讨论权力意志的名著有阿贝尔（G. Abel）：《尼采：权力意志的动力与永恒轮回》（*Nietzsche: Die Dynamik der Willen zur Macht und die ewige Wiederkehr*）（柏林：德古意特出版社，1998）；格哈特（V. Gerhardt）：《从意志到权力：弗里德里·尼采范例中的权力人类学和形而上学》（*Vom Willen zur Macht: Anthropology und Metaphysik der Macht am exemplerischen Fall Friedrich Nietzsches*）（柏林：德古意特出版社，1996）；雷金斯特：《生命的肯定》；以及贾纳韦：《超越无我》。

② 关于这一点，见尼赫马斯：《尼采》，第74—105页。

的所有现象,因为归根结底,它们都是解释的问题,因而都是权力意志的表现。①权力意志学说可分为两个基本主张:(一)关于激活一切生物的根本驱动力的主张;(二)关于如何以最佳的方式刻画宇宙中万物之本性的主张,这一主张的涉及面更广。②权力意志学说作为生命有机体(living organism)的"心理学",与尼采时代生物学理论的三个重要特征相抵触。第一个特征是认为自我保存(self-preservation)是所有生物行为背后的主要动机。③第二个特征是假定人类与其他高等动物一样,从根本上都趋乐而避苦。④第三个特征是以适应性(adaptation)的概念为基础,对解释模式做出广泛的理论承诺。⑤对尼采来说,拥护这些原则就意味着从根本上误解了活着(to be alive)的意义。尼采声称,活着就要尽可能地扩大自己的控制范围,这是最重要的事。因此,若将自我保存设定为"有机体的主要

---

① 尽管理查森把该学说曲解为一种真正的形而上学,但是他对尼采的"权力本体论"(power ontology)的评论还是值得一提的,其大意是"尼采用此术语来思考他的其他思想"。(《尼采的系统》,第 16 页)关于这一点,贾纳韦全面地概述了《道德的谱系》中的几个论点,它们或显或隐地依赖于"生命是权力意志"这一观点。(见《超越无我》,第 143—147 页)然而,对于理查森对"本体论"这一术语的使用,我持异议。权力意志学说只承认过程,而不承认任何单一的"物"(ontōs)。

② 在这一方面,霍斯特曼区分了权力意志的"心理学"和"宇宙论"学说。见霍斯特曼和诺曼编:《善恶的彼岸》(剑桥大学出版社),"导论",第 ii—xxviii 页。

③《善恶的彼岸》,第 13 节。

④《遗稿》(1888—1889), 14 (121);同上书 (1887—1888 年), 11 (75)。

⑤《道德的谱系》,第 2 章第 12 节。

驱动力",就错把结果当成了原因;自我保存的驱动力"只是间接的和最常见的**后果**(consequences)之一",而支配动物和人类行为的真正根本驱动力是权力意志。①这是释放自己力量的意志,它"成长、扩散、攫取并赢得支配地位",如此等等。②活下去仅仅为实现这个更根本的目的。有许多例子表明,生物为了追求权力而放弃自我保存,原因正在于此。③

快乐也是这样。这是因为快乐并不是有机体所寻求的东西。有机体所追求的是权力,快乐不过是"已获得的权力感的一个症状"④。正如考夫曼所言,根据尼采的说法,"快乐的感觉是拥有权力的一种副现象","追求快乐是权力意志的一种副现象"。⑤尼采的观点是,快乐仅仅随附于权力的成功行使,因此把它设定为行为的动机就暴露了一种肤浅的心理学意识。这一立场的一个必然结论就是,有机体不厌恶痛苦,也不寻求快乐。正如我上文所言,尼采认为痛苦与快乐的对立是虚假的,因为痛苦只是记录了任何行动或权力的行使所必需的阻力。⑥只要这种权力的行使是成功的,从而引起了快乐,痛苦感就是快乐

---

① 《善恶的彼岸》,第13节。
② 同上书,第259节。
③ 关于这一点,见《快乐的科学》,第349节,以及《善恶的彼岸》,第13节。
④ 《遗稿》(1888—1889),14(121)。
⑤ 考夫曼:《尼采》,第262页。关于这一方面,可参阅《遗稿》(1888—1889),14(174)。
⑥ 《遗稿》(1887—1888),11(77)。

感的必要条件,而不是它的对立面。①有机体真正追求的是权力,而不是快乐(更不是避免痛苦)。

最后,当人们看到"生命只是权力意志"或"权力意志只是生命意志"时,进化论对适应性的关注就显得很有问题了。②在尼采看来,问题在于标准的进化论解释所关注的现象基本都是被动的。③事实上,进化论的适应观完全是机械论的;它描述了有机体不断地对环境做出反应,就像惰性弹珠在罐子里移动一样,仅仅是被动反应的结果。然而,在权力意志模式中支配有机体的力有两种类型,被动的力只是其中之一。

在这里,我们超越了作为心理学的权力意志,进入了作为一种理论的权力意志领域,后者关乎组成生命有机体的基本力量。身体——就高等生物(包括大脑,从而也包括所谓"心灵")而言——是彻头彻尾的权力意志。也就是说,它们由各种力组成,每一种力系统地导向充分地释放和扩张的力量。[这里显然没有意志力(volition)——对权力的"意志"(will)在此只是一个措辞。] 现在,在构成身体的各种力中,一方面是被动的力(reactive forces),它们通过旨在确保最终目的(例如由一连串被动的力完成的消化)的机械手段来控制和运用其权

---

① 《遗稿》(1888—1889),14(173)。关于这一点,可参阅布罗根《苦难的核心作用》,第 55 页。"权力不能避免苦难。它是从苦难中成长起来的。苦难是不可避免的,作为成长的一个方面,它是正常和必要的。快乐的感觉本质上是对权力增长的一种反应,是对这种权力的不快或障碍的体验。"

② 《善恶的彼岸》,第 13 节。

③ 《道德的谱系》,第 2 章第 12 节。

力;另一方面是主动的力(active forces),它们通过支配、引导、协调被动的力来控制和运用其权力。①被动的力向来只是适应或反应。主动的力则赋予形式,或自发地创造。更重要的是,主动的力负责为被动的力分配其职能。因此,仅仅从适应性角度来解释进化,就错失了生命中真正最为根本的东西。在尼采时代的早期达尔文主义者的理论中,"生命的本质,它的权力意志,被忽略了,人们忽视了自发的、进取的、扩张的、赋予形式的力在本质上的优先性,这些力给出了新的解释和方向,而'适应性'则是在此之后才出现的"②。

尼采的总体观点是,生物学思维关注的是反应性,因而它对生命特征的认识在根本上是错误的。如果用一种主要驱动力来说明人类、动物和植物的行为,那么它不应被设定为自我保存,而应被设定为最大限度地扩展自己控制范围的意志。事实上,被动的自我保存意志(通过适应性和其他方式)仅仅是为主动的权力驱动力提供"服务"。同样,在大多数情况下,苦难与其说是被动地回避,不如说是主动地寻求,可以说是生物"考验自己力量"的一种时机。成功地克服这种阻力与积极的快乐相应。当我们提及一个生物回避痛苦并寻求"没有痛苦"的消极的快乐时,那是因为它还无力承受阻力的冒犯,因此遇到痛苦时会遭受挫折——其控制范围的缩小。因此,尼采声称,

---

① 关于这一点,见德勒兹:《尼采》,第46—48页。
② 《道德的谱系》,第2章第12节。关于尼采反达尔文主义的系统研究,见约翰逊(D. R. Johnson)的《尼采的反达尔文主义》(*Nietzsche's Anti-Darwinism*),剑桥大学出版社,2010。

权力意志理论为生命提供了更准确、更全面的解释——这种解释不仅关注适应性等机械的、被动的功能,而且关注创造、指挥和引导等自发的、主动的力。

到目前为止,关于尼采的理论,有三点需要注意。第一,尽管权力意志是整个有机界的根本驱动力,但是从表面上看,似乎并非一切有机体总是会不惜一切代价,在所有情境中盲目努力以扩展自己的支配范围。权力意志是一种驱动力,而不一定是一种自觉的欲望。正如当代社会生物学家所说,基因转移(gene-transference)并不一定是我们全部行为的自觉目标,尽管它是引导这些行为的主要驱动力。①权力意志驱动着我们,但我们未必会意识到它。在道金斯的理论中,它不再是一种"精神原因",而是将自己的基因传递下去的驱动力:权力意志是身体的特征,也是心灵的特征。此外,作为有情众生(sentient beings)心理上的原初情感,②权力意志最好是被理解为首要的属(genus),各种情感都是从属于它的种(species)。没有"纯粹的"权力意志情感。简言之,权力意志自身不一定产生对权力的欲望(更不用说产生一种自觉的意志了),也不一定会导致明显的权力增强行为。事实上,在一些重要的情形中,权力意志会引起无力意志(will to powerlessness)意志,以及看起来会减少权力、力量和活力的行为。这种情况主要发生在被动者身上。

---

① 这一理论最初是由道金斯(R. Dawkins)在《自私的基因》(*The Selfish Gene*,牛津大学出版社,1976)中提出的。
②《遗稿》(1888—1889),14(121)。

第二，如果说"权力意志"中的"意志"与标准的意志大不相同，那么该学说所讨论的"权力"也同样与众不同。说到构成有机体的子个体（sub-individual）之力，很明显，在"意愿力"（willing power）中，这些力所展现的其实只是其系统性地消耗自身的倾向。被动的力和主动的力也是这样，它们在种类上没有区别，只是在程度上有所不同——这是它们在有机体内发挥作用的结果。①此外，当论及人类行为时，德勒兹恰当地指出，即使尼采偶尔（而且是论辩性地）使用这样的语言，"权力意志"这一短语中的"权力"也不应理解为常见的权力表述——身体优势、政治控制、财富、荣誉、名声等。②这就是尼采的理论有别于霍布斯（Thomas Hobbes）等人的理论之处。他的观点是，这样的权力概念所对应的是虚弱的、被支配的人——《道德的谱系》第1章中的奴隶——被动地体现着权力。③此外，奴隶们怀有一种顺从"权力"的渴望；他们想要的是社会已经为他们商定的"物品"。④然而，从权力之自发行使的角度看——从主动性的角度看——权力就是创造、想象和发明。在许多情况下，它可能跟实际的政治统治关系不

---

① 正如德勒兹非常清楚地解释的那样（《尼采》，第48—50页），被动的力和主动的力之间没有质的差异（qualitative difference），因为"被动"和"主动"之间质的差异是表面上的，它可以被还原为各种力在相对强度上的量的差异（quantitative difference）。被动/主动的二分法适用于不同强度的力之间的关系。

② 德勒兹：《尼采》，第90—94页。

③ 同上书，第91页。

④ 同上书，第92页。

大。①此外,在最崇高的层面,它事实上完全不同于因循守旧(conformism)——它是对新价值、新"物品"的创造、构想和发明。这种情形主要发生在主动者身上。

需要注意的第三点是,根据尼采的观点,有机体绝不是"意志力"(will power)的统一实体。每个有情众生的心灵都是由众多主动的力与被动之力的集群——可以说是由非个人的子个体组成的——在不同的方向上牵引。②这通常发生在潜意识(subconscious)层面,不过内部冲突偶尔也会浮现于意识的表面。当然,所有这些子个体都是由权力意志驱动的,因而可能会彼此"开战"。然而,某些子个体最终会比其他子个体更强大,从而确立自己支配性和主动性地位,与被支配的、被动的对手相对立。那么,权力意志就不仅会引起人与人之间的冲突,而且或许更重要的是,它还会引起人的内在冲突。话虽如此,对大多数有机体来说,一些"和平条约"是成立的,因此会以相对连贯的方式行动,而且具有明显的目的统一性。③然而,事实上,"意愿"(willing)从来不是简单和统

---

① 在这方面,可参考尼采早期笔记本中的如下片段:"我已经在不为人所期望地方发现了力量:在淳朴、温和、愉快的人身上,毫无统治欲——相反,在我看来,统治欲往往是内心软弱的标志:他们害怕自己的奴隶灵魂,并给它罩上皇袍……权势的本性主宰一切,这是必然的,它们不费举手之劳。哪怕在他们的有生之年,把自己埋葬在花园洋房里!"[《遗稿》(1880—1881),6(209)]

② 关于这一点,参阅《善恶的彼岸》,第19节。

③ 同上。

一的东西。①对于内部发生的事情，意识最终只能提供一种非常肤浅的看法，它把意愿表现为统一的东西，但事实上并没有统一的意愿，只有各式各样"意愿"的实例，它们产生于复数的巨大泡沫以及频繁发生冲突的"意志"中，这些"意志"在意识的权限下展开战斗。

因此，与其说权力意志是"我们所有人实际想要的东西"，不如说是"怎样以最佳方式解释人类、动物和植物的全部行为"。对尼采来说，这就涉及一种根本驱动力的设定，这种驱动力不仅与个体的心灵有关，而且与组成这些心灵的多种力有关，就此而言，也与身体有关，因为这些力终究离不开身体。

尼采一个更宽泛的主张，即如何以最佳方式刻画宇宙中万物的本性，在这里不可避免地发生了转变。既然构成有机界和无机界的东西没有质的区别，那就说明二者必然可被还原为同一类型的力。因此，整个世界都是由力的量子（quanta of force）构成的，它们展现为权力意志。②

从我对权力意志心理学的概述中已经可以明显看出，该学

---

①《善恶的彼岸》，第 19 节。"在每一个愿意行为中，都有众多的感受。"另见《快乐的科学》，第 127 节。在这一方面，尼采斥责叔本华把他的形而上学建立在一种"大众偏见"之上，即意愿是某种单一之物。(《善恶的彼岸》，第 19 节）

②《遗稿》（1888—1889），14（81—82）。在《尼采论真理与哲学》中，克拉克试图坚决区分尼采的心理学观点和他假定的宇宙论主张。然而，若考虑到的尼采身心非二元论，则似乎很难理解他所说的构成主体之身体（因此也包括心灵）的子个体与非个人的力，为何以及如何不能同样用于组成无机界的东西。

说不仅说明了驱动有机体的东西是什么,而且说明了驱动一切力的东西是什么,这些力组成了有机体的身体与心灵。这种以权力意志为单位构成心灵与身体的非二元论的还原论（non-dualist reductionism）,也延伸到了非有机界。在《善恶的彼岸》第36节,尼采阐述了对这一立场的论证。尼采在此唤起了一个长期存在的问题,即物质——被感知的物体、接受刺激的神经等——与被假定为非物质的"心灵"之间的因果关系。对感知（perception）的可能性做出融贯的解释,一方面,需要心灵、物体以及受它们影响的神经;另一方面,不应把它们视为在质上不同的东西。简言之,身心非二元论（mind-body non-dualism）在方法论上是必要的。最后,尼采认为,只要身体（包括心灵）被认为是由权力意志单位组成的,我们就不得不假设,对这种力的设定也"足以理解所谓机械论的（或'物质的'）世界"。①非二元论是这里的关键理念。身心器官与组成世界的物体实际上是由相同的"原料"构成的;"物质世界"属于"跟我们的情感本身相同的实在性层级",反之亦然。②从最复杂的心理状态到最基本的化学反应,在整个宇宙中起作用的是各种各样的力,所有这些力都属于同一本质类型。正是由于这一点,感知（perception）才得以可能。③反过来说,这也使尼采有资格说,

---

① 《善恶的彼岸》,第36节。
② 同上。
③ 在《遗稿》(1888—1889),14(81—82),尼采指出,他的理论解决了因果关系问题。实际上,任何非二元论学说,只要主张物质与心灵具有"共实体性"（co-substantiality）,就消除了一个长期存在的问题,即物理对象如何影响很可能是非物质性的心灵/灵魂。

世间万物之本性，就像在感知和思维的身心之本性一样，都是权力意志。

根据尼采的说法，从权力意志角度来描述、理解和解释组成世界的各种物理、化学和生物现象，是对机械论原子主义或更一般的唯物主义的显著改进。就像生物学对适应性的关注一样，唯物主义与原子主义的机械论思维只关注被动性(reaction)，完全忽视了行动与创造。机械论的解释仅仅指向被动的过程。对尼采来说，机械论只能描述事件，却永远不能真正解释事件，原因正在于此。① 从这个意义上说，权力意志理论更全面，因为它既考虑了被动的力，也考虑了主动的力。因此，它可以超越仅仅从被动性角度对事件做出的描述，而是从力与力之间斗争的角度对事件做出解释，这些力在斗争中不断地检验着彼此的力量。

在这方面还有第二个原因，即尼采赞同把权力意志当作一种自然哲学。② 尼采把原子和更一般的物质形容为上帝的影子。③ 从物质的角度思考，就是从惰性的、静态的、持存的实体的角度去思考。与此相应，从原子的角度思考，就是仍然从"静止不动"之物的角度去思考。④ 作为一种自然哲学，权力意志不承认任何实体性的"物""存在物"和"存在"。它只承认过程与

---

① 《遗稿》(1885—1887)，2 (76)。
② 关于尼采权力意志学说的科学来源及其对原子主义和唯物主义的替代方案，见贾纳韦：《超越无我》，第 159—160 页；以及摩尔（G. Moore）：《尼采、生物学和隐喻》(*Nietzsche, Biology and Metaphor*)，剑桥大学出版社，2002。
③ 《快乐的科学》，第 109 节。
④ 《善恶的彼岸》，第 12 节。另见《快乐的科学》，第 109—110 节。

事件，并从力的角度来理解它们。它的问题形式不是"这是什么"，而是"这里正在发生什么"，更具体地说，"这是如何发生的"。此外，就其本身而言，权力意志学说回答的问题不是"世界是什么"（对尼采来说，一切都是"生成"，而不是"是"），而是"生与灭——生成——是如何发生的"。从这个意义上说，它超越了任何存在形而上学。它是一种关于生成的哲学，与标准的自然主义（naturalism）不同，①它已真正超越了实体的神话。

权力意志学说的一个主要问题是，它似乎与尼采的一些否定性观点的主旨不一致。正如霍斯特曼所言，我们似乎难以"避免一个令人不安的结论，凡是尼采总体上归咎于形而上学思维的缺点，'权力意志'学说也无不具有"②。这个困境看起来是这样的：要么是尼采无意中提出了另一种存在形而上学，要么权力意志理论不是一种真诚的自然哲学，而只是一种生命肯定的智力体操表演。我的分析将表明，这是一个虚假两难（false dilemma）。

权力意志的主要问题在于，它似乎是一种还原论（reductionism）。关于人类行为，它认为所有形式的行为以及我们为之辩护的动机，实际上都可以用某种方式重新描述。我们所做

---

① 在《超越无我》第34—39页，贾纳韦正确地指出，莱特（B. Leiter）关于尼采自然主义的讨论存在着一些困难。参看莱特：《尼采论道德》，伦敦：劳特里奇出版社，2002。实际上，当尼采采用权力意志如此彻底地背离了科学所建立的世界观时，我们很难接受在尼采哲学与经验科学成果之间有很多连续性这样的观点。（同上书，第3页）

② 霍斯特曼："导论"，第xxvi页。

的一切，实际上都是权力意志的表现；我们所做的一切，可以说都是由潜在的权力追求所"激发"，即使这远非显而易见，当然也未被亲身经历。就其本身而言，这不成问题。毕竟，标准的科学解释也认为，一切行为与动机都可以被还原为一种原初驱动力，无论它是对进化优势的追求，是繁殖机会的最大化，还是基因转移。但是，对尼采这样的思想家来说，还原论并不是一个可选项。说爱或仁慈"实际上"是权力意志，意味着"实在与表象"（real vs. apparent）的区别。由于尼采拒绝这种区别，他似乎就不能把一切行为与动机都还原为一种原初驱动力。

　　这一异议的范围可以扩展到作为自然哲学的权力意志理论。通过告诉我们"世界的原材料"（stuff of the world）是权力意志——一切事物都可以被还原为权力意志——尼采似乎呈现了一个"真实世界"。物看起来是其所是（椅子、桌子、有机体、岩石等），但实际上它们的本质是权力意志。简言之，这种观点认为，还原论意味着形而上学的实在论（realism）；它意味着有一种"物的真正存在方式"以及一种中性的、"独立于心灵"的对世界的描述，为这种"实在"提供了精确的图像。一个拒绝真实世界/表象世界之分的思想家，怎么可能是一个还原论者，从而是一个实在论者呢？尼采怎么可能告诉我们"这是物的真正存在方式，尽管它们看起来并非如此呢"？实际上，在权力意志学说与尼采对真理的批判之间，似乎存在着根本上的不一致。难道他自己不认为这样的批判意味着放弃关于真理的知识追求，转而支持视角主义吗？①那么，为什么权力意志

---

　　① 《遗稿》（1885—1887），7（60）。

看起来不仅仅是一种视角呢?

对这一挑战的一种回应是,把权力意志当成众多视角中的一个。①根据这种解读,尼采实际上并不认为一切事物都可被还原为力的量子。他只是觉得,这样的视角是一种关乎世界本性的视角,它最能表现一种对于生命的健康态度——将世界描述为权力意志,这是一种自我肯定的姿态。②根据这种观点,用这种方式来描述世界和人类心理,以及从机械论角度来描述它们,同样正确;只不过它更健康。那么,权力意志不过是一种生命肯定的虚构。

这种对尼采的解释有三个弱点。首先,它使尼采的整个哲学看起来完全是独特的和"私人的"。权力意志对尼采来说是有意义的,它让他感觉良好,但我们所能说的也仅限于此。因此,我们可以把尼采当作一个心理学案例来研究,但不能把他当作一个哲学家来研究。

其次,尼采关于健康和生命肯定的那些观念,与权力意志学说密切相关。事实上,正如我即将论证的那样,它为尼采思考健康/疾病和生命肯定/生命否定提供了概念框架。那么,就会有一种循环的说法,即这种学说与其他学说一样具有欺骗性,只不过它更健康、更肯定生命。请注意,如果说尼采的哲学是一个独特的、循环定义的封闭系统,那么说"世界作为权力意志"本质上是一个更健康、更肯定生命的视角,同时又用权力

---

① 这种解释的最佳版本,可以在克拉克的《尼采论哲学与真理》中找到。

② 同上书,第32页。

意志来定义健康和生命肯定,也就没问题了。然而,善意解释原则(principle of charitable interpretation)要求我们至少要尝试去解读尼采思想,而不能仅仅把它当作一个封闭的循环意指系统(system of circular signification),这个系统对世界和人类的困境只字未提。

第三,这种解释的出发点是视角主义(perspectivism)学说,它本身就与权力意志密切相关。实际上,如果说一切知识都是解释——如果只有视角而没有确定性客观事实的陈述——那正是因为知识作为各种力的联结(nexus of forces),总是把他/她的种种兴趣、情感和意愿带入每一个"认知"实例之中。①这正是没有知识——在与真理相符合的意义上②——只有解释的原因。③简言之,视角主义本身就是权力意志还原论的必然结果,它把知识的主体与客体都还原为力的量子。如果说没有"本然的观点",那是因为没有独立的意识主体站在"世界之外";那是因为一切都是权力意志,每一种视角或解释都是在各种力之间斗争的结果。

这似乎把我们推向了海德格尔式的尼采解释。根据海德格尔的说法,尼采本应咬紧形而上学的牙关。权力意志是一种存在形而上学。这是尼采对永恒的哲学问题——"存在是什么?"——

---

① 《遗稿》(1888—1889),14(186)。

② 克拉克正确地主张,尼采对真理的批判,其实是对真理符合论的批判。(《尼采论哲学与真理》,第29—61页)她没有看到的是,之所以没有中立的符合,只有置身其中的解释,正是因为一切都是权力意志。

③ 《遗稿》(1885—1887),7(60)。

的回答,①根据这种解读,正是尼采关于存在者之实际所是的观点——权力意志——把他引向了视角主义。②这是一种实用主义、工具主义(instrumentalist)的知识论,它建立在知识主体的概念之上,知识主体像权力意志一样,不断地根据自己的兴趣和意志来解释世界。③

然而,这种解读要付出沉重的代价。它意味着尼采实际上错了,在批判"真实世界"与"表象世界"之间的差异时——他是一位存在形而上学家,他却并未意识到这一点。这种解释与事实无关,它使尼采看起来好像并未真正意识到自己在做什么,除此之外,当尼采把形而上需求说成颓废者的弱点时,这种解释也难以让人认真对待他。

这种对权力意志的解释与尼采对真理的批判相一致,幸运的是,它并不是唯一的解释方式。在这方面,最重要的是,一方面要仔细区分"真实的/超越的世界"与"表象的/内在的世界",这是形而上学的二分法;另一方面是要仔细区分"真"(首字母小写的 truth)与"非真"(untruth),这是更实用的认知区分。尼采当然会废除第一种区分,但没有理由认为他会废除第二种区分。④说没有存在的超验领域——"存在者,而非

---

① 海德格尔:《尼采》第 1 卷,第 12 页。
② 尤其请参阅《尼采》第 2 卷,第 473—516 页。
③ 关于这一点,请参阅格林(R. H. Grimm):《尼采的知识论》(*Nietzsche's Theory of Knowledge*),柏林:德古意特出版社,1977。
④ 这在尼采关于宗教与道德的评论中表现得尤其清晰,他在那里展示了一个明确的承诺,即区分真理和想象的虚构。例如,可参阅《偶像的黄昏》,第 7 章第 1 节:"道德判断与宗教判断有一个共同之处,

生成者"的领域——因而也就没有真理,并不意味着我们关于世界的其余一切陈述都同样不真实。得出这一推论是虚无主义的退缩的标志。当然,关于这个世俗世界(mundane world)的一切陈述,以往都被看成关于一个"虚幻的"世界的陈述,因而相对于真实/实在世界的真理而言,它们被视为"不真实的"。然而,在真实/虚幻世界的区分瓦解以后,那些描述世界的陈述(现在既不是"真实的",也不是"纯粹表象的"),与它们以前被假定的情形相比,可能会被看作真实得多的东西。从"没有真理"(关于存在,关于实在等)到"关于这个生成世界没有相对的真理、没有相对的准确性等",在认知上相当于从"没有善"到"世界上没有任何价值",这是消极虚无主义者的伦理学跳跃。二者都是没有根据的。

因此,对真实世界形而上学的批判并不意味着关于这个生成世界应当如何被理解,我们不可能提出更好或更坏的解释。这样的描述不会具有像关于存在的断言那样有力的、确定性的特征,不会具有绝对的、最终的"事实"。但仍然可以有或多或少准确的视角。①关于确定性真理的知识将被解释模型(interpretative models)所取代,这些模型试图阐明各式各样的

即他们相信并非实在的实在。道德只是对某些现象的一种解释——一种误解。就像宗教判断一样,道德判断也属于一个无知阶段,在这一阶段,那实在的概念以及实在与想象的东西之间的区别仍然欠缺;因此,在这个阶段,'真理'所指明的许多事情,我们如今都称之为'想象的虚构'。"

① 正如尼赫马斯所写:"视角主义不会导致那种相对主义,即认为任何观点都和其他观点一样好。"(《尼采》,第72页)

过程，并取得了不同程度的成功。作为权力意志的世界是尼采提出的模型。对生成世界进行这样的描述是尼采的一种选择。

实际上，权力意志不是存在形而上学，而是一种对生成的解释，或者用现在的话来说，它是一种"过程形而上学"（process metaphysics）。它并未声称，在表象之下，事物实际上是权力意志。它仅仅声称，组成整个世界的过程是由各种力构成的——这是对我们所体验的现象的最佳阐释。这种"既非真实，亦非表象"的生成领域，乃是一片相互冲突的力的海洋，其中充满了永无休止的斗争，这就是万物总有生灭的原因。组成非有机存在物与组成有机生物的东西没有质的区别，这就说明了所谓心灵对物体的感知、所谓意志对身体的影响等。支配有机体行为的根本驱动力不是自我保存，也不是对幸福的渴望，而是权力意志，这就从一个方面解释了为什么即使所有需求都已得到满足，人们仍然不安和不满，从而继续折磨自己和他人。知识的主体是一个进行主动解释的力的联结，它又与其他力的联结相联系，这就解释了为什么一切知识其实都是解释，所有的暂时"真理"其实都是视角。简言之，尼采的权力意志学说是一种非二元论的过程形而上学，它没有存在形而上学的双重虚构，即存在本身——真理与善的领域——以及灵魂——这种唯一可以通往真理与善的"神圣的气息"。它也许不是关于世界的确定性真理，但有充分的理由认为，尼采认为它远比大多数解释更优越。更何况，他完全有资格持有这一信念。

权力意志学说是一种概念框架，尼采用它来详尽地阐明自己对苦难的看法，而更重要的是，用它来详尽地阐明如何解释苦难。因此，它构成了他理解悲观主义的背景，从而也构成了他理解健康与疾病的背景。

首先,应该指出,尼采的学说在本质上是一种(有强烈悲观主义色彩的)赫拉克利特式的世界观。作为权力意志的世界,本质上是一种作为狄奥尼索斯的世界观———一场无休无止、变幻莫测的斗争,战争在那里是名副其实的万物之父。①它本身就直接意味着描述性悲观主义。一个永恒斗争的世界是一个无限痛苦的世界。此外,在心理层面,我们内心的根本驱动力永不满足,从而确保了满足从不持久。除了行使权力之外,权力意志不会意愿任何特定的东西;获得一个物体,建立自己的控制权,或引发一个特定的事态(state of affairs),决不会使之熄灭。因此,不满、不安和不知足是常态。②因此,它是描述性悲观主义。

然而,权力意志直接意味着一种解释理论,就此而言,它的主要意义不在于苦难本身,而在于解释苦难的方式。解释就在于赋予某物以意义。它是一种特定的力的联结的结果,从一

---

① 在1869年的一篇演讲中,尼采透露,作为自然哲学的权力意志在很大程度上应归功于赫拉克利特。尼采在那里讨论了赫拉克利特"科学的"世界观。一切都处于永不停息的运动和斗争之中,没有什么是永恒的,所有的"实在"都由不断变化的力的转换构成,每一种力都以自己的方式争取权力:"没有什么地方有坚固的持存,因为最终我们总会遇到一些力,它们的效果同时又合乎对权力的渴望。"(《前柏拉图的哲学家》,第10节)

② 参阅叔本华在《作为意志和表象的世界》第1卷第57节对意志之无根据性的考察。在这一点上,尼采可以同意叔本华的观点,但不同意叔本华关于意志是物自体和愿意是统一之物的观点。

种视角出发，构成特定的事实、对象或事态，①这种视角反映了它作为力的联结的根本特征。②因此，虚弱的悲观主义是一种表达方式，它表达了弱者（从根本上说是被动者）对无限的、无意义的苦难现实的解释。它反映了被动者为苦难的无限性赋予意义。

事实上，尼采将身体内部力的类型学——主动的力与被动的力——延伸到了关于人的基本类型的类型学。颓废者是由无

---

① 尼采声称，在这种构成之前，没有"对象""物"或"事实"，它们完全是由解释过程建构起来的。（《道德的谱系》，第2章第12节）但是这一立场不应被理解为激进的主观主义，更不应被理解为唯心主义。这里真正在起作用的是两个关键的观点。首先，尼采的观点的含义是，一个特定的"物"的定义、意义和功能，从来没有反映出其假定的"独立于心灵"的属性，而是从所讨论的"物"与解释者之间的动态关系中产生的。正如尼赫马斯所解释的那样，视角主义与其说是"一种传统的知识论，不如说是一种观点：所有求知的努力也是这样一种努力，即特定的人出于特定的理由而过着特定种类的生活的努力"。（《尼采》，第73页）其次，准确地说，尼采的观点是，世界不是由物组成的，而是由过程和事件组成的。然而，与世界打交道，需要我们用多少有点儿严格的静态范畴对变动不居的现实进行组织和分类，这种现实属于永不停息的动态生成。因此，通常以特定顺序出现的各种过程和事件被赋予特定的名称和定义，并被理解为特定因果关系中静态的"物"，例如，种子、树苗和树。这种观点认为，因为实际上只有过程和事件，所以所谓物与物之间的边界总是有些武断，或者说是约定俗成的。更具体地说，一系列事件构成了一个"物"，这种构成方式反映了进行这一构成的主体的需求和特征。在这里起作用的是"非真意志"（will to untruth），它是一切解释的核心。我将在下文更详细地讨论权力意志的这一基本特征。

② 《遗稿》（1885—1887），7（60）；同上书（1888—1889），14（186）；以及《道德的谱系》，第2章第12节。

休止的冲突的力群（clusters of forces）构成的人——这就是他们衰弱的原因。①由于无穷无尽的内心挣扎，他们没有足够的力量积极地、创造性地与外部世界打交道。因此，在世界上全部力的经济体（economy of forces）中，他们是被动的一方。对于在世界之中遇到的无尽苦难，它们的反应是否定它，宣布它是罪恶的，并发明一个与之对立的真实/实在世界来谴责它，该世界完全没有斗争与苦难。弱者悲观主义中的道德因素就是绝佳的被动姿态。

因此，它在很大程度上仍然是权力意志的一种表现。在评论那些渴望伟大虚无的虚无主义颓废者时，尼采解释道："人的意志……需要一个目标：宁可意愿**虚空**（void），也不愿无所意愿。"②由于颓废者太虚弱，他们在这个世界上无法为自己创造任何目的——因为他们发现真正与这个世界打交道太疲惫、太困难、太痛苦——他们唯一可能追求目标是非世界（non-world），即上帝、存在或实在。当然，他们所追求的目标本身就展现了他们对世界完全持被动态度。他们渴望终结苦难（从而终结生命本身），达到无痛苦状态（他们所说的快乐），他们崇拜虚无并视之为至善——简言之即他们的弱者悲观主义——这一切都可以用他们的权力意志及其极端的被动性来解释。

但尼采的分析还不止于此。如果认为颓废者从虚弱的悲观主义中产生的一切，实际上都是对生命发动的战争，那就错

---

①《偶像的黄昏》，第 2 章第 11 节。另见《敌基督者》，第 17 节。
②《道德的谱系》，第 3 章第 1 节。[原书误作"第 2 章第 1 节"。——译注]

了。①事实上，颓废的虚无主义及其生命否定意识形态的兴起构成了一个巨大的企图，即被动的力对主动的力占据上风。在个体内部和个体之间都是如此。回想一下，怨恨是一种怎样强大的、意味深长的力，它使被动的颓废者以自己的方式变得有创造力。更具体地说，正是怨恨使他们能够创造价值，并将这些价值强加给这个世界，强加给他们自身中那些仍然意愿生命的、难以驾驭的部分。这是被动的力如何从被支配到支配的过程。这是某种类型的生命试图统治其他类型生命的问题。

在群体层面，虚无主义意识形态的传播使弱者得以创造精神、社会、政治和文化条件，使他们不仅可以生存和繁衍，而且还可以占据主导地位。②这种双重功能来自虚无主义心态的一切产物——编造存在的真实世界，拒绝所谓"内在的"生成世界，培养罪责与自我厌恶并使之制度化，将奴隶道德传播到社会各阶层，如此等等。这些事情使生命变得贫乏，从而为一种特殊的生命——颓废者的生命——创造了更易忍受和更为广泛的条件。③在怨恨及其敌意的推动下，通过他/她对强大者、肯定者、有创造力者的道德专制（moral tyranny），他们使颓废者不仅在数量上，而且在性质上，成为一种主导者。因此，这些意识形态的发展体现了被动的弱者的权力意志。他们在反生命中亲生命（亲颓废的生命）。

也许更重要的是，在人的"内在生命"层面，虚无主义颓

---

① 《道德的谱系》，第 3 章第 13 节。
② 同上书，第 14 节。
③ 这就是尼采在《道德的谱系》第 3 章描述的"正在展开的戏剧"。

废的去自我化道德允许不健康的、被动的力对抗并支配着主动的、亲生命的力（pro-life forces），前者是内在于人的力，后者也是作用于人的内心的力。正是在这个意义上，尼采把颓废描述为"与本能作斗争"（他指的是主动的、促进生命的本能）的需求。①这就是个体内部被动的力从被支配到支配的过程。通过罪责、羞愧和悔恨，连同去自我化道德的自我贬抑和自我弱化的处方，凡是颓废者内心深处愿意真诚地与生命打交道的主动性、创造性的力，都被消除了。这也是被动的力的权力意志所为，它们寻求扩大对主动之力的控制，而那些主动之力的本意在于对它们进行协调和指导。

在尼采思想中，颓废、怨恨、真实世界的发明和去自我化的道德都可以用权力意志来解释。而这一切的基础都是弱者的悲观主义，从根本上说，它是对无限苦难的现实的被动回应或解释。这是由颓废者的根本弱点所致，他们将苦难理解为一个问题，理解为一个反对生命的论据，理解为某种有待消除的东西。

当然，强力的悲观主义也是权力意志的体现。但它是对苦难的一种解释，表明主动的力在个体中占据主导地位。尼采的健康者是这样的人，在他身上创造性的、主动的、赋予形式的力控制着被动的力。正是在这个意义上，他从根本上是一个健康的、穿着得体的人。在面对苦难时，健康强大的悲观主义者不会为自己省去最重大的麻烦。他拒绝任何对生成背后的存在世界的诉求，并拒绝一切随之而来的虚假乐观主义，从而对最大的恐惧敞开心扉。他全心全意地接纳苦难。他这样做是在创

---

① 《偶像的黄昏》，第 2 章第 11 节。

造条件，使自己变得更强大、更健康，因为与颓废者的情况不同，"没有杀死他的东西，使他更强大"。事实上，通过对世界上无意义的苦难公开地、无条件地承认，从而使自己暴露在最高的苦难面前，当此之时，强大的悲观主义者作为健康者/主动者，站在了最刺激的、最有挑战性的"生命诱惑"面前。这是达到伟大健康的顶峰、尽可能强大地成长之所必需。最后，面对一切恐惧和动荡时，强大的悲观主义者发出了生命肯定的宣言："生命是美丽的"，这是他主动的权力意志，它克服了悲观主义对苦难的无情开放所带来的阻力并取得胜利，否则他就会像弱者/被动者那样因生命否定而导致失败。

至关重要的是，我们应该看到，无论是虚弱的悲观主义还是强力的悲观主义，其兴起都是同一种基本类型的过程。事实上，根据尼采的权力意志理论，无论是被动的颓废者还是主动的健康者的行为，在其中起作用的动力都受到一个基本法则的支配，这个法则调节着一切作为权力意志的生成。这就是自我克服法则。

尼采解释道，对于"成为"（to become）这个动词，应当理解为"克服（to overcome）一个人的自我"①。自我克服是一切事物（或者严格地说是过程）在根本上具有动态本性的原因。一切事物根据情境，通过对自身原有形态的克服与破坏，要么发展壮大，要么走向消亡。要理解这一观点，我们只需想想从种子到树苗，从恒星到超新星，或者从儿童到青少年的转变过程中所带来的破坏——后者对父母来说是一种特别痛苦的

---

① 《遗稿》（1885—1887），7（54）。

破坏和损失，他们有时甚至会为"死去"的孩子感到悲伤。总之，它是一切事物产生并最终解体所依据的原则。因此，自我克服是权力意志的基本特征。正是通过这一运作，各种力扩大了它们的控制范围，从而实现了其本性上是"意志"的"权力"。

虽然我上面所举简单例子能说明问题，但还是有点儿误导性。这是因为，尼采对自我克服的兴趣首先是在意识形态和心理学领域，而不是在物理领域。正如我在第一章中提到的那样，在意识形态的宏观层面，基督教教义死于基督教道德之手，这就说明了自我克服的问题。[1]基督教的真诚（truthfulness）转变成了科学的正直（probity），上帝之死就是这一转变的结果。

尼采认为，基督教的自我克服有三个可能的后果。第一个后果是，基督教以表面上反基督教和无神论的形式幸存，但实际上是信仰科学和各种世俗意识形态的极端基督教。通过对真理的痴迷，对实体神话的延续——原子、粒子、物质等全都是上帝的影子——以及对理性的信仰，科学继续展现其被动的基督教根源。世俗意识形态（右派和左派）通过其理性主义和乐观主义，或千禧年主义（历史的终结），来展现其基督教的根源。在这种情况下，基督教蛊惑人心的、颓废的乐观主义在基督教自我克服的过程中得以幸存。此外，基督教的虚无主义不会被克服，更不用说被理解了。最终，基督教的核心因自我克服而得到加强。

第二个可能的后果是，以新佛教的形式揭露基督教（及其乐观主义、无神论的后代）的核心是生命否定。在这里，妄想

---

[1]《道德的谱系》，第3章第27节。另见《快乐的科学》第357节。

的形而上学和乐观主义真正消亡了，颓废者面对的是赤裸裸的事实，即世界的无意义性令人绝望，其苦难无边无际，而且缺乏内在的价值、意义和目的，等等。其结果将是一门伟大健康的伦理学，它朝向非存在，即涅槃。去自我化道德将保持一种更清醒、更温和以及更少攻击性的形式。颓废将继续消磨欧洲的健康。在这里，作为基督教核心的生命否定，将在自我克服的过程中再次幸存。更重要的是，它将采取一种更强大的、更令人信服的形式。

第三个后果是，彻底克服基督教与其他虚无主义宗教和运动的根源——生命否定和怨恨。在这里，基督教通过其真诚进行自我克服，这将为健康者和自由精灵提供一个机会，让他们撕掉对世界进行谴责的外衣——生命被包裹在这外衣里无法呼吸。因此，迄今为止，一切道德的前提都是"生命是罪恶的"，而尼采的生命肯定伦理学是对此判断的颠倒。① 这是"虚无主义的自我克服"，尼采将其定义为"对以往被否定的一切进行肯定。"② 无价值感和无用感同样可怕，它们把颓废者抛入新佛教的凄凉绝望中，在这里，健康的自由精灵将其解释为一个契机，以恢复世界，并基于生命肯定创造新的价值。在这里，基督教在自我克服的过程中彻底毁灭了自己。

在个体心理的微观层面，被动的力凭借去自我化道德，向颓废者内部剩余的主动的力发起战斗，自我克服在此战斗中表

---

① 关于这一点，尼采谈到"道德家的自我克服变成了他的对立面——变成我"。(《瞧，这个人》，"为什么我是命运"，第3节。

②《遗稿》(1885—1887)，9（164）。

现得尤其明显。①通过引导他们以这种方式克服自己，颓废者的价值观和行为对于其内部被动之力的增强起到了重要作用。自我克服也体现在被动者发动的战斗中，通过生命否定伦理学以及对世界上一切健康的、创造性的、主动的和促进生命的东西的诽谤，被动者对一切主动的力发起了攻击。事实上，根据尼采的说法，我们在此看到的是，通过对一切反生命之物的扩散与支配，生命克服了它自身。②

然而，最为根本的是，虚弱的悲观主义是所有这些虚无主义发展的根源，它本身就是自我克服的作品。被动者、弱者通常会把苦难感受为一种挫折，感受为一种力量的减弱。面对这样一个可怕的事实，即苦难毫无意义且永无止境——这是所有苦难中最折磨人的一种——他的绝望是无法衡量的，但毕竟还有一线希望。实际上，被动者的权力意志表现为一种强有力的、创造性的、尽管是病态的情感，即怨恨。在怨恨的激励下，他们克服了令人瘫痪的恐惧。从世界充满苦难这一事实出发，他们获得了令人愤慨的道德意蕴，即世界不应该如此。他们攻击和谴责生命，发明真实世界的虚构，将罪责和去自我化道德制度化（institutionalize），将没有痛苦的伟大虚无当成上帝来崇

---

① 因此，尼采经常使用"自我克服"一词来指代生命否定，亦即自我否定的道德观，见《朝霞》，第183节，《道德的谱系》，第3章第16节，以及《遗稿》（1885—1887），1（129）。

② 关于这一点，见《道德的谱系》，第3章第13节。在《偶像的黄昏》第5章第5节，尼采也有类似的解释，"即使那种把上帝当作与生命对立的概念的反自然道德，也只是一种对生命的价值判断"，尽管那是"衰退的、虚弱的、疲惫的和受谴责的生命"。

拜，如此等等。当他们的形而上学幻想在自身的重压下崩溃时，他们甚至公然接受一种朝向灭绝的生命否定伦理学（佛教）。简言之，怨恨驱动的虚弱悲观主义的道德特征在于，颓废者在世间无边无际的苦难面前试图克服自己的恐惧。这是作为自我克服意志（will to self-overcoming）权力意志的产物。

然而，自我克服并不仅仅限于被动的力。为了保持健康，健康者必须不断地克服被动的力——可以说是亚人格的（sub-personal）病态者——这些被动的力是他的存在的一部分，并不亚于占主导地位的主动的力。① 这也是一种自我克服的形式。

在这方面，健康主动的强者悲观主义尤其能说明问题。实际上，面对一切无意义性和无限性的苦难，是健康者最彻底地克服自己的最后机会。经历这种极致苦难——在无限苦难本身的现实面前感到恐惧和恐怖——确实是对力量的终极考验。这是因为，即使是最健康的人，其内部也存在着颓废的力。对于任何人来说，对生存产生怨恨的可能性都是真实存在的。被动的力在起作用，它们在每一个有机体中随时准备反叛，即使是构造得最好的有机体也是如此。健康者以坚定不移的目光直面生成及其无意义的恐怖，为他内部被动的力取得支配性地位创造了理想的条件。从某种意义上说，他正在冒险发展现实的怨恨——对现实的憎恨。他把自己暴露在如下危险中：陷入弱者的悲观主义、颓废，受到世界的谴责，等等。但是，如果他内部主动的力成功地克服了这种被动性（reactivity），不仅不顾苦难的无限性和无意义性，而且为此而赞颂生命，那么他将有

---

① 关于这一点，见考夫曼：《尼采》，第 131 页。

效地克服一切障碍中最大的障碍。这是力量的最高表现，是至高无上的健康，是最伟大的胜利。它是强者悲观主义的桂冠。这种对苦难的彻底肯定，对生命的彻底肯定，就是尼采所说的爱命运。它所对应的是健康者对怨恨、罪责和缄口不言（no-saying）的彻底克服。因此，它是最深刻的自我克服——最主动、最显著的权力意志的产物，它意愿生命，也意愿苦难。

最后，应当指出，在这两种情形中——虚无主义危机与对描述性悲观主义的回应——颓废者与健康者面临的情况完全相同。在一种情形中，它是无价值的危机；在另一种情形中，在一个充满永不停息的斗争与苦难的世界面前，它是恐惧和恐怖。这就是这些情况代表了健康者的终极挑战的原因——正是在此类情况下，颓废者绝望了，并以最有力的方式拥抱生命否定。健康者希望尽可能地接近颓废，甚至可能去品尝颓废与怨恨。① 这样他才能最充分地克服自己。

在虚无主义危机与描述性悲观主义的恐惧面前，存在着相似的宏观/微观情形，关于这一点，还有一件更为重要的事情需要注意。健康者与病态者自我克服的方式明显不同，又是一个怎样解释无价值性/苦难的问题。"处境"（situation）是一样的。对此处境的解释方式导致了不同的后果。因此，在解释的类型与自我克服的模式之间存在着密切的联系。

对尼采来说，任何解释、任何意义的归因（attribution of

---

① 关于这一点，请参阅尼采的相关评论：既是一个颓废者，也是一个颓废者的对立者，以及如何与疾病调情对获得健康至关重要。(《瞧，这个人》，"为什么我这么有智慧"，第2节）

meaning）都涉及伪造。作为一种解释理论，权力意志因而也可以被刻画为"非真意志"（will to untruth）①或"幻象意志"（will to illusion）②。因此，无论是在弱者的悲观主义还是在强力的悲观主义中，都有关于世界的巨大谎言。无论是生命否定还是生命肯定，都被这些谎言赋予了伦理的力量以及作为自我克服模式的特征。

通过简化（simplification）进行伪造，这是让生命在一个生成世界中得以可能的部分原因。尼采解释道，"非真"是一种"生命的条件"。③这是因为，知识不可能涉及生成；知识是对静态事物的认识。④因此，各式各样的解释就是各式各样的伪造，它们组成了关于固定的对象世界的知识。但是尼采所指的伪造并不是虚假"表象"的产物，这种"表象"与"真的"现实"本身"相反。确切地说，尼采的观点是，在知识生产过程中，生成世界的内在动力和不稳定性被掩盖和简化了。⑤通

---

① 《善恶的彼岸》，第 59 节。另见《遗稿》（1885—1887），38（20）；同上（1882—1884），20（63）和（295）。

② 《遗稿》（1885—1887），7（54）。

③ 《善恶的彼岸》，第 4 节。另见《遗稿》（1882—1884），27（48），以及同上书（1885—1887），34（352）。

④ 《遗稿》（1885—1887），7（54）。

⑤ 在《论非道德意义上的真理与谎言》第 1 节，尼采首次阐明了他对知识的"伪造"（falsification）的看法。威廉姆斯在批判这一文本时，将尼采的观点归结为："世界'本身'并不包含……任何……你可能会提及的东西。"见威廉姆斯：《真理与真诚》（*Truth and Truthfulness*），普林斯顿：普林斯顿大学出版社，2002，第 17 页。考虑到尼采在后期作品中对表象/实在之分的批判，这肯定不是他在《善恶的彼岸》及其

过物化与实体化（reification and hypostasis），我们在自己周围形成了一个由同一物、等价物和持存之物组成的世界。①这就是让世界变得可把握、可理解的原因；它赋予我们控制世界的权力，从而让我们与世界打交道得以可能。面对动态的生成，我们意向（intend）静态的存在者。因此，我们可以说，在有情众生的心中有一种阿波罗式的驱动力——一种差异化与个体化、物化与实体化的驱动力。这是作为解释意志（will to interpretation）的权力意志的作品；它是一种主动的、创造性的作品。实际上，尼采讲的是一种极其实用的伪造，它是以"知识"与"经验"的观念为前提的艺术活动②——一种阿波罗式的活动。

在这方面，当谈及一切知识中的虚构成分时，被动者被蒙蔽了。正如他们忽视了实体化——它提供了"自我"，他们也忽略了伪造的物化——它提供了一个表面上稳定的、固定的对象世界，这与他们对这些物体的认识"相符合"。他们同时把

后期笔记中的想法。在这里，在可把握的"事物"生产中起作用的伪造，并没有伪造事物本身决定性的、非建构性的"真理"。相反，伪造所涉及的是，将真正生成、流变的东西物化，使之成为承载属性的"存在者"或"物"。"虚假"的是概念的形式（静态的而非动态的，承载着属性的实体/基底等），而不是它的内容。

① 关于这一点，见《善恶的彼岸》，第 4 节和第 17 节；《道德的谱系》，第 2 章第 12 节；以及《遗稿》（1885—1887），40 (13)。

②《遗稿》（1885—1887），38 (2)。关于这一点，可参阅列维－斯特劳斯（C. Lévi-Strauss）评论，这些评论涉及神话或巫术思想与科学知识之间的连续性，以及分类学意义上的范畴化和模型化审美活动。见列维－斯特劳斯：《野性的思维》（*La pensée sauvage*），巴黎：普隆出版社，1962，第 37—38 页。

握了"自我"与"事物",因为这些虚构令人欣慰;他们让世界看起来像是一个存在与存在者(Being and beings)的宇宙,而这样的世界或多或少是可预测的。正是通过这种相同的大规模伪造过程,被动者发明了一个纯粹存在的真实世界,其中完全没有生成。

说到各种形态的生命否定,包括那已经超越了自我与存在形而上学的生命否定,形成弱者悲观主义症结的解释是,生成作为一个整体——即整个世界——应被理解和处理为"罪恶、欺骗和腐败的东西"。通过发明与善或有神论的上帝相反的概念,这个世界被赋予了意义。当然,这是心怀怨恨的颓废者的非真意志及其存在发明的结果。因此,它以自己的方式否定生命,富有创造性和艺术性。像一切艺术一样,它是一种非真意志,一种权力意志。尼采若有所思地说道:"**宗教人士**"(*homines religiosi*)可以算作"艺术家,而且属于他们之中的最高等级"。①如果说他们构成了艺术家中的最高等级,那是因为他们用自己的艺术,以最深刻的方式,影响了最多的人。尽管事实上他们是被蒙蔽的艺术家,相信自己的虚构是真理。

至善作为尼采生命肯定伦理学的核心,也包含了一个宏大的伪造,尽管那是一个深思熟虑和有意为之的伪造。回想一下,尼采肯定生命的伟大健康理想,它的正面典型是怎样的悲剧时代的希腊人?②——最悲观的艺术家。对尼采来说,反佛教的

---

① 《善恶的彼岸》,第 59 节。

② 早在 1872 年,尼采就在苦难的意义方面将"佛教徒"与"希腊人"对立起来了,见《悲剧的诞生》,第 7 和第 18 节。

健康者是悲剧性的、赫拉克利特式的**唯美主义者**（*esthète*）。爱命运——他的伟大的反涅槃——是对可怕的酒神狄奥尼索斯本身的崇拜和赞颂。实际上，积极的审美判断形成了强者悲观主义的核心，并导致了对狄奥尼索斯的崇拜——这在阿提卡悲剧中得到了例示，它也是在爱命运的状态中拥抱永恒轮回最终涉及的东西。尼采主张艺术是"对所有生命否定意志的唯一卓越的反抗力量，即反基督教的、反佛教的、尤其是反虚无主义的力量"①，原因正在于此。

真正自发自觉的艺术（而不是单纯的妄想）是强力悲观主义的成果。美学（the aesthetic）是真正健康和强力的本质。正如尼采所解释的那样，"这是美的"这个判断是一种卓越的生命肯定形式。②相应地，尼采实证哲学中的健康者是最高级的艺术家，他在爱命运的状态中上演悲剧。为此，他必须把整个生成看作酒神狄奥尼索斯；他必须给世界盖上阿波罗伪造的"狄奥尼索斯"印章。③

实际上，在爱命运的状态中对生命与苦难的肯定，其中真

---

① 《遗稿》（1888—1889），17（3）。
② 《遗稿》（1887—1888），10（168）。
③ 从日神–酒神二分法（the Apollonian-Dionysian dichotomy）的角度看，《悲剧的诞生》中的狄奥尼索斯与他后期作品中的狄奥尼索斯并不完全是同一个人物。关于这一点，考夫曼认为，酒神最初"被设想为激情的泛滥，日神的个体化原则可以为这激情赋予形式"，后来它被一种后查拉图斯特拉的（post-Zarathustrian）设想所取代，即"酒神与日神的结合：一种为自身赋予形式的创造性努力"。（《尼采》，第281—282页）确实，在尼采的后期作品中，伴随着非真意志，日神成了酒神的一个本质特征。

正具有艺术性的东西不仅仅是"这是美的"这一审美判断，更重要的是对一种新的宏大虚构的创造与接受。这个虚构是永恒轮回的悲剧。尼采的健康者不仅是一位美学家，他也是一位悲剧艺术家，他创造并接受了生命将进入永恒轮回的最高虚构。①为了"爱命运"（love fate），为了崇拜狄奥尼索斯，他必须首先为他所崇拜的对象赋予一种意义，一种具体的生命肯定的解释。这正是他的权力意志作为非真意志的作用所在。正如尼采所解释的那样：

> 给生成打上存在的烙印——这是最高的权力意志……
> 一切都在轮回，这是生成世界向存在世界的极度接近。②

凭借永恒轮回的虚构，尼采的健康者赋予生成世界以存在的特性，毕竟这是作为解释/意义的权力意志在较小范围内始终在做的事。健康者以这种方式欣然接受狄奥尼索斯，不仅对生命，而且对自己发出了响亮的肯定之声。实际上，通过永恒轮回的悲剧性神话，健康者使自己成为"存在"——他因永恒轮回而变得持久和"坚定"。③这样，这位伟大的艺术家恢复了自我与

---

① 为何没有确凿的理由让我们相信，尼采实际上把永恒轮回理论当成了一种宇宙论学说，关于这方面的详细讨论请参阅尼赫马斯：《尼采》，第143—150页。

② 《遗稿》（1885—1887），7（54）。

③ 这是促使尼赫马斯将永恒轮回描述为"一种自我观"的最主要原因。（《尼采》，第150页）尼赫马斯关于永恒轮回的讨论，将人的身份建构与人的"永生"关联起来，这一点特别有启发性。（同上书，第150—169页）

存在的孪生阿波罗虚构,但其出发点是一个具体地肯定生命的视角。他肯定生命是"狄奥尼索斯"的存在,也肯定自己是一个永恒轮回的自我。①

毕竟,这是健康者需要做的。首先,要考虑永恒轮回的可能性,以及随之而来的全部悲伤与烦恼的永久重复,这是可能存在的最大挑战。它是最难以逾越的障碍——它带来了最高的风险,令人步履蹒跚地陷入绝望和否定(nay-saying)。因此,如果健康者想要完全实现自我克服,他就必须面对这个问题。其次,在心理层面,永远重新经历一个人的生活,就像按照它已经和将要展现的那样,听任健康者彻底颠覆任何及所有形式的罪责、羞愧或悔恨。从这个意义上说,要超越接受与顺从,走向无罪责的颂扬与肯定,关键在于一次又一次地渴望一切。②将生成重铸为一种存在,将自己偶然的、不必要的自我重铸为一个永恒轮回的自我,健康的艺术家借此发明了他所热爱和崇

---

① 在以下段落中,我们可以发现尼采关于自我理想的早期表达:"让我们把永恒的象征铭刻于自己的生命中!这一思想所包含的东西胜过一切宗教,这些宗教把这生命宣判为短暂的,并教导我们将希望寄托于另一种不确定的生命中。"[《遗稿》(1881—1882),11(159)]

② 正是在这个意义上,尼采的爱命运不是斯多葛学派的理想。斯多葛学派哲人不是艺术家。他有尊严地接受苦难及其必然性,但他并未以审美的、动态的方式与世界打交道。相反,他希望按照"顺应自然的方式去生活",他的目标是平静而坚定。(《善恶的彼岸》,第12节)这里有一种潜在的虚无主义,在尼采的理想中是不存在的。关于这一点,德勒兹讨论了驴的肯定与"纯粹"酒神的肯定之间的区别,前者只是一种"直接行动",后者则含有创造性因素。(《尼采》,第174—175页)

拜的对象，发明了生命肯定和自我肯定的爱命运。

然而，尼采的健康者艺术伪造与虚无主义者有神论艺术伪造迥然有别。爱命运的孪生虚构（twin fictions）——把生成变成狄奥尼索斯的存在虚构和永恒轮回的自我虚构——是由一位完全清楚自己在从事伪造工作的艺术家完成的。因此，反讽对于健康者的至善至关紧要。[1]在爱命运的状态中，狄奥尼索斯——"永恒轮回"——与坚定的、必不可少的自我都得到了拥护和颂扬，但健康者永远不会忘记这些都是虚构。他以讽刺的方式欣然接受它们，并完全了解它们是他的创造、他的发明。确切地说，这就是他成为自己命运（fatum）的艺术家的方式。这是一个有意的谎言，通过这个谎言，"一个人成为其所**是**"（one becomes what one *is*）[2]。

总之，尼采爱命运理想的榜样是悲剧性的、赫拉克利特式的希腊人，他走向苦难，并将苦难当作成长的条件。这是伟大

---

[1] 海德格尔完全错失了健康者在爱命运的状态中接受永恒轮回的反讽意义。(《尼采》第1卷，第465—466页）作为一个艺术家，健康者给大量生成赋予了"狄奥尼索斯"的意义，而这些生成是构成世界的东西，他知道他在伪造生成，因为他把生成打上了具有存在特征的烙印。因此，我们没有理由相信，尼采真诚地想要用永恒轮回的理念来重构存在，更不用说他所谓"基本形而上学命题""[与无神论]实质上完全相反"了。(同上书，第1卷，第471页）尽管爱命运实际上是对狄奥尼索斯的崇拜，但尼采绝不是提出了一种新的有神论。与海德格尔相反，在爱命运的状态中接受永恒轮回是一种反讽的姿态。像任何非妄想的（non-delusional）艺术家一样，健康者知道他的创作是不真实的。

[2] 这是尼采的伪自传（pseudo-autobiography）《瞧，这个人》的副标题。我强调"是"是因为健康的人知道他从来不是"是"，而只是"成为"。当然，这也是爱命运中的反讽的重要组成部分。

健康的最高表现，是根据人身上占主导地位的力来界定的，这些力是主动性、创造性、赋予形式（form-giving）的力。通过一种强有力的强者悲观主义，尼采的健康者意愿一切苦难中最大的苦难——它造就了赫拉克利特那样的英雄和悲剧时代希腊人那样的艺术天才——在一个持续不断、深不可测的生成世界中，直面斗争的无限性与无意义性带来的恐惧和恐怖。这是对力的终极考验，因为这种恐惧会招致被动的、生命否定的力脱颖而出，为怨恨之毒的扩散创造理想的条件。健康者克服了巨大的挑战，以坚定的目光看待这个丑恶的世界，却宣称它是"美丽的"而不是"罪恶的"，从而取得最伟大的胜利，战胜了一切内在于他的被动和颓废的东西。这是最高级的自我克服，也是权力意志最崇高的体现。

健康者肯定苦难的形式是，在爱命运的状态中欣然接受永恒轮回。一个人的全部生存连同其全部悲伤与错误永远在重演，在这一前景下，永恒轮回是强力悲观主义最残酷的构想。凭借对它的接受，健康者战胜了最大的恐怖，消除了一切罪责的痕迹。对生命的一切，对他过去、现在和将来的一切，他都表示肯定。在永恒轮回的形式中，生成呈现了存在或酒神狄奥尼索斯的特征，悲剧性健康者作为一个持久而坚定的自我"成为他所是"。通过对这些深思熟虑和有意为之的虚构的反讽性接受，作为艺术家的健康者获得了爱命运的最高健康。正是通过这种方式，他超越了自己对苦难的忍受与屈从，从而接受、肯定、赞颂并意愿苦难。

尼采的生命肯定伦理学形成了一个融贯的整体。从表面上看，他的爱命运构想是对苦难的绝对肯定，通过对永恒轮回的欣然接受，似乎提供了一个真实的生命肯定的选择，而不是像佛教那样虚弱、悲观地逃离苦难。然而，在尼采晚期作品《瞧，这个人》中有两段令人费解的文字，似乎与尼采的构想相矛盾。谈及《悲剧的诞生》时，尼采宣称，当人类学会了经历最大的磨难而又"不以为苦"时，悲剧就会重生。①在接下来的几页，尼采回应了这一主张，他所暗示的是爱命运，并将其描述为免于"必然者"之苦。②这第二段话尤其令人惊讶。爱命运恰恰在于接纳所有相互关联和必然的一切事物。毕竟，一切都包含于相同者（the same）的永恒轮回之中。③因此，如果健康者的爱命运在于接受一切必然的东西，又包括免于必然的苦难，那就意味着它本质上全无苦难。但是，难道健康者不为受苦意志所驱使吗？难道苦难不是构成他的伟大健康和强力的一个条件吗？难道佛教徒不应渴望苦难的止息吗？既然爱命运与涅槃应该截然相反，那么爱命运又怎会包含苦难的终止呢？抑或爱命运与涅槃并不像尼采所认为的那样对立？要回答所有这些问题，就必须转向印度佛陀的伟大健康观。

---

①《瞧，这个人》，"为什么我能写出这么好的书"之《悲剧的诞生》第 4 节。

② 同上之《瓦格纳事件》第 4 节。[原书误引为"《快乐的科学》第 4 节"。——译注]

③《快乐的科学》第 341 节。另见《尼采反瓦格纳》，"后记"第 1 节："我内心深处的本性告诉我，从高处看，从伟大的经济意义上讲，一切必然的东西本身也是有用的——它不应该只是被容忍，还应该被爱……爱命运。"

第四章

涅槃与苦难的止息

132　　尼采以佛陀的涅槃理想为反面典型,阐明了他爱命运的生命肯定理想。为了实现伟大健康的生命否定目标——以否定苦难为特征,佛陀反对伟大健康的生命肯定目标——以肯定苦难为特征。在第三章,我们对爱命运理想本身进行了单独考察。现在,我们对涅槃也必须这样做。

一旦涵盖了这个领域,对于尼采的生命否定与生命肯定二分法,我们就有可能进行清晰地评估;而且在此过程中,对于苦难在印度佛陀与欧洲(反)佛陀的后有神论伟大健康伦理学中的作用,我们也会完善自己的理解。事实上,在进行适当的比较工作之前,对于有待比较的两个术语,我们有必要单独考察其本身。因此,本章始于对佛教道德心理学的深入探究,其依据仅仅是佛教文本,而不是像第二章那样基于尼采的解释视角。

根据佛教哲学的说法,涅槃代表最高的健康状态,在这种状态下,苦难会完全止息(cessation)。涅槃的字面意思是"熄灭"或"灭绝",就像火焰或火的情况一样。那么,我们就有理由问,火焰的熄灭与健康有什么关系。1925 年,巴利圣典协会（Pāli Text Society）给出的涅槃的前两个定义，用的是口语化的非技术性词语，弥补了缺失的环节。这两个定义是：（一）灯或火的熄灭（通俗含义）。（二）健康，身体健康的感觉（起初，大概指发烧的消退……）。①因此，如果我们把发热（fever）看作一种"火"，把发烧（feverishness）看作一种燃烧形式，那么涅槃一词的两个内涵——可燃性与医学性——就可以非常整全地重叠了。②根据这个解释，涅槃是一种健康的状态，因为它相当于高烧的消退。③

首先，我们可以问，这种热的本性是什么？佛陀的经文为这个问题提供了明确的答案。从最严格的意义上讲，涅槃仅仅相当于"渴爱的毁灭"④。简言之，佛教的至善是在渴爱之热

---

① 里斯·戴维斯（T. W. Rhys Davids）、斯泰德（W. Stede）编：《巴利圣典协会巴利语-英语词典》（*Pāli Text Society's Pāli-English Dictionary*），奇普斯特德：巴利圣典协会，1925，第 198 页。

② 可参考希腊文 *pyrum*（"火"），英文 *pyretic*（"与发热有关的"）即来源于此。

③ 这绝不意味着佛教道德心理学中其他更常见的火的隐喻应被忽略：也就是说，涅槃相当于三种火或"苦恼"的"熄灭"，即贪（attraction）、嗔（aversion）、痴（delusion）的熄火，这是正统的观念。（《相应部》，iv. 28—29）尽管如此，本章将表明，基于古印度对涅槃一词的口语化用法所明显预设的火-热（fire-fever）类比，我们在哲学上可以获益更多。

④《相应部》，iii. 190。另见《增一阿含经》，i. 133；《相应部》，i. 136，以及许多其他段落。在第二章，我说的是"欲望"（desire）而不是"渴爱"（thirsting），因为我在那里展现的是尼采的视角。此后，我将用"渴爱"这个词来表达佛教术语 *trsnā*（渴爱），与通常英语中的"欲望"相比，他确实有更具体的含义。虽然 *trsnā* 可被简单地译为

(fever of thirsting)"消退"以后达到的一种幸福状态。

于是，我们可以问，这样的伟大健康观与苦难的彻底止息有何关联？佛陀基本教义中的第二圣谛是苦难源于渴爱。因此，第三圣谛就主张渴爱的彻底止息意味着苦难的止息。[①]由此可见，就涅槃代表渴爱的止息而言，它也意味着苦难的止息。疾病的痊愈总会带来一种幸福感，其特征是疾病症状的止息。涅槃也不例外。作为渴爱痼疾的痊愈，它包括苦难的止息。

涅槃的健康是渴爱之热的"消退"，而苦难的止息是这种热"消退"的结果，两者之间的关系表明，大多数将圣谛教义当作医学话语的表述都有点儿错误。[②]在圣谛教义中，佛陀真正诊断的疾病是渴爱，而不是苦难。[③]实际上，渴爱之热是在涅槃中被克服的病理状态：苦难只是症状。因此，佛教反抗衰弱状态，但佛教对它的诊断并未包含于第一圣谛中——第一圣谛仅仅陈述了症状的普遍性。确切地说，它包含于第二圣谛中——第二圣谛告诉我们症状的根源，即告诉我们疾病本身。

这是关于佛教道德心理学的视角转换，正是由于这种转换，对于那些针对佛陀基本教义的常规反对意见，我们才有可能做

"thirst"（二者在形式上其实是同源词），但动名词"thirsting"更好地表达了它的动态本性。

① 《律藏》，i. 10—11。

② "圣谛"（noble truth）即"四圣谛"，指苦谛、集谛、灭谛和道谛这四种真理，是原始佛教的基本教义之一。——译注

③ 诚然，这一主张不仅公然违背了当代绝大多数佛教教义评论，而且也与它们所依据的传统说法背道而驰。然而，哲学的严格性要求在这一点上不能遵循传统。

出令人信服的回应。那些反对意见是这样的：

> 佛陀主张，苦难是由欲望引起的，所以没有欲望就没有苦难。但这显然与经验相矛盾。当我灼伤自己的手时，我感受到的疼痛与欲望无关。同样，即使我没有任何欲望——甚至没有逃离火灾以求生的欲望——火焰也会伤害我。因此，佛陀对苦难的解释不能令人满意。

对于这一反对意见，常规和传统的答复是，欲望或渴爱将我们束缚于这个轮回转世（cyclical transmigration）的世界之中。因此，即使对那些与之没有直接联系的苦难，渴爱也负有责任，渴爱的止息可以有效地终结痛苦，因为它终结了重生。①然而，这一回应没有多大价值，因为它以轮回（metempsychosis）为前提。更重要的是，它表明佛教的目标的确是达到非实存（non-existence），正如尼采所推测的那样。

然而，如果将渴爱视为疾病，将苦难视为症状，就有可能提出一种有希望的替代性回应。第二圣谛不应被解读为一种关于苦难起源的生硬的因果性主张。相反，显而易见的是，与一般痛苦或苦难观念范围内的东西相比，佛教徒想要止息的苦难更具体一些。事实上，如果渴爱是疾病而苦是症状，那么我们有权利在"苦"的标题下，考察渴爱可能引起的所有不满、沮

---

① 诚然，这一回应与第二圣谛的说法一致，它声称渴爱"与重生有关"（punarbhāvika）。（《律藏》，i. 10）在本章后面部分，我将解释为什么对佛陀使用的泛印度（pan-Indian）习语进行过度解读是错误的，这些习语与重生的循环及其在涅槃中的止息有关。

丧、恼怒和痛苦；但我们无权得出结论，认为所有形式的苦难归根到底都是渴爱所致。根据这种解释，"苦"的语义范围不如普通的英语单词"suffering"那么广。①确切地说，它专门代表磨难（torments）的大家族——大大小小的磨难——人们因渴爱之热而遭受的折磨。因此，第二圣谛的目的并不在于解释为什么火焰会弄伤我的手指，或者碎片会弄伤我的脚。②

然而，第二圣谛确实声称阐明了关于生存的一个特别显著的特征，即生存即使不是痛苦的，它在总体上也不令人满意。佛教对于苦的病原学（etiology）初步解释如下。渴爱之热标示了一种与世界进行情感接触的具体模式。在关于四圣谛的佛经中，佛陀确定了它的三种基本形式：（一）对可欲之物的渴爱，（二）对实存或生起（arise）之物的渴爱，（三）对不存在或消失之物的渴爱。③另一个常被人想起的观点是，渴爱之热表现为贪、嗔、昏沉/睡眠（apathy/somnolence）"三火"。这突出了

---

① 随后，我讨论佛教思想时将使用梵文 duḥkha，而不使用没那么具体的"suffering"，原因正在于此。

② 我之所以用"碎片"这个例子，是因为我关于应该怎样理解苦的论述，实际上使佛教徒有可能解释清楚一个明显的矛盾，这个矛盾与历史上的佛陀的一个著名故事有关。这个故事讲述了佛陀的堂弟提婆达多（Devadatta），因嫉妒佛陀而企图用一块巨石砸死他。提婆达多只成功地伤害了佛陀的脚，佛陀的脚被巨石的一个碎片刺破了。《相应部》i. 27 告诉我们，尽管这给佛陀带来了极大的痛苦，但他泰然自若地忍受了他的苦难。由于佛陀已经证得涅槃，他已从渴爱中完全康复，从理论上讲，他不可能体验到苦。可是，佛陀却受了伤。这如何可能？当然，这个故事符合佛教的道德心理学，前提是我们要记住，在涅槃中止息的苦是由渴爱引起的苦难，而不是所有形式的苦难和身体的伤害。

③《律藏》，i. 10。

以渴爱为特征的情感参与模式的自我中心主义（"我"是中心）和自我本位（"我"是万物的尺度）结构。实际上，在三火的影响下，我（一）对符合我的利益的事物产生欲望和依恋（贪），（二）对与我的利益相反的事物产生愤怒和憎恨（嗔），（三）对与我的利益无关的事物保持无知或漠不关心（昏沉/睡眠）。①

总之，渴爱标示了一种经历和接触世界的模式，其基础是以自我为中心的需求。总体的观点是，我不断地"渴望着"特定的对象、人、地位、心态、情境、感受、结果等。佛教徒宣称，正是这种对世界进行情感接触的模式，产生了一个情绪大家族，例如不满、不悦、幻灭、失望、懊恼、恐惧、焦虑等——这些情绪通常被称为"痛苦"（duḥkha）。因此，Duḥkhatā（"痛苦性"）是被渴爱所折磨的人的生命特征。作为人类治疗师的佛陀提出若渴爱毁灭，涅槃的伟大健康就会随之而来，原因就在于此。

尽管在佛陀的经文中也有这方面的证据，但古典时期佛教哲学的后期发展清楚地表明，佛教关于苦的病原学探究远不止于渴爱之热。毕竟，发热仍是一种症状。我们可能会问，既然渴爱之热只是一种后果，那么造成渴爱的潜在疾病是什么？

在广受忽视的《道行经》（Paṭipadāsutta）中，佛陀给了我们一个很好的提示。他首先排演了二十种标准方法，将自我与人的组成部分之间的关系概念化。对于五蕴（five constituents）②中的每一种，人们都可能认为它是自我，即它是自我的一种属

---

① 关于这一点，请参阅麦肯齐：《塑造自我》，第 269 页。
② 五蕴即色（物质）、受（感受）、想（想象）、行（行为）、识（了别）等五种成分的聚集。——译注

性，它为自我所包含，或者它包含自我。①随后，佛陀解释道，以上述任何一种方式来假设一个自我，都是造成我们不幸状况的原因。他总结道，"自我"是"导致苦的起源的概念"。②相反，他解释道，对一切形式的自我建构的消解，则是通往我们不幸状况之止息的道路。因此，"非我"（Not-self）是"导致苦的止息的观念"。③通过对两个简单的同义词的替换，我们得到了以下结果："自我"是导致渴爱的观念（即第二圣谛所定义的"苦的起源"），"非我"是导致渴爱之止息的观念（即第三圣谛所定义的"苦的止息"）。那么，佛陀似乎是在说，"自我"的虚构与渴爱之热之间存在着某种关系。更具体地说，"自我"这一观念被认为会导致渴爱，就此而言，似乎它实际上是构成渴爱的心理基础或原因。④

这一观点在古典佛教哲学家的作品中得到了明确的回应。⑤

---

① 《相应部》，iii. 44。当然，这并未穷尽将自我概念化的所有可能方式，但这并不会改变这里提出的观点。在此经的修订本中，似乎使用了自我观的简写版。其他经文清楚地表明，当时还有其他关于自我的理论。（例如，可参阅《长部》，i. 12—13。）

② 《相应部》，iii. 44。

③ 同上。

④ 请参阅阿尔巴哈里（Albahari）：《分析的佛教》（*Analytical Buddhism*），第61—63页。阿尔巴哈里以非常相似的眼光来解读这一文本，却只得出了一个更为温和的、据说是"经验论的"结论，即渴爱与自我"共生"（co-arise）。与阿尔巴哈里相反，《道行经》的说法是，渴爱以某种"自我"妄想为前提，这是很明显的。

⑤ 其中包括世亲（《阿毗达磨俱舍论》，第478页）、月称（《入中论自释》，第349页，以及《入中论》，vi. 120）、寂天（《入菩提行论》，IX. 78）和智作慧（《入菩提行论难语释》，第492页）等。

我们对自我之实存的前反思承诺是产生苦的最终原因。因此,涅槃需要把根深蒂固的习性(habit)连根拔除,确切地说,这种习性就是将自己视为一个坚固的、统一的"自我"。从表面上看,这种道德心理学的解释公然违背了第二圣谛,因为第二圣谛表明造成苦难的是渴爱,而不是"自我"的理念。但是,若如《道行经》所言,渴爱是"自我"妄想的结果,那么这个矛盾很快就会得以解决。事实表明,渴爱是苦的近因(proximate cause),而自我原则是苦的根本原因(root cause)。①把这句话翻译成医学话语,我们可以说,自我原则是造成感染的原因,而渴爱之热是感染的一个症状。

基于作为感染的自我原则,产生了作为发热的渴爱,要完整地讲明此事,就必须让另一种致病特性发挥作用。实际上,佛陀的经文表明,一方面是"自我"的观念与意义,另一方面是渴爱,二者之间存在着一个中间环节。在阐明一个有造诣的

---

① 关于这一点,可参阅帕纳约蒂(A. Panaïoti):《印度佛教中的无我、道德心理学和救赎论》("Anātmatā, Moral Psychology and Soteriology in Indian Buddhism"),载米尔宁(Mirning)编:《题跋:通过文本与传统追踪古代印度·对当前印度学研究的贡献》(Puṣpikā: Tracing Ancient India through Text and Traditions. Contributions to Current Research in Indology)第1卷,牛津:牛轭书社(Oxbow Books Press),2013。自我原则(ahaṃkāra)是苦的根本原因,这一观念是从寂天那里借用的(《入菩提行论》,IX. 78.a)。可参考月称的观点,他认为"实在自我观"是一切烦恼与轮回本身的根源[《入中论自释》,第349页;另见《入中论》,vi. 120(《入中论自释》,第340页)];或参考世亲的观点,他主张"我执"(grasping at the self)是一切烦恼的源泉。(《阿毗达磨俱舍论》,第461页)

佛教徒身上会发生什么事情时，佛陀说，一个放弃了一切概念化自我模式的人"不执著于世间任何事物，因不执著而无渴爱，因无渴爱而证得究竟涅槃"①。这表明在"自我"观与渴爱之间有一种"执著"（upādāna）。②最后这个概念需要仔细考察。

梵文的 upādāna（执著、取）令人费解。它不仅指"执取"（grasping）或"攀援"（clinging），而且还意指实物名词"燃料"（fuel）和动作名词"燃烧"（combustion）。在后一种意义上，它表示火焰对它所消耗燃料的"作用"。在古代和古典印度语言中，火焰"依附"于它所消耗的燃料。在佛教文本中，"执著"一词的多义性（ambiguity）被刻意发挥。例如，当五种身心成分被描述为一个人所依附的"燃料"时，作为一种心理活动的"执取"就被明确地提及。③依据同样的思路，涅槃也被说成因燃料耗尽导致的火焰熄灭。④

---

① 《长部》，ii. 68。

② 在以因缘共生为中心的典范教义中，佛陀指出，执著的生起依赖于感受（vedanā），而感受又需要感官，如此等等。（见《律藏》i. 1）但是，此教义只告诉了我们执著生起的必要条件，而没有告诉我们其心理基础。相比之下，我们在这里关心的是执著的根本基础——自我原则——而不是其生起所需条件。

③ 《律藏》，i. 11。这里所用的术语是 Upādānaskandha［取蕴。——译注］，可被译为"燃料-成分"，即"作为燃料的成分"。见加纳里：《灵魂的隐秘艺术》，第 200 页。

④ 因此，对于有造诣的佛教徒来说，有这样一个比喻："［他'熄灭了'］就像没有燃料的火熄灭了，因为它没有多余的燃料了。"（《相应部》，ii. 85）在这方面，可以参考佛陀故意含糊其辞地提出的主张——nibbuto "ham asmi anupādāno" ham asmi（《中部》，ii. 237）——可被译为"我'熄灭了'，我没有燃料了"，或"我'被熄灭了'，我无所附丽"。

值得注意的是，在佛教心理学的叙述中，"执著"的出现引起了解释框架的冲突。在佛典的许多段落中，涅槃不是被描述为渴爱之热的"消退"——或者更准确地说是渴爱的毁灭——而是更为字面意义上的火焰"熄灭"，其燃料是身心器官。这引起了一些问题。这两个意象之间的关系是什么？什么是执著，它与渴爱有何关联？我们说心理-生理元素是"燃料"，这是什么意思？如果它们是燃料，那么它们为哪种"火"提供燃烧？最后，这与自我原则的感染有什么关系？

所有这些问题都可以从龙树及其中观学派追随者的著作中找到答案。在这里，有人主张，作为精神建构的自我与组成所谓"人"的身心成分之间的关系，类似于火焰与其燃料之间的关系。①龙树的《中论》首次阐明了这一观点。龙树首先指出，无论是在逻辑上（作为概念）还是在经验上（作为事件），"火"与"燃料"都是如此密切相关，如果把二者视为具有某种形式或固定关系的"物"，就会产生一系列无法解决的悖论。②结论是，"火"与"燃料"并不是实体性存在物，而仅仅是抽象概念，被用来描述一个单一的过程——燃烧——因而，此过程在施动者（火）与受动者（燃料）之间分岔。龙树最后提出了一个关键的主张：火与燃料之间的关系类似于自我与组成人的身心成分之间的关系。③

无论是自我（作为燃烧的施动者）还是成分（作为燃料，

---

① 见龙树《中论》，x. 15；以及《明句论》，第212页。
②《中论》，x. 1—14。
③ 同上书，15.a—b。

或燃烧的受动者），都没有独立实存——实际上只有非个人的执著过程，或者更准确地说，只有执取（appropriation）的过程。正如月称（Candrakīrti）所解释的那样："被执取的是燃料，即被执取的五种（类）元素。在对它们进行执取的过程中建立起来的东西被称为执取者、思维者、施行的自我。"①

因此，中观学派的观点是，"自我"——更确切地说是自我感（sense of self）——依靠身心元素来维持，就像火焰依靠燃料来维持一样。这种关系是一种执取关系（即向内的执著），火焰般的"自我"是执取者（upādātṛ），而身心成分是被执取的燃料。②因此，根据佛教的说法，我的自我感作为一种持久统一的存在物，是通过执取这种持续不断的前反思的活动来产生和维持的，心理-生理器官借此被宣称为"我的"，并构成"我的"。加纳里正确地将其称为一种关于自我的"施行主义观"（performativist view）。③因此，自我认同（self-identification）产

---

① 《明句论》，第212页。

② 关于这一点，也可以参阅加纳里：《灵魂的隐秘艺术》，第200—201页；以及鲁格（D. S. Ruegg）：《印度中观学派哲学文献》（The Literature of the Madhyamaka School of Philosophy in India），威斯巴登：奥托·哈拉索维茨出版社，1981，第40页。此后，我将用"执取"一词来表达向内的执著（inward-directed grasping）或执著。

③ 加纳里：《灵魂的隐秘艺术》，第203页。另见加纳里：《主体性、自我性和"我"这个词的使用》（"Subjectivity, Selfhood and the Use of the Word 'I'"），载西德里茨、汤普森、扎哈维：《自我，无我？》，第176—192页，尤其可参阅第190页；麦肯齐：《塑造自我》，第264—265页；以及西德里茨：《作为僵尸的佛陀：一种佛教的主体性还原》（"Buddhas as Zombies: A Buddhist Reduction of Subjectivity"），载西德里茨、汤普森、扎哈维：《自我，无我？》，第308—331页，特别是第311页。

生于自发的执取活动。正是凭借执取的施行，施行的"自我"本身成为身心事件的"所有者"与"控制者"。自我原则（ahaṃkāra，字面意思是"我的制造者"）通过这种执取活动"制造"了"我"。

现在可以看出，自我原则的感染、施行的自我对各种成分的执取和渴爱之热是怎样相互关联的了。"我"的制造过程是自我原则的核心，它类似于燃烧过程。作为一种统一持存的自我感，其产生和维持的方式如同火焰：即在燃烧/认同过程中执取其赖以维持的身心"燃料"。如果把火的类比翻译为医学话语，就可以把"执取"称为全部心理-生理器官的巨大炎症。正是由于这种炎症，心理和身体事件成为认同之火的"燃料"。反过来说，当心灵与身体发炎时，"自我"感就出现了。至于强烈的渴爱之热，则是由执取的炎症所致。由于自我原则的感染，心灵与身体"发炎"了；由于这种炎症，产生了渴爱之热。

然而，跟"炎症"与"发热"之间的关系相比，执著与渴爱之间的关系确实复杂得多。为了理解这一点，我们有必要将发热类比放到一边，首先进入佛教道德心理学领域。从这个角度来看，渴爱不仅取决于向内执著（执取）的自我建构，而且取决于向外执著的自我指涉视域（self-referential horizon）的建构。

实际上，如果说以自我为中心与世界打交道的模式，其特征是渴爱，其前提和依据是强烈的"自我"感，即自我原则通过执取而产生的感觉，那么它也就与具体形式的认知行为共生（co-arise），而这些行为与向外执著密切相关。更具体地说，向外执著是与戏论（prapañca）一起出现的，戏论包括实体化建构观（vikapa）和物化观（dr̥ṣṭi）。①这种观点认为，把某物构造为一个喜爱或厌恶的对象，事实上就是把它构造为一个拥有具体属性的稳定"存在物"。因此，渴爱取决于各种实体化和物化的精神运作，它们构成了这个转瞬即逝的生成世界——不稳定的过程——由固定的实体与短暂的属性组成的世界。简言之，我们对世界的不健康情感与不健康认知密切相关，相辅相成。

佛教的主张是，基于渴爱的喜爱或厌恶意味着将 x 视为一个具有具体性质的静态之物，而不是一个动态的、不断变化的过程。实际上，喜爱与厌恶仅与"事物"的物化有关。例如，没有什么比改变被爱或被恨的人"是""谁"更能考验爱或恨了。这种情感反应意味着能够以特定方式在"理解" x 的意义上"把握"一个给定的 x，亦即将它视为一个对我来说是可取/有用/好的或不可取/有害/坏的存在物。通过散漫的戏论构想和物化的观点，我们为自己的欲望和厌恶创建了一个包罗万象的辩护方案。②如果它不是无意识的和前反思的，我们可以把这种自我指涉视域的建构活动称为大规模的合理化（rationalization）。由于它是无意识的和前反思的，我们就必须将其视为信念的自

---

① 尽管这个观点在经文中有坚实的根基，例如，《长部》，ii. 276f.，《中部》，i. 108—109，《相应部》，780—787，796—803，824—834，以及 862—877，这里只列举了少量文献——在中观学文本中，尤其是在《中论》xviii. 5 的注释中，此观点得到了最彻底的阐明。实体化建构的戏论，以及受三种"烦恼"制约的行为形式，二者密切相关，龙树的偈颂描述了这一关联。接下来的论述是对中观学立场的哲学重构。[梵文 vikapa，意为"分别"；dr̥ṣṭi，意为"见"。——译注]

② 关于这一点，请参阅格辛的评论，他认为，龙树对实体形而上学进行批判的背后有伦理的动力，见《佛教基础》，第 240—242 页。

发扩张，这些信念印证了我们的欲望或厌恶，并与之共生。最为根本的是，这种观点认为渴爱的出现意味着自我已经把自己定位为世界的中心了，这个世界充满了稳定的存在物，自我与这些存在物具有确定的关系。我所经历的世界向来是以我自己为参照来建构的，因而凡是组成渴爱的欲望、希望、期望、厌恶等，似乎都是完全合乎情理的。因此，我基于渴爱而产生的情感反应似乎是一个常识问题。

执著提供了一个稳定的存在物世界，它与自我原则有三重关系。首先，"自我"及其"视域"之间有一种**遗传关系**（genetic relation）。执著涉及自我的施行不仅通过声称对那些"属于我"的身心事件——我的身体、我的感受、我的欲望、我的思想、我的确信等——拥有主权，而且通过对存在物——它们的构造就是"被我执著的东西"或"我的视域的一部分"——组成的视域的建构，反映了我的兴趣、关怀、恐惧、欲望等。因此，建构自我也涉及建构世界，这个世界实际上是为自我而存在的。换句话说，它涉及一个完全自我指涉视域的建构，自我是这个视域的中心，是其视域中万物的"尺度"。这就是戏论的工作，它产生了无数实体化构想与物化观点，主体将它们"执著"为自己身份的一部分。所以，我归属于自己的东西只是我的身份的一部分。实际上，我的身份与我周围的整个世界有关，我以一种特定的方式执著它。

第二重关系是结构关系。事实上，尽管这个视域的内容与它所包含事物的价值因人而异（尽管就多数人而言，他们的视域至少有许多交叠，因为他们被给予了许多共同的需求、恐惧、兴趣等），但是对所有心理健康的人来说，这个视域建构的形式是他们所共有的。我把我周围的世界组织成一个稳定的"存在物"世界。我已经前反思地承诺了实体形而上学。正是在这种物化和实体化的活动中,自我原则与向外执著——执著的观点与构成这些观点之对象的"存在物"——之间的第二种关系才得以显现。事实上,只要它是我的固定身份不可或缺的一部分,我的视域就必须有最大的稳定性和最优可理解性。正是这种对稳定性和可理解性的双重要求,把我们推向了实体主义(substantialist)和那种拟人化思维(anthropomorphic thinking)。事实上,首要的"稳定之物"或实体就是"我",正是根据自我及其关系与"它的"成分(即能动-受动、实体-属性、基底-性质关系)的类比,我们建构了"拥有"种种性质的"对象"世界。此外,由于可理解性与熟悉性(familiarity)息息相关,我们自然会把自己最熟悉的东西——"我"——当作自立(self-standing)之物的模型。

简单地说,自我原则不仅导致了对自我实体观的前反思性承诺,而且导致了对实体形而上学的前反思性承诺。通过对"属于我"的东西的执取,作为实体的自我就被建构起来了。作为实体的存在物,就其自身而言,则是通过向外执著建构起来的,亦即对实体化构想与物化观点的执著,它们提供了"我的视域"。这样,自我妄想(self-delusion)就引发了一种实体妄想,后者远远超过了"自我是一种实体"的妄想。实体形而上学最终是原初的拟人论(anthropomorphism)。在其中起作用的是一种系统的人格化机制,凭借这种机制,这个动态过程的世界被解释为一个静态事物的世界——"诸自我"(selves)——承载着某些属性——它们的"构成要素"。

执著与自我之间的第三重关系是一种情感关系。如果世界需要"有意义",因而需要基于严格的法则,按照有规律、可预测的方式,由相互关联的、固定的"事物/自我"构成,那是因为要维持自我的完整性(integrity),就必须如此。毕竟,身份与自我构成的视域密切相关。但是,自我的完整性总是受到内部和外部变化的威胁。变化无常的现实不断地危及自我及其视域,当主体面对这一棘手的现实时,为保持自身的统一性和稳定性,就需要生产各式各样的解释框架,这些框架至少可以解释变化,同时令人欣慰地维护"物"的根本秩序和稳定性。这样,自我与世界就可以免于"纯属偶然的"变化的影响,据推测,这种变化不会改变它们的本质。

由于这一观念,我们绕了一圈,又回到了渴爱。我的身份与我的关怀、欲望、兴趣、信念等紧密相连。总之,它与整个情感行为与反应领域息息相关,而这些领域的基础都是渴爱。通过这种执著,我的视域完成了心理建构,它为我呈现了一个世界,这个世界是根据我的需求、品味、恐惧和关怀来绘制的。因此,这种与世界打交道的模式以自我为中心,以需求为基础,遵循自我原则,表现为渴爱,蕴涵了我的世界在静态存在物方面的概念组织,可以说,这些存在物对我言说。①反过来,这不仅为我基于渴爱的行为做出了辩护,而且还维持、保护和强化了我的身份,这种身份本身与我的品位、兴趣、关怀等紧密相连。在这方面,龙树提出了一个生动的类比:"正如一个愚人爱

---

① 这一观念在早期佛教的一首偈颂中首次被阐明,该偈颂指出,"'我在'的思想是[一切]数论(sāṃkhyā)和戏论(prapañca)的根源"。(《相应部》,916.a—b)

上了他在镜子里的映像，因为他认为那是真实之物，这世上的人由于妄想，被锁进了对象的牢笼。"①龙树在此强调的是一种强烈的自恋（narcissism），自恋参与了戏论的阐述，而戏论为我们提供了一个静止之物的世界。实际上，将世界构造为一个自我指涉的稳定存在者世界，这种认知习惯只会强化我们以自我为中心与世界打交道的模式。它制造一个强大的"物"的世界，无论是身体上还是理智上，这些物都可以被我们执著，它创造的世界反映了（并证成了）我们的关切，从而使我们对自我与世界的自我本位态度（egotistic attitude）得以延续。②

最后，在渴爱、"自我"与戏论之间还有一种更为关键的关系，这里所说的戏论是由执著推动的实体化构想和物化观点。这涉及一种具体的物化观点，它旨在熄灭一种具体的渴爱。每一个"物"——包括许多"内在于我"之物，例如，我的身体、我的情绪状态，甚至我的欲望——都在不断地摆脱我的执著，这执著兼有控制与理解之意。这是因为没有什么"物"具有持久，甚至瞬时的稳定性，只有变动不居、相互交织的过程。我的"自我"及其属性即是如此，我周围的"存在物"及其属性亦是如此。此外，由于世界的"实际之

---

① 《六十如理颂》，53。[宋施护译本译为："如愚见影像，彼妄生实想，世间缚亦然，慧为痴所网。"（《大正藏》，第 30 册）——译注]

② 因此，加纳里的说法不太对，他主张 prapañca（戏论）——他译为"thesis-thinking"（论题思维）——是"执著的主要来源"。（《灵魂的隐秘艺术》，第 104 页）毋宁说，执著与戏论是一枚硬币的两面——情感的一面和认知的一面。只要一个人执著于物，他就会以某种物化的方式来思索它们。反之，只要一个人以某种物化的方式思索事物，他就会体验到执著（要么是对"物"的执著，要么是对物的信念的执著）。

所是"（yathābhūtaṃ）①——无常、变动不居和根本的不确定性——与我们自欺欺人地相信的其所是（或应是）之间的脱节令人沮丧和不安，这引发了我们对永恒的超越（Abiding Beyond）和/或"系统"的渴爱。说到发明这些有意为之、精心设计的虚构，"自我"再次成为我唯一使用的模型。因此，梵是至高无上的自我，或者说实体是各别的自我（discrete selves）。对规律性和可预测性的渴爱，在更博学的人那里是本体论中一切"实在论"的源泉。对泰然任之的存在（Unperturbed Being）的渴爱日益盛行，由此引发了各种形式的有神论和思辨形而上学。简言之，用叔本华和尼采的话来说，渴爱是形而上学需求的根源。因此，自我妄想在其根源处不仅为实体/存在妄想提供了模型，而且它还是这些虚构非常需要的心理源泉。

既然已经考察了佛教心理学的基本原理，那么我们就有可能提供一幅清晰的图像，表明为佛教伦理学掌舵的理想究竟是什么。因为这一理想的首要目标是从疾病中康复，所以重要的是汇集我们迄今所论及的一切，以考察佛教所针对的疾病之本性。

首先要指出的是，根据佛教哲学，"自我"不仅是一种幻象，而且首先和主要是一种妄想。在我的存在的中心有一个不变的核心，这一观念远不止是"实在与表象不匹配"。②毋宁说，

---

① Yathābhūtaṃ，巴利文，意为"如实"。——译注
② 阿尔哈巴里：《涅槃与无主意识》，第88页。就像几乎所有的佛教学者一样，阿尔哈巴里认为，根据佛教哲学的说法，自我只是一种幻象。自我不仅是一种幻象，而且是一种病态的妄想，据我所知，我是第一个指出这一点的人。

它是主动（尽管是前反思的）自欺的结果。区分幻象（illusion）与妄想（delusion）是正确理解佛教道德心理学的关键。

幻象与妄想的第一个区别是，后者包含了主动的扭曲。根据佛教的说法，一个持续的、统一的自我幻象并不只是"发生"；它并非仅仅是知觉或认知缺陷的结果。毫无疑问，自主的、无意识的机制——诸如"对变化视而不见"[1]和"稳定的幻象"[2]——对自我虚构（self-fiction）的产生起到了一定作用。但是，仅凭这些机制，并不能详尽地解释自我感的产生和维持。实际上，自我是通过执取活动而建立的。拥有"自我"的幻象，并非仅仅是我被动经历的状态或条件。相反，它是某种主动持续的东西。这合乎佛教哲学的观点，即把世界看作一种动态过程与事件的游戏。自我的幻象并非"就在那里"。它是一种具体的"自我化"（selving）或制造我（I-making）的活动的结果，它的实现有赖于对身心事件宣称主权以及自我指涉视域的建构。这意味着"自我"妄想是被"做出的"，就此而言，它也可以被撤销。

幻象与妄想的第二个区别是，妄想与幻象不同，它是病态的。自我并不是一种无害的幻象，亦即它并不是一种像半浸在清水中呈弯曲状的直棍那样的错误印象。相反，它是一种令人衰弱的妄想，它会导致人们出现机能障碍和失调。幻象可能是危险的，因为它们歪曲了事态。但妄想更糟糕。它们可以扭曲

---

[1] 德雷福斯（Dreyfus）：《自我与主体性》（"Self and Subjectivity"），第131页。

[2] 同上书，第124页。

主体构成许多事态的方式，从而扭曲主体的各种行为。正如我们刚刚所见，佛教哲学大胆地宣称，自我妄想的实际影响遍及主体的情感与认知行为。

在自我妄想的魔咒下，我坚信自己是一个固定而持久的自我，处于一个固定而持久之物的世界的中心，我透过一个无根据的自利（self-interest）的筛子来审视和评价整个世界。因此，我是衰弱精神状态大家族的牺牲品，此家族包括恐惧、沮丧、忧虑、失望、绝望、焦虑、身份危机等。这是苦的领域。佛教哲学补充道，自我妄想及其引发的渴爱还导致我以（往往是不经意地）操纵、谋划、不真诚和机会主义的方式去行动。简言之，基于渴爱的行为运作模式最好被描绘为一种系统性的（往往适得其反的）自我中心主义，以及对一切反对者和"他者"的敌意。这种态度只会扩大苦的范围。

自我妄想是病态的、令人衰弱的，有两个类比可以充实这一观点。以一位妄想型人格障碍患者为例，[1]这种疾病的特征就是严重的自恋。当妄想症受试者听到街对面有人在笑，他们就会认为自己被嘲笑了。在收音机里听到一些与他们生活无关的事，他们会认为有人试图以某种方式"告诉他们一些事情"。如果一个小孩在拥挤的商店里不小心踩到了他们的脚，他们会认为这是一次蓄意的攻击。在极端情况下，那些妄想症患者会把几乎所有事件都解释为某种事情的证据，如"体制"或"社

---

[1] 关于这种可怕的障碍，请参阅瓦尔丁格（R. J. Waldinger）:《写给医学生的精神病学》（*Psychiatry for Medical Students*），华盛顿特区：美国精神病学出版社，1997，第147—151页。

会"密谋与他们作对,他们受到了监视,他们周围的每个人都在演戏,如此等等。更一般地说,当面临伤害或失望的威胁时,妄想症患者看不出发生"在他们身上"的每件事几乎都与他们无关,相反,那些事情的发生纯属意外、偶然和任意。由于这种妄想式自我中心主义,他们会把伤害视为某种故意的行为,自恋－妄想症(narcissistic-paranoid)的含义就是,他们极大地高估自己的重要性。此时,自恋的自我指涉性(self-referentiality)所特有的妄想症结构,本质上就是佛教哲学归因于标准的人类行为的东西。据说,这种妄自尊大与自我妄想密不可分,并引发了一种系统性敌对态度。

一位开发商带他喜爱动物的孩子参观农场的例子(有点儿老套)显示了佛教理念的另一个维度。起初,由于时间不够,我们的开发商不愿带他的孩子到乡下去,但是他最终想到了一个可以兼顾商业利益和父母责任的办法,即带他的孩子去一个教育农场,而那里的农场主们恰好也想出售他们的房产。他的孩子们忙于享受乡村活动的乐趣,比如给动物梳毛和喂食,与此同时,开发商则在农场四处走动,对房产进行评估。他注意到的一切增加房产价值的东西都令他兴奋(喜爱),一切降低房产价值的东西都令他失望或沮丧(厌恶)。当然,他的成本－效益分析使他对一切不影响房产价值的东西视而不见(冷漠)。当然,整个评估过程所依据的是他拥有的资本和他可能造成的盈利或亏损。从佛教的角度看,自我妄想意味着,一个人的情感世界的运作方式与开发商对农场的态度非常相似。评价性的断言是,这样的世界经验特别乏味,并最终使人瘫痪。

总体上说,佛教哲学认为,自我妄想在情感、意志和认知层面对人类心灵的影响是使之极度衰弱。这一理念最基本的形式就是，我们注定会让自己失望。这是因为，这个变动、混乱和无常的世界不能满足一个人对稳定、秩序和永恒的追求。我们的身体与心灵以违反我们欲望的方式——尤其是（尽管不仅仅是）通过衰老与死亡——发生变化。我们所爱的人最终都会以让我们失望或沮丧的方式行事，如果我们不先于他们离开这个世界，他们终将在我们有生之年死去。而且，对于自己物质财产的命运或身边一切有潜在危害动因的行为，我们的控制力非常有限。此外，在概念层面，现实似乎一直在躲避我们，因为我们有能力将其概念化，并使之变得可预测。至于超自然存在领域——天堂、上帝、纯粹形式、梵等——我们希望死后到达的领域，可能是我们最徒劳、最虚妄的希望。在所有这些方面，渴爱构成了我们对世界的痛苦和不满的经验之条件。从最根本上说，这就是"在轮回之中"（in saṃsāra）的意思。

那么，如何从轮回中获得解脱并证得涅槃？我们需要的是一种抗生素，它能消除自我原则的感染，从而终结执著的炎症与渴爱的热恼。简言之，我们需要一种解药，它可以削弱自我妄想在认知和情感上的影响。这种解药就是"无我"（在形而上学意义上，而非伦理学意义上）的教义，在中观学界，它以普遍的"自性空/实体空"（emptiness of own-being/substance）教义的名义延伸到一切事物。从实证的角度讲，这种教义就是万物皆是因缘所生（dependently co-arisen）——世界由动态过程组成，完全没有稳定性和永恒性。

简言之，佛教的策略就是专注于自我妄想的认知表现。这大概是因为，常人对自己的信念比对自己的情感的控制力更强。

此时，龙树告诉我们，空性（emptiness）的学说"终结了戏论"①。他还声称，佛陀给他的教导是"一切物化的观点都可以抛弃"②。在龙树看来，"自我"与"物"这两个观念本身就是妄想，学会看到这一点，最终可以指引佛教徒终结传递僵化观点的物化与实体化机制。

关于这一点，可参考佛陀的一段话，他坚持认为，他唯一知道的东西是五蕴及其生灭，而不是关于深奥的思辨性主题的形而上学知识。他最后说，这种关于过程的现象主义知识（phenomenalistic knowledge）不同于形而上学知识，后者是关于物化和实体化存在物的知识，前者则是把他引向一种关于状态的知识，在这种状态下，"自我原则"和"我的原则"被废除了，执著也停止了。③其根本理念是，要终结执著与渴爱，就特别需要在执著与渴爱占主导地位时，瓦解我暗中思考自我与世界的那些方式。

我爱我自己。我一直关心我自己。我从我自己的角度出发，筛选一切现实，组织整个世界。我是万物的尺度。我有强烈的欲望和厌恶，即使它们没有令我绝对地心烦意乱、失望、沮丧、愤怒或抑郁，也会使我永远烦躁、紧张、焦虑、不满，因此，它们使我衰弱。这一切都是自我妄想的结果。佛教的疗法是，学会看到并最终感受到没有一个永恒和持续的"我"：通过对

---

① 《中论》, xviii. 5.c—d。另见《中论》开篇的回向偈（propitiating verses），这些偈语声称，因缘共生的学说，即对空性的正面表述，终结了戏论。

② 同上书, xxvii. 30.c—d。

③ 《中部》, i. 486。

身心事件的主动执取，"自我"感才得以表现。认识到没有自我（lack of self），我就学会了接受这一事实，即我的身体与心灵都是由转瞬即逝的事件组成的，没有什么值得坚守或难以割舍。同样，我被教导道，把世界看作一个静态存在物的世界，这是一种大规模的拟人化或人格化，更重要的是，这是我以自我为中心、以需求为基础去接近世界的必然结果。我学会看到，由戏论产生的实体化构想和物化观点，只是一个庞大的、妄想的辩护框架（justificatory framework），它为构成我的世界观之核心的喜爱与厌恶提供了一种虚假的合法性（legitimacy）。

当我学会看到，根据空性原则，只有因缘所生的过程与事件而没有物，这些令人衰弱的喜爱和厌恶就被削弱了。不再有可欲和可恨之"物"；只有相互关联的过程，所有这些过程都有生有灭。无我性（selflessness）、无实体性（substancelessness）和因缘共生，实际上都意味着普遍的无常。当这种无常真正完全被接受时——关于"自我"与"物"——向内和向外的执著，就都停止了。这是因为，"执著于"那些不能被执著的东西，例如从水龙头里喷出的水，是没有意义的。事实上，对于被执著的东西，人们唯有被其转瞬即逝的本性所迷惑时，才会试图以这种方式去执著。随着执著的炎症的消失，渴爱之热就止息了。我不再与苦相遇。我"从轮回中解脱"，获得涅槃的伟大健康。

关于佛教疗法，有三件重要的事情需要注意。首先，它提出消除自我妄想，这一教导本身并不是一种物化的观点。在《回净论》中，我们发现，龙树的婆罗门教对手们企图破坏他的哲学方案，他们声称"万物无实体"这一断言本身就没有实体，它不能有效地否定自我与实体。①或者，如果这一断言是实体性的，那么它就自相矛盾了，因为若是那样，则并非万物皆无实体、纯属偶然或由因缘所生了。②

作为回应，龙树首先阐明了自己的立场。"空无实体"并不意味着非存在、无效或因果关系不起作用。他写道：

> 而且，正如车辆、衣服和瓶子这些东西，尽管因其是因缘所生而无实体，但它们在各自的任务中也发挥了作用，例如，车辆可以运输木柴、干草或土壤，瓶子可以装蜂蜜、水或牛奶，衣服可以抵御寒冷、风或热，如此等等。正因为如此，我的这句话，虽然因其是因缘所生而无实体，但它对于"实体不存在"的确立也发挥了作用。③

同时，龙树也承认，严格地说，他并未提出一个论题本身（thesis per se）。空性与任何其他哲学的立场都不一样，因为它没有提出物化、实体化的存在物。龙树解释道："我没有任何论题……既然万物皆空，彻底平静，没有［固有的］本性，又怎么会有

---

① 《回诤论》，i。
② 同上书，ii。
③ 同上书，xxii，注释。[后魏毗目智仙、瞿昙流支译本译为："如舆、瓶、衣蓄等诸物，彼法各自有因缘，世间薪草、土所作器、水、蜜、乳等，将来将去，及举掌等。又复寒、热、风等障中诸受用法，因缘生故，皆无自体。如是，如是，我语因缘和合而生，如是得言无有自体。"（《大正藏》，第32册）——译注]

论题呢?"①很明显,这个答复开启了一种对"论题"的非常明确的理解,即"论题"以及更普遍的"观点"提出了关于实在的、自立的存在物的主张。只要空性否认有任何这样的东西,空性学说就不是一种论题或观点。

相反,"没有自我与实体"的学说只不过是一种治疗学说。而且,它恰好是一剂解药,因为它"停止了一切建构性的物化观点"②。把它看作一种实证的观点——"万物皆无实体"——是最愚蠢的标志。龙树解释道,空性被教导为一种"摆脱一切物化观点的治疗。那些把空性视为一种观点的人,被宣告为不可救药'③。龙树非常清晰地证明了这一主张:"如果[世界上]某物是非空的[实体],那么也可能有某种空的[实体]。然而,[世界上]没有任何东西是非空的[实体],那么怎么可能有空的[实体]呢?"④同样,月称也声称,佛陀关于无我的教义只是一种临时的教义,一种俗谛(conventional truth)。只要一个持续、统一的"自我"

---

① 《回诤论》,xxix,注释。[后魏毗目智仙、瞿昙流支译本译为:"若汝或谓,如勿声者因同所成,何以故? 以因不离一切诸法无自体故,非彼声响而有自体,以因缘生故无自体。若无自体,汝说声有能遮声者,彼义则坏。"(《大正藏》,第32册)——译注]

② 《明句论》,第248—249页。

③ 《中论》,xiii.9。[这段引文出自《中论》第13品第9偈,鸠摩罗什译本为:"大圣说空法,为离诸见故。若复见有空,诸佛所不化。"原书误作第8偈。——译注]

④ 同上书,8。因此就有了"空之空性"(emptiness of emptiness)这一声名狼藉的中观学说。[这段引文出自《中论》第13品第8偈,鸠摩罗什译本为:"若有不空法,则应有空法。实无不空法,何得有空法?"(《大正藏》,第30卷)原书误作第10偈。——译注]

概念本身是不融贯的,只要它是一种纯粹的虚构,与世界上任何事物根本不相符合,那么事情的真相或真谛(ultimate truth)就是,"既非有自我,亦非无自我"①。

这样,佛教教义的真正意义并不是要否定一个论题(自我与实体是实存的)并以另一个论题(没有自我与实体)取而代之,而是要破除那种产生二分法的妄想。②加纳里将此举形容为一种"特洛伊木马"(Trojan Horse)策略。③无我学说看起来像是一种实体性立场,因为它提出了明确的断言。这样,它就可以被心灵接纳了,可以说,心灵习惯于仅仅考虑"物如何存在"这样的实体性观点。然而,一旦进入内心,它就会释放它的抗生素,并消除那些将我们的思维束缚于物化观点与论题的概念化倾向。

考察上帝存在的情形或许有助于凸显佛教的观点。标准的无神论者宣称上帝不存在。若被迫为这个观点辩护,无神论者可能会解释说,没有证据表明上帝是实存的。可以说,"佛教的策略"就是阐明无因之因(uncaused cause)、非物质的意识或无所不能的行动者的概念,而这些概念本身是不融贯的(incoherent)。或者,其策略可能就是说,像"自我"或"实体"一样,"上帝"因其属性之故,要么是不存在的(non-existent),要么在解释上是冗余的(redundant)。从这个角度看,即使是"没有上帝"的主张,也不过是一种论辩立场(argumentative position),

---

① 《明句论》,第 358 页。另见《中论》,xviii. 6。
② 关于这一点,见加纳里:《灵魂的隐秘艺术》,第 103—104 页。
③ 同上书,第 105 页。

它是为反驳有神论者的主张而设计的。真正开明的立场是,"上帝既不存在,亦非不存在",因为"上帝"这个概念没有意义。①在佛教哲学中,"自我"与"实体"的概念就是这样。宣称万物都没有自我与实体,这是一种治疗手段,仅此而已。

在佛经中,有一个有用的类比,或许有助于说明这一点。其观点是,佛教的教义犹如一个木筏。木筏的用处在于离开"此岸"(即自我)②,到"彼岸"(即涅槃)去,而一旦抵达涅槃彼岸,圣人即应舍弃此筏。③这会带来成问题的暗示,因为它听起来像是在说佛教对真理不感兴趣,而只对设计工具感兴趣,这些工具除了确保实现其目的之外,别无价值。④一方面,毫无疑问,因缘共生的目的是充分地"描述世界"(尽管它也使任何从存在物角度进行的确定性描述不再可能)。同时,无

---

① 可参阅罗蒂对实用主义的评论:

"当(实用主义者)建议我们不要问关于真与善之本质的问题时,他们并没有援引一种关于实在或知识或人的本质的理论,说'没有真与善这样的东西'。对于真或善,他们也没有一种'相对主义'或'主观主义'的理论。他们只是想转换话题。他们的立场类似于世俗主义者,世俗主义者极力主张,我们关于上帝的本性或意志的研究徒劳无益。确切地说,这些世俗主义者并未说上帝不存在;他们不清楚承认其实存意味着什么,因此也不清楚否认其实存的意义。他们对上帝也没有什么特别的、有趣的、异端的看法。他们只是怀疑,我们是否应该使用神学的词汇。"(《实用主义的后果》,第 xiv 页)

② 原书此处用的是梵文 ātman,音译为"阿特曼",意译为"我""自我"。——译注

③《相应部》,iv. 174—175。

④ 关于这一点,见加纳里:《灵魂的隐秘艺术》,第 46—47 页。

我原则似乎也只是一种俗谛，圣人最终抛弃了它。实际上，佛教哲学与真理的关系似乎并不清楚。但是，如果用游泳的类比取代木筏的类比，就可以消除这种模糊性了。要学会游泳，就必须遵循一系列指令，即怎样摆放和移动身体的各个部位以保持漂浮，以相对直线的方式前进，充分地呼吸，如此等等。然而，一旦掌握了游泳的技艺，就不再需要记住所有这些指令了——记住它们甚至可能妨碍此刻自发的游泳运动。在这个阶段，一个人只有在教别人游泳时，才会给出指令；但他自己游泳时，就会把这些指令抛掷一旁，就像抛弃那个木筏一样。实际上，解除自我妄想，以没有自我妄想的方式生活，这样的技艺（art）就是一种技巧（skill）。一旦克服了自我妄想，为解除它而搭建的脚手架就可以扔掉了。

当然，要达到超越"自我"与"无我"的层次，一个人还需要在佛教道路上走得更远。这就引出了我关于佛教疗法的第二个观点。当龙树解释说，涅槃"仅仅是对生成的正确理解"①，即因缘共生的理解时——我们不应误以为，仅仅在理智上把握无我、空性和因缘共生，就足以从自我妄想中康复。事实上，仅仅认同空性学说或认识到没有作为身心属性之载体的"自我"，还是不够的。在理智上，认同自我与世界由动态的过程组成并不困难。但是，要获得对这一观点的经验性理解，那就完全是另一回事了。②回到游泳的类比，其观点是，为了以完美的方式游泳，一个人可以将所有恰当的指令牢记于心，

---

① 《六十如理颂》，6.c—d。
② 关于这一点，请参阅韦斯特霍夫：《龙树的中观学》，第13页。

可是一旦跳入水中，他就无法保持漂浮了。自我妄想亦然。自我与世界的实体观对我们思考和参与世界活动的方式来说，如此深刻，①如此根本，以至于要克服它，需要持续的努力和可怕的训练。事实上，执著提供了强大的"我"和静态的"物"的感觉，要终止执著及其一切有害影响，需要对一个人的全部心理领域进行彻底改造。所以，一个人要经过一生的修行才可以取得这样的进步：从治疗性的佛教箴言"没有自我"，到有造诣的圣人"既非有我，亦非无我"的境界。②

在这方面，需要强调的第三点是，佛教的治疗方案并不是纯粹认知主义的（cognitivist）。③当然，空性与无我所针对的是自我妄想的认知产物，但认为佛教哲学仅仅将苦理解为错误信念及其所产生之欲望的结果，那就错了。佛教疗法只有一部分是认知主义的。它所关注的不仅仅是对错误信念的纠正。这又是因为，自我不仅是一种幻象（illusion），而且是一种妄想（delusion）。对于"自我"的信念——诚然是对"幻象"的信念——对佛教哲学来说只是一种表面现象。更为重要的是，通过执著，我们对自我及其视域进行了前反思的建构，它对我们的情感与

---

① 一些经文谈及潜在的、无意识的倾向（anuśaya［随眠］），需要付出巨大的努力才能消除。关于这些倾向的影响，请参阅《中部》，iii. 285f。在《相应部》iii. 126—132，我们发现，各种思想中最有害正是"我在"（I am），这不足为奇。

② 同样，世俗社会对上帝的谈论——"有一个上帝"与"没有上帝"——还远未达到可以完全放弃谈论上帝的阶段。

③ 但是，可参阅伯顿对佛教道德心理学的认知主义（因此非常令人不满）的解释，见《治疗信仰与欲望之病》，第190—191页。

认知行为产生了影响。因此,问题远不止于我所认为的物的存在方式与物的实际存在方式之间的错位。问题的关键在于一种深度妄想的思维定式(mind-set)。没有自我,一切所谓的"物"其实都是无常的短暂组合,属于相互交织的过程——仅仅"知道"这些是不够的。要破除执著(包括向内和向外的)以及与之相伴的各种形式的渴爱,仅仅认识到万物是变易的、不稳定的和无常的,并据此调整自己的欲望和期望,这也是不够的。还要有更彻底的东西。我们需要一种彻底的转变,不仅要转变思考自我与世界的方式,而且也要转变感受和体验它们的方式。

除了苦的止息以外,通往涅槃的伟大转变(great transformation)还有什么结果?佛教的健康者怎样生活和体验世界?执著活动使身体与心灵被视为"我的",并使我的世界视域围绕"我"组织起来,令人担忧的是,执著活动的停止会导致当代精神病学家所说的"去人格化"(depersonalization)状态。与这种状态相关的是导致完全功能障碍(entirely dysfunctional)的特殊病症:癫痫性自动症、无运动性缄默症和晚期阿尔茨海默病。①这就是佛陀的伟大健康观所包含的东西吗?②

其他相关担忧也会产生。摆脱了自我感以及源于渴爱的欲望和厌恶,佛教的健康者怎样才能有动力去行动,以引发或避

---

① 达马西奥(A. Damasio):《对发生之事的感受:意识生产中的身体与情绪》(*The Feeling of What Happens: Body and Emotion in the Makings of Consciousness*),伦敦:威廉·海涅曼公司,1999,第 98 页。

② 关于回答这个问题的其他尝试,可参阅阿尔哈巴里:《涅槃与无主意识》,第 111—112 页;以及德雷福斯:《自我与主体性》,第 139—140 页。

免某种事态呢？摆脱了物化观点和实体化构想的戏论，健康者会不会没有任何信念？他们是全面的怀疑主义者还是忧郁的相对主义者，只承认深不可测的普遍性生成，还是不确定的因缘共生？当语言看起来如此清晰地预设了主词与谓词或实体与属性的存在时，他们还能使用语言吗？①

看一看佛陀和其他高阶佛教徒（advanced Buddhists）——那些被认为已经证得（或接近于证得）涅槃之伟大健康的佛教徒——的形象，这些担忧的合理性值得怀疑。佛陀在生理和心理上显然都是功能正常的。他行动，深思熟虑，他表达了大量观点，并以明确的目的性实施计划。怀疑主义者会说，这仅仅证明了他没有实现自己提出的"目标"，否则他会完全功能失调，对自己的观点和教义无所作为，而且完全不置可否。

然而，有一种方式可以解释佛教健康者显而易见的正常性，而又不否认他们实际上已经克服了自我妄想。我认为，佛教的健康者是反讽大师。②在他们的身份层面，在他们通过各种计划与世界打交道的层面，在他们提出观点的层面都是如此。

首先，要考虑后涅槃身份（post-*nirvāṇa* identity）问题。向内的执著或执取活动带来的真正的问题在于，它所提供的身份

---

① 关于这一点，可以参考丹尼特（D. Dennett）的神经科学研究，他得出的结论是，自我的概念建构与我们的语言能力密切相关，反之亦然。丹尼特：《意识的解释》（*Consciousness Explained*），伦敦：利特尔和布朗出版社，1991。

② 我首先要感谢西德里茨，他首先提出，对于有造诣的佛教徒来说，反讽的参与在其世间的运作中起到了关键作用——参见西德里茨：《佛教哲学》，第 106—109，184—185 和 202—203 页。

是一种未经识别的伪造。如果自我妄想对人的心理产生了佛教哲学所宣称的一切恶果,那么正是由于这种妄想,伪造的、表演性的自我才在某种程度上是实在的。妄想不在于建构自我,而在于把自我当作实在的或未经建构的(unconstructed)。普通人与佛教健康者之间的区别不在于后者没有任何人格同一感(sense of personal identity),而在于他们不再被这种同一性的伪造身份所迷惑。因此,一个从自我妄想中康复的佛教健康者,为了身心功能之整合可以继续扮演一个"自我",但他完全知道这个"自我"是一种建构的东西。值此之际,涉足当代人格同一性的讨论或许有用。关于人格同一性哲学讨论的形而上学焦点最近受到了批判,理由是真正重要之事在于我们如何刻画我们自己,而不在于我们是否认为自己在时间推移中是拥有强大数字身份的"自我"。[1]西德里茨、汤普森和扎哈维恰当地描述了这种所谓的叙事性方法(narrativity approach)的主旨:

> 基本的理念就是,作为世上与时推移的行动者,我们需要某种方案将个体的可供性纳入一个整体的层级中,以便对我们的回应进行优先级排序。当我们把自己的生活看作同时是我们活出来和编造出来的叙事时,就提供了这种方案。既把自己视为作者,又把自己看作生活故事中的主角,我们就能够制定长期计划和方案,设计出次级目标,

---

[1] 尤其可参阅谢赫特曼(M. Schechtman):《自我的构成》(The Constitution of Selves),纽约伊萨卡:康奈尔大学出版社,1996。

从而避免每次遇到新的行动机会时陷入瘫痪。①

这种方法的支持者倾向于批判那些拒斥持久自我实存的观点，其理由是这些观点所依据的形而上学考虑完全无关紧要。

然而，事情并不这样简单。无我论者（no-self theorist）可以欣然回答道，绝大多数的叙事建构其实已经（通常是前反思地）预设了形而上学的观点，即实际上"有一种存在物既是作者，又是人生故事的主角"②。在这场辩论中，佛教的立场是，自我的确是一种叙事建构——因此视域建构是固定的同一性建构不可或缺的组成部分——但是对于我们所建构的虚拟角色，我们大多数人会将其错认为一个实在的、强大的自我。从佛教观点看，这种叙事性自我的表现是不健康的。这很像一位妄想症演员的情况，他确信自己就是自己所扮演的角色。例如，瓦尔·基尔默（Val Kilmer）在《大门》（The Doors）拍摄完几个月以后，还坚信自己是吉姆·莫里森（Jim Morrison）。③

---

① 西德里茨、汤普森、扎哈维："导言"，第6页。这种方法的支持者在丹尼特的神经科学观点中得到了支持，丹尼特认为，叙事同一性的建构对于世间生存至关重要。关于丹尼特的叙事性自我观，尤其可参阅《意识的解释》，第418页。

② 西德里茨、汤普森和扎哈维："导言"，第7页。西德里茨、汤普森和扎哈维说，这是一种叙事性的方法，但这种说法经过必要的修改后，也适用于叙事性建构。

③《大门》：由奥利弗·斯通（Oliver Stone）执导，瓦尔·基尔默主演，于1991年上映的一部传记电影，讲述了20世纪60年代美国迷幻摇滚代表乐队——"大门乐队"的灵魂主唱吉姆·莫里森从一夜成名到自我毁灭的一生。——译注

相比之下，佛教的健康者则会继续他们的表演——通过有意识的、蓄意的、灵巧的执取，他们继续产生一个叙事性自我——但会以一种健康的、非妄想的方式行事。①简言之，他们会假定并建构一种同一性，他们会声称对"组成他们"的身心成分拥有主权，并围绕他们自己建构一个世界视域（world horizon），但他们会以反讽的方式这样做，因而也会以超然（detachment）的方式这样做。实际上，作为一个统一的人，在功能整合上的全部优势都会凭借反讽的距离得以保持，而不会沦为将"自我"虚构当成实在之物的恶性影响的牺牲品。事实上，佛教认为这种自我的反讽表演具有无上权能（supreme empowerment）。②

　　之所以如此，是因为佛教健康者在世间的行为模式也是一种反讽的参与。③只要健康者以反讽的方式建构和维持其故意编造的同一性，他们的方案、计划和欲望也就具有了某种超然性。佛教健康者获得了涅槃的最高幸福并解除了自我妄想，他们绝无匮乏、不满或苦恼。这让他们有可能以具体的意图和计划更自由、更轻松地与世界打交道。而且，正是从具体的计划

---

　　① 有人指责说这违背了本真性（authenticity）观念，对此，佛教徒会指出，"本真性"这个概念本身就预设了一种妄想的自我观。
　　② 关于佛教开悟（enlightenment）的类似观点，参看德雷福斯：《自我与主体性》，第139页。
　　③ 请参阅西德里茨：《佛教哲学》，第106—109页和第202—203页。请注意，西德里茨强调的反讽是，当人们知道他们只是身心事件时，却把他们当作"人"。这里强调的反讽则是，健康者自觉虚构的同一性伪造，以及由此而产生的与世界打交道的形式。

出发,健康者才能建构和维持他们的功能性叙事同一性。实际上,人们对佛陀的描述就是,以令人难以置信的技巧来改变和适应他的处境。他根据其处境之所需,扮演不同的角色与人物,使用不同的面具或形象。当然,这一切都是以反讽的方式完成的——充分意识到表演的作用。

因此,反讽是佛教健康者的根本态度,贯穿于他们提出的观点。众所周知,佛陀作为一名治疗师,针对不同的病情给出了不同的治疗方法。对某些人,他教导说有我;对另一些人,他教导说无我;最终,对其他人,他教导说既非有我,亦非无我。①这只是一个例子。其基本思路是,对于一个健康者来说,纯粹实用主义的(pragmatic)、语境主义的(contextualist)关切决定了应该教导什么,更重要的是,环环相扣的过程之网组成了这个因缘共生世界,它应该如何被分割为各种特定的"物"。②这是一门根据恰如其分的合乎语境的世俗之物(conventions)来描述世界的艺术。在一个只包含因缘共生过程的世界里,不可能有绝对实在论的本体论(absolute realist ontology)。任何一个有待描述的存在物,经过分析,结果都是没有自性(own-being)或没有实体。因此,真谛永远不会存在于真理中,更不用说存在于关于表象背后之实在的真理中了;它充其量只会涉及对俗谛建构状态的否定性表述。

这样,即使把"人"分析为五种身心成分,也有些武断。

---

① 关于这一点,请参阅加纳里:《灵魂的隐秘艺术》,第108—109页。

② 见西德里茨:《佛教哲学》,第184—185页。

以这种方式讲授无我学说是有意义的，因为每个人都能理解身体事件、感受、概念化、意愿和认知所指的是什么。①但这些真的是造就人的最终要素吗？佛陀真的是还原论者吗？答案是否定的。②举世公认的绝对、实在的还原基础是不存在的。这基础会成为对实体形而上学的迂回承诺。③佛教的教义一向只是善巧的教义（skillful teachings）——就其可以促进佛陀治疗目的实现而言是善巧的。它们是世俗的东西，其作用在于揭示因缘共生的真谛及其彻底的本体论不确定性（ontological indeterminacy）。④世俗的东西（saṃvṛti）通常会遮蔽（saṃ√vṛ）万物的空相（empty status），但在高阶佛教教义中，它们也揭示了这种空相。因此，即使在教义与言论中，佛教健康者也会保持反讽姿态。⑤正如他们以反讽的方式表演其"自我"并建构其视域，他们对世界的一切描述和他们阐述的一切教义，也都是以反讽的超然态度展开的。所以，一旦到达涅槃彼岸，纵使是佛陀的教义之筏也会被有造诣的佛教徒舍弃。

---

① 见德雷福斯：《自我与主体性》，第118—119页。
② 龙树不得不介入并审查同时代某些论师（Ābhidharmika）的本体论化倾向（ontologizing tendencies），原因正在于此。
③ 关于这一点，亦可参阅麦肯齐：《塑造自我》，第250—251页。尽管麦肯齐错误地把实在论的还原论（realist reductionism）归于所有论师，佛教研究领域中的许多学者，例如，西德里茨在《佛教哲学》中，伯顿在《评估空性》中，也是这样做的。
④ 正如龙树所强调的那样："若不依俗谛，不得第一义。"（《中论》，xxiv. 10）
⑤ 正如月称所解释的那样："圣人不抗拒世俗世界，而是认识它的本质。"（《明句论》，第495页）

佛教健康者对自我与世界的参与是一种反讽的参与，这种解释跟幻象与妄想之间的核心区别密切相关。正如加纳里所说："许多幻象表现出一种超脱于信念的独立特征，即使你知道它是一种幻象，这种幻象仍然存在。"① 如果自我与实体都是幻象，那么佛教徒能做的最好之事就是，意识到寓居于他们身上的自我感以及围绕着他们的存在物世界都是幻象，仅此而已。正如加纳里所说，这种"心灵的内在放逐"(internal exile of the mind)将包含一种永远"保持谨慎和认知距离"的态度。②

但是，自我与实体不只是幻象，而且是妄想。它们不仅被动地经历，而且主动地建构。然而，一旦它们虚构和建构的状态被充分地、经验性地理解，妄想本身就结束了。从那时起，佛教健康者就可以参与自我与"物"的虚构了，那是一种善巧的游戏。他们不会仅仅继续充当这些幻象的牺牲品，而是认识到它们是幻象。佛教伦理学的雄心还不止于此。它远远超出了系统的、镇静的谨慎，它追求的目标是在完善的伟大健康状态下获得无上权能。佛教健康者可以锻造他们想要的"自我"，并利用观念与信念的游戏来达到他们的目的，这些游戏与"物"如何存在以及何"物"存在有关。当然，自我与存在者(beings)将不再是妄想，更不再是幻象。它们不过是超然的反讽精神所生产的有用的虚构。

要评估尼采的"爱命运"与佛陀的"涅槃"之间假定的对立，第一步是考察"涅槃"与叔本华的救赎(Erlösung)之间

---

① 加纳里：《灵魂的隐秘艺术》，第 120 页。
② 同上书，第 123 页。

的关系。这是因为,尼采把佛教伦理学理解为否定生命的思想,与此密切相关的是,他看到了叔本华的救赎理论与佛陀的涅槃学说之间的相似之处。正如我们在本书第二章中所见,这些相似之处在叔本华的作品中渊源有自,叔本华在其中反复声称他与佛陀的看法一致。但是叔本华在这一点上是错误的,他的思想与佛教哲学只在表面上相似,这掩盖了二者在伦理学观点上难以逾越的鸿沟。反过来说,这一点又对尼采生命肯定/生命否定的二分法具有重要意义。

  首先,佛教所谓"悲观主义"需要一些限定条件。佛教并不像叔本华那样教导我们,说我们生活于"最坏的可能世界"。更具体地说,断言佛教哲学将一切生命描述为每一个转折点都必定令人不快和痛苦,如叔本华之所为,这是不准确的。相反,佛教文本中提到几种生存形式几乎完全是令人愉快的,人们在其中几乎不会遭受苦难。①诚然,佛陀指出,这些快乐都不会持久。因此,沮丧、怀旧和悲伤从未远去。②然而,这远没有叔本华的说法那么激进,他说快乐无非是苦难的缺席(the absence of suffering)。

  那么,我们应该如何看待第一圣谛?它不是声称轮回充满了苦吗?这难道不是叔本华式悲观主义的明确表述吗?要更好地理解佛教对苦难的态度,有一个方法前景不错,那就是对复合词

---

① 关于这一点,请参阅莫里森:《尼采与佛教》,第34页。
② 因此有坏苦(vipariṇāmaduḥkhatā)或"变化引起的苦难"(《相应部》,iv. 259)。

āryasatya("圣谛")进行分析。①使用梵文句法分析工具对这个复合词进行分析,可以选择两种方式之一。它可以作为梵文语法学家所说的持业释②复合词来分析,其中 ārya 作为一个形容词来修饰 satya。根据这一分析,āryasatya 是一种神圣的真理。或者,这个复合词可以作为所谓第六格依主释③复合词来分析,它意味着 satya 与 āry 之间有一种实体("神圣的人")的属格关系。根据这一分析,āryasatya 是一种属于神圣的人(们)的真理。然而,印度语言中的第六格(ṣaṣṭhī)不仅表示属有(possession),而且表示一种跟与格(dative case)重叠的松散关系。因此,作为一个第六格依主释复合词,āryasatya 对神圣的人(们),亦即对佛陀那样的开悟者来说,意味着一种真理。④我认为应当这样理解第一圣谛。

---

① 我从印度哲学文献中借用这种语法学方法来解决一个哲学问题,在那些文献中,这种策略极为常用。

② 持业释,原书用的是梵文 Karmadhāraya,乃梵文中构造复合词的六种方法("六离合释")之一,"持"即能持之体,"业"即所持之用,"持业"虽有两义却共属一体,例如"大乘"一词,有广大和运载二义,因其广大(体),故可运载(用),持"大"之体,方有"乘"之用。(参见窥基:《大乘法苑义林章》,卷一)——译注

③ 第六格依主释,原书用的是梵文 ṣaṣṭhitatpuruṣa,亦为"六合离释"之一,"依"即能依,"主"即所依,"依主"即据所依之法立能依之名,例如"王臣"一词,臣依于王,臣是"王之臣",故曰"王臣"。(参见窥基:《大乘法苑义林章》,卷一)——译注

④ 从语法上讲,这与觉音(Buddhaghosa)的分析相差无几:"因为像佛陀这样神圣的人看透了它们,它们被称为圣谛……神圣者看透了它们;所以它们被称为'圣-谛'(noble-truths)。"(《清净道论》,第395页)然而,我的看法略有不同。我的意思是,第一圣谛对于神圣的人来说是一种真理。生命充满了苦,从健康者的视角看,事情就是这样。

这种分析的结论是，苦遍及世界的观点是一个视角问题。①我们很多人可能对自己的生活比较满意。然而，一个开悟的人已获得无上涅槃的伟大健康，从他的角度看，每个人似乎都在受苦。这种考虑极大地削弱了佛教的悲观主义。这就清楚地说明，为什么佛陀不会认同叔本华的观点，即世界在客观上充满了痛苦与悲伤。从伟大健康的角度来看，佛陀认为所有状态都或多或少地涉及苦，但这并未让他像叔本华那样彻底悲观。关键在于，对我来说事情明显可以更好，在我的生活中并非事事糟糕。佛教认为生命充满苦难，这一观点的基础是希望的讯息，而不是生存的绝望。因此，基于对人类困境截然不同的评估，佛教追求涅槃，而叔本华渴望救赎。佛陀的评估是视角性的（perspectival）、相对的，而且面向一种幸福状态。相比之下，叔本华的评估则是绝对的、独断的（dogmatic）和绝望否定的。尼采显然没有察觉到这种细微差别。

叔本华伦理学与佛教道德心理学还有一个明显重叠之处，这与个体化原则的作用有关。无论在叔本华思想中还是在佛教哲学中，普通人问题的根源都在于他们过于重视"个人自我"（personal self）。与此相应，佛教哲学与叔本华思想都认为，实现至善的进程取决于一个人从"我"的原初妄想中解脱的程度。

然而，重叠到此为止。实际上，正如佛陀所说，没有持久的自我、我或灵魂，而叔本华则认为我们都是同样伟大的"一"，这两者之间存在着巨大差异。对佛陀而言，可能会有一种"自

---

① 关于这一点，请参阅莫里森：《尼采与佛教》，第 34—35 页。

我"妄想,但不会有"我与你不同"的妄想。①

涅槃并不意味着认识到这个世界上的一切差异——包括自我与他者之间的差异——都是虚幻的,因而认为我们都参与了一种神秘的、非时空的合一(non-spatiotemporal oneness)。②严格地说,当我从自我妄想中恢复过来时,我就实现了涅槃,因为自我妄想制约了我对世界的全部情感与认知方式。在古代和古典印度,有几个学派像叔本华一样教导说,终结苦的关键是拒斥虚幻的个人自我,支持真实的自我,即一切虚幻、短暂事物背后那个持久的"一"。③然而,从佛教的观点看,这绝非从

---

① 关于这一点,亦可参阅帕纳约蒂:《错误的观点,错误的行动》("Wrong View, Wrong Action"),第15—16页。

② 当然,对任何可能的实在论本体论(realist ontology)或实在的、不可还原的存在物分类学(taxonomy),龙树都进行了解构;对于事物间任何可以建立的实体性差异,都进行了否认。但这是因为,我们所经验的世界是一个由过程与动态关系构成的世界,而不是一个由离散的、具体之物组成的,可以从实体与属性角度来分析的世界。这并不是因为我们真的是一个统一的一(One)。

③ 这是不二论(Advaita Vedānta)和一些湿婆学派(Śaivite schools)的立场。诚然,应当注意的是,不二论也采用了龙树的策略,即表明"我们对现象世界的推论知识充斥着矛盾、二律背反和扬弃"。参看恰托巴底亚耶(D. Chattopadhyaya):《重审怀疑论:从马提拉看龙树与正理派》("Skepticism Revisited: Nāgārjuna and Nyāya via Matilal"),载比利莫里亚(P. Bilimoria)、莫汉蒂(J. Mohanty)编:《相对主义、苦难与超越:马提拉纪念文集》(*Relativism, Suffering and Beyond: Essays in Memory of Bimal K. Matilal*),德里:牛津大学出版社,第50—68页,尤其是第58页。然而,不二论学派这样做,是为了一个截然不同的目的:即表明在"**摩耶**的面纱"(veil of *māyā*)之后存在着一个统一的绝对(Unitary Absolute)。

自我妄想真正恢复过来。拒斥"个人自我"是朝向正确方向前进的一步，但在宇宙之"我"中寻求庇护，则表明一个人仍为自我妄想所摆布。这种伦理学仍受制于对存在的渴爱和依恋。走这条路的人仍易于受到苦的影响。简言之，那种支撑叔本华的救赎（salvation）的形而上学对佛教哲学的拥护者没有吸引力。事实上，它只是背叛了大规模的自我主义（Ego-ism）。

实际上，尽管佛教道德心理学与叔本华的元伦理学表面上相似，但它们对自我问题的态度截然相反。叔本华的伦理学建立在形而上学一元论（metaphysical monism）基础之上，把自我膨胀为普遍的一。相反，佛教的道德心理学则对自我进行全面的批判，它最终指责传统形而上学思维本身就是自我妄想的产物，因而是阻碍涅槃的东西。

当然，尼采很清楚叔本华哲学与佛教在形而上学方面的根本差异。然而，对于这种差异在伦理学层面的重要意义，他似乎视而不见。在这方面，可以考察，在叔本华的意志与渴爱之热之间，有一种误导性的相似性。意志与渴爱是相似的，因为它们与个体化机制密切相关，所以它们代表苦难的根源。因此，叔本华与佛陀的至善相当于至善的止息和毁灭。但是，尼采似乎过度解读了这种相似性。

实际上，在叔本华思想与佛教哲学中，意志与渴爱扮演的角色明显不同。对叔本华来说，意志是世界的基础——它是经验质料（empirical matter）的形而上学相关物，或者说是生命的本质。如此不切实际的形而上学主张，在佛教中绝无其事。渴爱与生命的本质确实绝不相类。它不是实体，更不是某种形而上的东西，甚至也不是一个"物"。确切地说，它代表着特定形式的情感行为，在佛教的世界观中，这些行为跟一切其他事物一样，乃是一个过程的结果：即通过执取进行认同。对大多数人来说，渴爱可能是其精神生活（psychic life）的特征，但从未有人提出渴爱就是生命，或者说生存在于渴爱。①

结果是，叔本华作为意志否定（Will-negation）的自我否定，在佛教思想中无可比拟。叔本华式的救赎在于摧毁人之所是（what one is）。它包括否认和消灭"我"之真正所是。相反，根据佛教哲学的观点，"我"之所是其实并无特别之处。"我"像其他事物一样，也是一系列不断变化与流转的过程。渴爱根植于一种妄想，即"我"是某种凌驾于这些过程之上的东西，有一个身体和心灵是"我的"，这个和那个属于"我"，如此等等。意识到这是妄想，并最终对无我获得一种充分的经验性认识，才会熄灭渴爱之热，从而导致苦难的止息。因此，佛教的至善当然不是否认和摧毁"我"之真正所是，而是舍弃任何关于"我"实际上之所不是的妄想。像叔本华伦理学中那样的自我否认（self-denial）或自我毁灭（self-destruction），在佛教中是没有的。佛教中只有从病态的自我妄想中解脱出来。与此相应，佛教伦理理想本身也没有"反生命"的东西。佛教中只有从执迷不悟中恢复过来。渴爱不是生命。事实上，它是健康生活的障碍。因此，与叔本华和尼采相反，摧毁渴爱不是摧毁生命，而是结束不健康的生活方式。

---

① 但是，也请参考一下莫里森误入歧途的主张，他企图表明，渴爱在佛教中具有宇宙论的作用，是"最'原始的情感形式'"，他（错误地）认为，这种作用与权力意志在尼采哲学中的作用是一样的。见莫里森：《尼采与佛教》，第132—154页，特别是第137—138页。

诚然，叔本华与尼采觉得佛教是否定生命的，其目标只是为了终结生命，这不足为奇。在佛教文本中，涅槃确实经常被描述为终止循环重生（cyclical rebirth）。①据说开悟者证得涅槃时，会从循环的生存中最终解脱出来，②佛陀有一个说法被人反复引用：他开悟之后就知道自己"不会再有这个［生命］了"③。简言之，有时候，医者乔达摩·悉达多好像试图治愈生命本身。那么，尽管叔本华与佛陀的思想有所不同，但尼采仍将佛教描述为否定生命的思想，这是否正确？

我们有充分的理由怀疑他的说法。首先，应该注意的是，在印度宗教与哲学文献中，几乎一切伦理学讨论都会涉及许多有关摆脱轮回与终止重生的习语和短语。因此，对于独特的佛教思想来说，它们并不是特别可靠的来源。

此外，从佛教道德心理学的背景来看，尽管这些表述在形式上无疑是否定的，但在内容上是不是否定的尚不明确。实际上，可以暂且假定我们能对"生命""轮回"或"重生"这些习语进行解读，简单地说，它们表示"充满苦的生存"。然后就可以看出，"从生命/轮回/重生中获得解脱"并不一定意味着自我灭绝（self-extermination），而只是进入了一种已经消除了苦的生命模式。从这个角度来看，涅槃并不意味着最终的死亡或永久的睡眠。相反，它是一种完满、幸福和强大的状态。如果说开悟的人将"不再知道这个生命"，那么关键不在于他们

---

① 《中论》，xviii. 4。
② 更具体地说，涅槃有时被描述为生成的停止（例如，在《相应部》，ii. 117），因而停止了在轮回中死亡与重生。
③ 《相应部》，iii. 12。

终将走向长久的死亡,而在于他们已经摆脱了正常的、病态的生存或轮回的特征。换言之,他们已经从自我原则的感染中康复了,这种自我原则通过执著的炎症和渴爱之热让我们将世界体验为苦,从而"在轮回之中"。

此外,严格地说,这些习语所预设的泛印度转世(reincarnation)范式与佛教中作为伟大健康的涅槃观念无关。我概括的关于涅槃的解释在逻辑上独立于任何关于转世的解释。这并不是因为遗漏了什么不可或缺的东西。实际情况是,作为哲学的佛教提出了一个道德心理学的模型,它绝不依赖于转世教义。如果我们把涅槃简单地理解为"重生的终结",那么我们将由于一个相对不重要的因素——主要是无关紧要的文化与历史的偶然性——而无法看到某些具有更重要的哲学意义与心理学意义的东西。

关于这一点,可以参考龙树的一个惊人的说法,其大意是"轮回与涅槃并无差别"①。龙树的观点是,涅槃"领域"与轮回"领域"没有本体论或形而上学的差异②——涅槃不是某种

---

① 《中论》,xxv. 19。[这一句出自《中论》第 25 品第 19 偈的引文,鸠摩罗什译本译为:"世间与涅槃,亦无少分别。"(《大正藏》,第 30 卷)——译注]

② 这是因为将轮回与涅槃区分开的是主体的视角(或者更准确地说,是它对世界的态度),而不是因为二者之间有实际的本体论同一性,如同人们常常假设的那样——参看鲁普(D. Rupp)过于简单化的主张,即中观学派坚持"涅槃与轮回终究是一体的,这至少潜在地构成了对全部存在者的积极评价"。鲁普:《涅槃与轮回的关系:论佛教伦理学的演化》("The Relationship between Nirvāṇa a and saṃsāra: An Essay on the Evolution of Buddhist Ethics"),载《东西方哲学》(*Philosophy East and West*) 21 (1),1971,第 55—67 页,特别是第 65 页。

天堂。二者之间的区别也不在于重生或不再重生。真正的区别在于一个人对世界的体验。那些被自我原则感染的人，就会狂热地渴爱，将这个世界体验为一个苦的世界。他们"在轮回之中"。那些从自我原则的感染中康复的人，其渴爱之热已经熄灭，遂不知有苦。他们"在涅槃之中"。轮回（Metempsychosis）无关紧要。真正重要的东西是自我妄想。

因此，佛教伦理学的目标既不是停止生活，也不是扼杀我们最自然的东西。相反，它的目标是从让人虚弱的疾病中恢复过来，获得伟大健康。而且，这种幸福状态应当是极其有益的，而不是有害的。因此，总体上说，在叔本华救赎的伟大疾病（great sickness）与佛教涅槃的伟大健康之间，并无真正密切关联。

与尼采的看法相反，涅槃的伦理理想并未表达对生命的否定。因此，它不可能与尼采所理解的爱命运的生命肯定理想相左。如果爱命运不是反涅槃的，那么它与涅槃有什么关系？事实证明，这种关系远比单纯的对抗（antagonism）更为有趣和复杂。事实上，经过仔细考察，可以发现这两种关于伟大健康的看法有许多有趣的特征，甚至在某些方面可以相辅相成。

首先，请想一想尼采所说的佛教徒与怨恨的关系。他的主张是，通过对怨恨的打击，佛教徒有效地规避了苦难，达到了一种深沉的平静与满足状态。[1]他的观点是，怨恨是颓废者最自然的冲动，但若屈服于怨恨，他们就会使自己仅有的一点儿

---

[1]《敌基督者》，第20节；《瞧，这个人》，"为什么我这么有智慧"，第6节；《遗稿》（1887—1888），11（240）和10（57）。

能量消耗殆尽。这样,怨恨的影响进一步削弱了颓废者的力量,而这又令他们更加烦躁不安和容易受苦。①佛陀不愧是一位"深刻的生理学家",他建议他的追随者抵制怨恨。因此,佛教徒会冻结他们的一切本能,尤其是那些驱使他们复仇的本能,从而尽可能减少与世界发生冲突。因此,他们获得了没有痛苦的消极幸福,其典范就是涅槃的深度睡眠。然而,正如他们避开了怨恨——怨恨 I——有意识影响,佛教徒也怀有潜在的、前反思的"对现实的怨恨"②——怨恨 II——的颓废特征以及对苦难的生命否定的解释,即苦难是对生命的反对。

　　首先要注意的是,从佛教道德心理学的角度来看,尼采关于佛教徒怎样终结苦难的解释似乎相当肤浅。毫无疑问,佛陀敦促其追随者扑灭憎恶(aversion)之"火"③。所有形式的敌意、怨恨和复仇的欲望都是渴爱的表现,是自我妄想引发的以自我为中心的态度的结果。因此,佛教徒认为,正当的行为不仅包括放弃有害的行为和诽谤的言语,而且包括放弃任何愤怒的念头。但仅凭这一点还不足以终止苦难。相反,这些身业、口业和意业之所以受到谴责,是因为它们强化了更深层次的以自我为中心的偏见和倾向,从而将我们"束缚"于轮回之中。佛教治疗所针对的真正目标是自我妄想;"渴爱的影响"——我们可以把尼采的怨恨 I 算在其中——受到了精确的打击,因为它们源于自我中心主义(egocentrism)又强化了自我中心主

---

① 《瞧,这个人》,"为什么我这么有智慧",第 6 节。
② 《敌基督者》,第 15 节。另见《遗稿》(1885—1887),8(2)。
③ 例如,可参阅《相应部》,iv. 28。

义。从根本上说，佛陀的疗法专注于怨恨、愤怒和憎恨的根源；因为仅仅处理其表面现象不足以实现涅槃。因而，尼采对佛教疗法的描述大体不错，但略有偏差。

然而，尼采完全没有看到，在摧毁自我妄想的过程中，佛教徒不仅摧毁了怨恨 I 的根源，而且也摧毁了怨恨 II 的根源。根据尼采的分析，怨恨 II 是颓废者极度烦躁和虚弱的产物。对于疲惫的颓废者来说，生命缀满了无尽的痛苦与悲伤。因此，他们觉得自己成了生命的"靶子"，并认定生命是罪恶的。这导致他们以各种否定生命的意识形态来报复生命。尼采写道：

> 数千年来，复仇的本能已经支配了人类，以至于全部形而上学、心理学、历史观念，特别是道德观念，都带有它的印记。只要人进行简单的思考，他就已经把复仇的病菌引入事物之中了。①

然而，佛教的伟大健康理念就是要让人从发热状态中康复，发热状态令人虚弱、衰弱，使人体验到生命的苦或痛苦。根据佛教的分析，正是由于渴爱，那些不愉快的经历损害了我，伤害了我，使我气馁，让我对生命感到绝望，如此等等。摆脱了渴爱，我就不再觉得自己是生命的靶子了。我不再恐惧、烦躁和怀有戒心，更不会咄咄逼人。这不是因为我已经"冻结了自己的本能"或"睡着了"，而是因为我已经克服了思维与感觉的妄想形式，那种形式从一开始就令我烦躁不安。因此，事实上，

---

① 《遗稿》（1888—1889），15（30）。

我比以往任何时刻都更"清醒"（*buddha*）①和强大——我是一个"胜利者"②。用尼采的话来说，佛教的健康者已经战胜了那种把生命"解释"为痛苦的疾病。因此，佛教的健康者已经消除了体验怨恨 II 的条件。他们不可能下意识地渴望对现实进行报复，因为他们甚至没有感受到现实是有害的。

关于这一点，可以回想本书第三章结尾两段关于爱命运的令人费解的讨论。在这些段落中，尼采提出了一个惊人的主张：爱命运应该包含一种无条件的受苦意志，也包含不受苦。③ 我们还应回想起尼采并没有一种统一的苦难理论，对于弱者、被动者所经历的苦难，以及强者、主动者所经历的苦难，他的观点截然不同。被动的病态者的苦难经历是一种令人衰弱的挫折，它支撑着生命否定、存在发明、去自我化道德等。简言之，怨恨 II——生命否定之母——源于颓废的、被动的病态者的苦难。因此，由于涉及对一切被动力量的彻底克服，爱命运的生命肯定理想也会涉及不以被动者的方式受苦，亦即不以导致怨恨 II 及其生命否定之本能的方式受苦。尼采说爱命运包含不受苦，即是此意。

但是，这样的"不受苦"恰恰发生在佛教健康者身上，因为他们的渴爱之热已经消退了。佛教的"苦难之止息"意味着不再将生命"解释"为令人沮丧、不满的东西。因此，爱命运

---

① *Buddha*，梵文，意为"觉悟""觉醒"。——译注
②《中论》，xiii. 8。这只是用来表明佛教的健康者强壮有力的几个称号之一。其他此类称号，见《经集》29，213 和 646。
③ 见《瞧，这个人》，"为什么我能写出这么好的书"之《悲剧的诞生》第 4 节，以及同上书《快乐的科学》，第 4 节。

与涅槃以完全相同的方式包含"不受苦"。二者都包含战胜令人衰弱的疾病，因为这种疾病使人感到生命令人沮丧、绝望的痛苦。从这个角度来看，与佛教徒"摧毁渴爱"相类之事，实际上有助于实现尼采所设想的伟大健康。这样，如果一个人要克服内在的被动之力，达到肯定生命的高度，那么达到佛教涅槃特有的心理状态就绝不是一个生命否定的目标，而是实际上的必要之事。

这或许可以解释为什么达到涅槃的过程似乎包含一切，但尼采所抨击的去自我化却不在其中。爱命运是一种反对去自我化（anti-unselving）的理想。它是一种自爱（self-love）和自我肯定的理想。尽管这看起来很矛盾，但佛陀对自我妄想的克服显然导致了类似的结果。① 在佛教健康者的自我赞许（self-praise）和对他们的第三人称描述中，似乎都流露出健康的自爱、旺盛的信心和对自身优越感的无条件肯定。② 因此，从佛教角度看，尼采所推崇的自我肯定和自爱似乎是以战胜自我妄想这种令人虚弱的疾病为条件的。因此，除了没有各种怨恨和终止令人沮丧的苦难之外，涅槃像爱命运一样，也含有真正的自我肯定和自爱。

转向自我妄想为佛教健康心理学与尼采健康心理学之间的进一步和解开辟了道路。回想一下，尼采如何将实在、生存、实体、存在等概念回溯到原初的"主体"-感受（"subject"-

---

① 在自爱、自我肯定等习语中，"自我"只是指代一种反身性语法关系，而没有任何与一个坚固的"自我"相关的本体论意蕴，后者可以充当爱或肯定的"对象"，一旦看到这一点，这一矛盾很快就会消失了。

② 在一些佛典的段落中，这是显而易见的，包括《律藏》i. 7，《中部》i. 68，《相应部》i. 278，以及《经集》213 和 646。

feeling）。①根据尼采的分析，整个形而上学史和宗教史都可以被归结为"灵魂迷信"（soul superstition）的历史。②这一主张在佛教哲学中得到了呼应，佛教哲学也认为存在、生存、实体，乃至"存在物"等概念是对原始第一人称自我观念的模仿，即自我是人的持久、统一的核心。尼采的主张也是这样，即一切形而上学与宗教——它们正是建立在存在虚构的基础之上——都源于深重的苦难，这苦难既引发了一种对存在的和平与宁静的需求，也引发了一种充满恶意的欲望，后者通过对比生成领域与存在领域来贬低生成领域。佛教哲学并未讨论病态者向世界复仇的欲望，但它的确像尼采一样宣称，由于经历了无数挫折与失望，常人产生了对存在与永恒的需求。这可以表现为对无属性的绝对（梵）或主/神（自在、湿婆、毗湿奴等）③的渴望，也可以表现为对令人舒适的秩序与规则的需求，这种秩序与规则属于一种实在论的分类网格（realist taxonomic grid），这网格确定了组成世界的不可还原的实体性细节。简言之，佛教哲学与尼采不仅一致认为存在的"模型"是"我"，而且一致认为以"我"为模型的存在虚构的心理根源是对生命的某种形式的极度不满。

尼采并未明确阐述主体的感受与生存的绝望之间的关系，这种绝望推动了存在（根据"我"的模型）的发明。不过，将尼采的解释与佛教的叙述相融合是可能的。对于颓废者强烈烦

---

① 《偶像的黄昏》，第 3 章第 2 节和第 5 节；《遗稿》（1885—1887），7（63）；同上书，（1887—1888），9（98），以及同上，10（19）。

② 《遗稿》（1885—1887），7（63）。

③ 原书此处三个词用的是梵文：Īśvara, Śiva, Viṣṇu。——译注

躁不安的特征，佛教版的尼采理论会将其追溯到自我妄想。根据这一观点，如果尼采的病态被动者如此容易遭受苦难、悲伤和绝望，那正是由于根本妄想支持着"主体-感受"。因此，自我妄想是颓废者所渴望的极乐与寂静之地的基础。自我妄想也是颓废者的怨恨 II 的基础，用佛教的术语来说，这种怨恨可以称为嗔（anger），它的基础是渴爱，它所面对的是一个不断地阻挠着病态者的需求的生成世界。尼采的解释是，正是由于恐惧和对慰藉与解脱的渴望，我们才塞入"一个行动者（'主体'）……位于每一发生之事的背后"，以向自己解释世界；又将稳定、独立的"物"设定为与自我相类似的原因，如此等等，①以做出进一步的解释。助长这种大规模人格化苦难与恐惧的根源在于这样一种自我妄想，即一个人存在的中心有一个统一、持久的"核心"。根据这种佛陀-尼采的混合解释，令人衰弱的自我妄想支持着病态的被动性，用稳定的物与持久的实体来解释世界——因而发明了真实世界、天堂或上帝的虚构。因此，被动的力占据主导地位是自我妄想的结果。

最终，尼采是否会同意佛教对被动性或颓废的解释，这个问题是没有意义的。②值得注意的是，至少在理论上，佛教心

---

① 《偶像的黄昏》，第 3 节和第 5 节。
② 然而，应该指出，在《道德的谱系》中有一段表明，尼采实际上可能已经意识到了自我妄想与被动性之间的发生学关系。这一段落谈论奴隶对主人的被动性怨恨时，是这样说的："奴隶道德从一开始就否定了'外在的''他者的''非自我的'东西；而这种'否定'就是创造性的行动。"（《道德的谱系》，第 1 章第 10 节）这符合佛教的分析，佛教认为，"敌对的他者"（inimical other）之构成依赖于强烈的自我意识。

理学的解释可以补充尼采的解释。更重要的是，尼采所说的关乎自我与个体化的被动行为，若是如此恰到好处地与佛教哲学中被认为不健康的行为相一致——以至于佛教对这种行为的解释也恰好符合尼采的模型——那么，在尼采思想与佛教中，被视为关乎自我与世界的主动/健康的行为亦有相似之处，也就不足为奇了。

首先，毫无疑问，尼采哲学中赫拉克利特式的健康者既克服了他有一个强健的"自我"的妄想，又克服了"物性"（thinghood）的妄想。他知道存在是一种虚构。这意味着，他知道只有一股动态生成的洪流，在其中没有什么东西是持久的，每一个"物"——包括他自己——实际上都是多元的、不断变化的力相互作用的产物。他还知道，在他的认知视域中，对一个有具体属性的稳固之"物"的任何表征（representation）都是一种物化解释的产物，这种解释通过实体化赋予"物"以意义与价值，这些意义与价值反映了他的偏好、规划和目标。更一般地说，他知道在任何表征中都有艺术成分，因而也有技巧成分，表征对细节进行抽象、简化、忽略等，以便从转瞬即逝的过程中锻造出"物"，并对这些物进行分类，从而让世界可以被理解。这种知识为尼采哲学的健康者与佛教的健康者所共有。

但是，更为重要之事与这两种健康者所知道的东西无关，而是更多地与他们用来与世界打交道的精神有关。叔本华式的圣徒放弃了产生"自我"与"物"的个体化原则，沉浸于神秘的与宇宙合一（Oneness of the universe），佛教与尼采思想中的健康者则与之不同，他们持续地编造着自我与物，并完全知道自己参与了编造。尼采的主动者（active type）与佛教的健康者都是反讽大师。

正如演员知道自己正在扮演一个角色，他们都表演着自己的角色或面具似的自我，在此过程中，他们也表演着世界上的物和存在者的巧妙个体化（artful individuation）。在这方面，他们的表演跟普通人的表演的唯一区别在于，他们知道自己在创造自己和自己的视域。在他们与自我和存在的关系中，他们的形象都是反讽的。简言之，在尼采思想中，被动者、病态者与自我和存在虚构之间的关系，以及主动者、健康者与自我和存在虚构之间的关系，同我们在佛教哲学中发现的病态者与健康者跟上述虚构之间的关系相对比，基本上是平行的。在这两种情况下，关键在于，被蒙蔽的素朴实在论（deluded naive realism）与反讽的对比。

当然，这两种哲学使用的习语（idioms）迥然有别。佛教哲学在阐明其伦理理想时并未参照艺术家的形象。更重要的是，在佛教哲学中则没有任何东西接近于爱命运的理想，这种理想使人欣然接受永恒轮回的宏大虚构（grand fiction）。自爱和某种形式的自我肯定显然是佛教伟大健康的一部分，但在佛教中并没有诸如永恒自我和宇宙存在（狄奥尼索斯）的东西，它们是反讽的虚构，在尼采的生命肯定理想中扮演着核心的角色。

这又反过来表明，在尼采与佛陀的伦理理想中，反讽发挥了独特的作用。佛教健康者的反讽具有一种纯粹功能性作用（functional role）。它是一种实用的东西，允许健康者在世界之中实施他们的计划。相比之下，在尼采的伟大健康理想中，关于自我与存在的反讽性虚构则是爱命运的一部分。尼采的健康者在悲剧的世界中肯定悲剧的生命，因此，他以反讽的方式接受了自我与存在的虚构。对于佛教的健康者来说，自我与存在的虚构只是一些有用的建构之物，可供健康者任意发挥，但是它们对于实现涅槃的伟大健康并无直接作用。我们这两种健康者，在他们与自我和存在的关系中，以及在他们延续这些虚构的反讽中，尽管颇有重合之处，但是这种反讽在我们两种伦理愿景中发挥的作用却大不相同。

在佛教哲学中，以及在尼采的伟大健康理想中，反讽所起到的作用不尽相同，这种差异指向了一个更为显著的差异，即涅槃与爱命运之间的差异。当然，二者可能涉及同一种"苦难的止息"。也就是说，二者都不再像尼采思想中的被动者、病态者那样受苦。但是，主动者怎样将苦难解释为一种有待克服的阻力或障碍呢？毕竟，面对永恒轮回中经历的恐惧与恐怖，尼采的健康者就是这样看待的。而且正是为了这样看待生存，他发明了关于永恒轮回的自我与世界的反讽性虚构。对巨大苦难持这样的健康立场，爱命运的全部意义就在于此。实际上，在爱命运的状态中，弱者苦难的止息只是为英雄的受苦意志铺平道路。相反，涅槃可能意味着不再像尼采的被动者那样把经历与状况解释为"痛苦的"（painful），而对于作为刺激的苦难（suffering qua stimulation），它似乎没有为之留下任何位置。

当然，就佛教中苦的概念而言，它代表的是以渴爱为前提的东西，从表面上看，在佛教哲学中无法讨论这种苦难，更不用说受苦意愿了。没有渴爱，就没有苦。对于一个开悟的人（enlightened person）来说，无论遇到什么障碍，他都不会将其体验为苦。因此，从表面上看，在佛教中似乎没有任何东西能扮演苦难这一角色来刺激人们克服阻力。

话虽如此，在某种意义上，佛教的健康者仍受到苦难的刺激，寻求挑战、冒险和克服障碍。根据佛教文本的说法，这是健康者无限同情的结果，这看上去是一种积极痛苦的情感。①然而，在这一点上，佛教伦理学与尼采实证哲学之间的任何和解（rapprochement）似乎都会瓦解。从表面上看，尼采是同情的坚定敌人。源于同情的苦难，并不能诱发健康者去生活和行动。相反，尼采认为，一个人要获得伟大健康，就必须克服同情本身。

然而，佛教健康者的同情与尼采心中的同情或许是明显不同的情感。因此，我们必须转向同情，以便更加专注于尼采对伟大健康的构想与佛陀对伟大健康的构想之间的关系。这是我们在以下两章中的任务。

---

① 例如，可参阅世亲的《唯识三十论》，第 28 页；以及《阿毗达摩俱舍论》，第 182 页。

Part III
Compassion

第三部分

同情

第五章
克服同情心

尼采以肯定生命的方式来讨伐生命否定，这不仅关乎对自身苦难的态度，而且关乎对他者苦难的态度，即根本上健康/不健康的态度。因此，欧洲的（反）佛陀将"克服同情心"①的"高贵德性"（noble virtue）与佛教"同情心的培养"对立起来。

---

① 《瞧，这个人》，"为什么我这么有智慧"，第 4 节。我将 Mitleid/Mitleiden 译为"compassion"（同情），而不是"pity"（怜悯），理由有二。首先，"com-passion"（字面意思是"一起受苦"或"共担苦难"；参照"commiseration"）在形态和语义上更接近德语（Mit-leid），因此，它引起了尼采对同情的批判，这种批判背后的核心理念之一就是同情涉及苦难（leiden）。其次，从最近的术语讨论来看，尼采关心的是同情，而不是怜悯，这一点似乎很清楚。早期区分怜悯与同情的尝试所依据的是：怜悯可能会引起蔑视，而同情可以免于蔑视，相反，塔波莱特（C. Tappolet）则认为二者真正的区别在于：一个没有意识到不幸（例如，最近失去了心爱的人）或感受不到苦难（例如，一个冷漠的酒鬼）的人，就可以被怜悯，而一个人必须主动地、有意识地承受苦难，才可以成为同情的对象。塔波莱特：《同情与利他主义》（"Compassion et altruisme"），载《哲学研究》（Studia Philosophica）59，2000：第 175—

他以此抗击这种否定生命与自我的虚无主义道德的核心要素之一。因此，通往尼采肯定生命的伟大健康之路的一个中心组成部分就是对同情心的抑制。然而，尼采并未直接告诉我们"克服同情心"的具体内容。值得庆幸的是，对于同情，他有很多话要说。归根到底，唯有仔细考察尼采关于同情的全部观点，才能揭示出"克服同情心"这一伦理理想在尼采实证思想中的内容和意义。

在尼采 1878 年以来出版的作品中，对同情的批判是一个一以贯之的主题。①尼采对同情进行批判的观点可分为两大类。第一类，我称之为尼采对同情的心理学批判（psychological critique）。第二类，我称之为尼采对同情的文化批判（cultural critique）。尽管这两种批判相互蕴涵（imply），并最终形成一个整体，但是为了清晰和准确，对每一种批判都要独立考查。它们共同构成了尼采关于同情的一切论述的背景。

根据尼采的理解，同情作为一种心理现象有四个基本特征。首先，同情只不过是不成熟的感伤情调（sentimentality）。这是尼采最早的关于同情的批判性观点之一。这个观点在《人性的，太人性的》第 1 卷中首次提出，其基础是理性与情感、脑与心、

---

193 页，特别是第 177—178 页。基于一些即将显而易见的理由，尼采关心的情感显然源于他者的苦难，而不是源于一个人对他者所处状态或境况的评估。这是同情，而不是怜悯。

① 这条线索一直未被充分考察。除了少数例外，尼采关于同情的观点在评论性文献中很少被注意到，不过在过去的二十年里，这种情况已开始改变。然而，尝试对尼采的同情批判进行系统性阐述，本研究尚属首次。

心灵与肠胃的对立。尼采在此呼应了拉罗什富科（La Rochefoucauld）的主张，即同情仅仅是一种激情（passion），它只对那些因缺乏理性而需要一种情感促使他们帮助别人的人有用。① 为了反对同情，尼采还召集古人来支持自己。现代道德家痴迷于同情和利他主义，相比之下，据说古希腊人将同情的倾向视为一种在虚弱的灵魂中很常见的性格缺陷。②这是因为他们成

---

①《人性的，太人性的》，第 1 卷第 50 节。尼采总结道："人们当然应该表现出同情[以取悦体弱多病者]，但是要防止自己**怀有**同情心。"这句话的直接来源似乎是拉罗什富科 1659 年的自画像，见《自画像》（"Autoportrait"），载库茨（P. Kuetz）编：《箴言录》（*Maximes et réflexions diverses*），巴黎：博尔达斯出版社，1997，第 20 页。在那里，拉罗什富科阐明了他对人类心理愤世嫉俗的观点（1678，第 3 版）。这篇文章对尼采，尤其是 19 世纪 70 年代末到 80 年代初的尼采，产生了巨大影响。关于尼采与拉罗什富科的关系的系统研究，请参阅阿比（R. Abbey）：《出身与异议：尼采对两位法国道德家的解读》（"Descent and Dissent: Nietzsche's Reading of Two French Moralists"），尚未出版的博士论文，麦吉尔大学，1994，特别是第 142—166 页。另见阿比：《尼采的中期》（*Nietzsche's Middle Period*），牛津大学，2000，第 58—63 页。

②《人性的，太人性的》，第 1 卷第 50 节。另见《朝霞》第 134 节，尤见第 131 节，尼采在其中解释道：古人的伦理学规定了持续的、有自制力的自我中心主义，并极力反对"与他者共情"（feeling with others）。当然，尼采忽略了许多希腊作者，他们并未从这个角度看待同情，其中最重要的是亚里士多德[《欧德谟伦理学》（*Eudemian Ethics*），第 3 卷第 7 章]。事实上，当尼采谈到"古人"和他们对同情的态度时，他特别想到的似乎是斯多葛学派。关于这一点，可参阅纳斯鲍姆（M. Nussbaum）：《怜悯与仁慈：尼采的斯多葛主义》（"Pity and Mercy: Nietzsche's Stoicism"），载沙赫特（R. Schacht）编：《尼采、谱系学、

熟而明智，认识到同情是一种庸俗和感伤的反应，将一切都归因于心而不是脑。尼采对此表示赞同。相反，那些没有同情心的人，则被他说成是理性、冷静、有自制力的个体，他们对"懦弱"（faint-heartedness）感到尴尬，而"懦弱"正是同情的根源。①

在《人性的，太人性的》第 1 卷和《朝霞》中，尼采赞美的是冷酷无情的理性，而不是反复无常的情感与本能，纵然后来远离这一立场，他依然认为同情是感伤的、不成熟的，这一点具有重大意义。②在《人性的，太人性的》第 2 卷（1886）中，他把当时盛行的道德，即感伤的同情和善心泛滥的仁慈描述为"一种本能的道德，它没有头脑，似乎只有一颗心和一双援助之手"③。在同一年的一个段落中，他抱怨道，"同情并不取决于准则，而是取决于情感"④。尼采在其思想的这一阶段，

道德：尼采道德谱系文集》（Nietzsche, Genealogy, Morality: Essays on Nietzsche's On the Genealogy of Morals），伯克利：加利福尼亚大学出版社，1994，第 139—147 页。

① 《朝霞》，第 133 节。

② 与《人性的，太人性的》第 1 卷《朝霞》和《快乐的科学》（第一版）中的某些段落相比，强调"本能"（instincts）的恢复，通常被认为是尼采"后期"的特征（相对于他的"中期"而言）。

③ 《人性的，太人性的》第 2 卷，《漫游者和他的影子》（"Der Wanderer und sein Schatten"），第 45 节。

④ 《遗稿》（1885—1887），7（4）。关于这一点，可以参考尼采的一个断言：任何"有知识的人"都不会认真地对待同情（《善恶的彼岸》，第 171 节）。在这里，"有知识的人"不是一个贬义词（就像在尼采的其他作品中那样）。相反，它似乎是指更高等的人。在《善恶的彼岸》中，

并不反对本能与情感，那么他为什么还要继续指责同情是对他人苦难的情感反应，而不是理性反应呢？

事实表明，尼采认为同情问题并不在于它本身是一种情感，而在于它是一种源于虚弱（weakness）的情感。在《瞧，这个人》中，尼采解释说道，同情是"不能承受刺激的一种特定情形——只有在颓废者那里，同情才被称为德性"①。从《人性的，太人性的》到《瞧，这个人》，尼采的主要观点是：同情是缺乏自制力的结果。它是一种感伤的反应，容易使虚弱而暴躁的人——也就是尼采最终称之为颓废者的人——丧失情绪上与身体上的恢复力（resilience）。因此，同情是对他人苦难的一种被动反应。②经受同情纯粹是由于缺乏自制力与恢复力。

在尼采的心理学批判中，同情的第二个基本特征是：它是一种痛苦的情感。尼采是从字面意义和词源学意义上来理解 Mitleid 一词的。同情是一种苦难；它包含与他者一起（mit）受苦（leiden）之意，或者更确切地说，是因他者而受苦。其观点是，同情是一种使人虚弱的情感："同情，就其产生苦难而言……是一种弱点，正如一切自我失落都来自有害的情感。"③因此，

尼采中还告诉我们，同情的感伤情调明显地展现在这一事实中，即它"几乎像女人一样不能目睹苦难，不能听任苦难发生"（第 202 节）。

①《瞧，这个人》，"为什么我这么有智慧"，第 4 节。

② 关于被动性（相对于主动性而言）与作为根本被动者的颓废者，请参阅本书第三章。

③《朝霞》，第 134 节。

176　尼采指责同情"增加了世界的苦难"①。简言之，它是一种抑郁的"有害"情感——尼采声称，任何真正尝试思考世间一切苦难的人，都会"不可避免地变得病态和忧郁"。②当然，在描述同情的这一特征时，尼采毫不犹豫地使用了医学的类比。他写道："同情是一种情感的挥霍"，"是一条危害道德健康的寄生虫……它是病态的；他者的苦难感染了我们，同情是一种感染"。③关于这一点，可参考《敌基督者》这段话：

> 滋补性情绪是提升生命感受的能量，同情则与这种情绪相对立：它有一种压抑的效果。一个人若是心怀怜悯，他就会失去力量。苦难已经给生命的力量带来了损失，同情则令这损失成倍加剧。苦难本身就是由同情传染的。④

面对他者的苦难时，人们越是富有同情心，越是缺乏那种不感到痛苦的自制力，苦难的传染性就越强。从这个意义上说，同情是一种在根本上使人衰弱的、具有传染性的情感。⑤

---

① 《朝霞》。另见《善恶的彼岸》，第 30 节。
② 《朝霞》，第 134 节。
③ 《遗稿》，(1885—1888)，7 (4)。
④ 《敌基督者》，第 7 节。
⑤ 因此，尼采发现自己与斯宾诺莎完全一致。在《伦理学》中，斯宾诺莎将怜悯（pity）描述为"因伤害别人而产生的悲伤"（第 3 部分，命题 22，附释；另见同上书，定义 18）。当然，"悲伤"（Sadness）只不过是"从较大的完满向较小的完满的过渡"（《伦理学》，第 3 部分，

同情的这一特征支持了尼采的观点，即同情只不过是不成熟的感伤情调。暴躁的、过于感伤的颓废者不能不因感到同情而受到伤害。毕竟，颓废者是一种被动者，对他们来说，各种形式的苦难都意味着挫折和力量的丧失。实际上，如果同情在颓废者中屡见不鲜，那恰恰是因为它的症候在于：具有容易受伤的倾向，而且无力抵御心理伤害。对尼采来说，面对他者的苦难而感到痛苦完全是一件平庸之事。正因为同情在根本上是一种被动的情感，它才是颓废者与他者融洽相处的默认模式。因此，同情绝不是一种德性，而是一种感伤情调和心理上过于敏感的表现。

　　事实上，同情导致的行为是间接利己的，这是尼采概括的同情心理的第三个特征。尼采声称，只要把 mitleiden（"怀有同情"）还原为 leiden（"苦难"），把源于同情的行为称为无私或利他的（selfless or altruistic），就是对心理学的肤浅理解。在这方面，尼采认为同情是一种误导性形式，因为当一个人面对他者的不幸时，他所遭受的苦难其实就是他自己的苦难。①尼采认为，我们所谓同情的行为完全是以自我中心的。②归根结底，

定义3），即力量的减少（关于这一点，见《伦理学》，第3部分，命题11）。在这一点上，斯宾诺莎很可能是尼采思想的来源之一。关于这一点，请参阅《道德的谱系》，"序言"，第5节。

①《朝霞》，第133节。可参阅拉罗什富科：《自画像》，第264页。

② 除了有同情心的人所感受到的痛苦以外，其他相对自私和/或自我指涉的动机也可能会起作用。例如，一个人可能会在旁观者面前感到羞愧，因为他不能或不愿意阻止对方的不幸，或者这种不幸可能是间接的威胁，因为它提醒人们注意到自己的虚弱与脆弱。(《朝霞》，第130节）

一个人出于同情而行动，其实是代表他自己去行动。① 出于同情的动机而采取行动，我摆脱的是我自己的苦难。②

同情心理的第四个也是最后一个特征是，它只会驱使行动者（the agent）采取肤浅的行动。尼采解释道：

> 同情有一种独特的无耻形态与之相伴：因为它绝对地渴望帮助别人，所以它既不关心治疗方法，也不关心疾病的类型或起源，而是乐此不疲地开始庸医式的治疗，不顾病态者的健康与名声。③

---

① 亦可参阅《人性的，太人性的》第 1 卷，第 103 节，以及《遗稿》（1885—1888），7（4）。"如果一个人只是出于同情而行善，那么他实际上是在为自己，而不是为他者行善。"当然，尼采把富有同情心的行动描述为关涉自我，并不是否认人们确实有恻隐之心。所以，用来拒斥心理学利己主义（psychological egoism）的那类论据，并不能有效地反对尼采对同情的批判。事实上，仅仅因为一个人在面对他人的痛苦时确实会感到痛苦，就认为同情是真实和真诚的，这种观点在这里并没有太强的说服力。他者的苦难真的会使我受苦，尼采并未质疑这一点。确切地说，他的观点是，我们没有理由把同情称为美德。在尼采看来，它不过是一种感伤情调，而且并未引发真正关涉他者（other-regarding）的行动，因为对于有同情心的行动者来说，驱使他们去行动的东西其实是他们自己的苦难。因此，尼采并不是否认有同-情（com-passion），而是否认这种情感有什么值得称道之处，仅此而已。

② 在这一点上，尼采与斯宾诺莎也是一致的。在斯宾诺莎看来，仁慈（benevolence）是一种意愿，它要减轻我们所怜悯的人受到的"伤害"，它源于我们面对他者所受伤害时感到的力量减少（即"悲伤"）。（《伦理学》，第 3 部分，命题 27；另见同上书，定义 35）

③《人性的，太人性的》，第 2 卷第 68 节。

同情无法洞察他者苦难的核心。因此,"它祛除了他者的苦难,而这苦难实际上是人格化的东西"①。同情的结果是肤浅的,甚至侮辱性的行动。②对于有同情心的人来说,他者为何以及如何受苦无关紧要。更重要的是,有同情心的人也不在乎这种苦难是否真的对他者有益——让他者变得更强大,而不是杀死他。对我来说,问题在于一个人在受苦乃是一个非个人的事实(impersonal fact),因为这是导致我受苦的原因,也是促使我采取行动的原因。

当然,这种现象更深的根源是同情心的极度痛苦。因为我真正关心的是我自己的痛苦,而不是引起痛苦的原因——他者的苦难——我并不试图理解他者悲伤的本质,而是不假思索地急于给与"帮助"。因此,对于他者的苦难,有同情心的人有一个粗糙的、最终是自我指涉的视角,这一视角并未超出"他者正在受苦"这一最基本事实。结果,他们的支持与"帮助"并无真正用处。事实上,它们即使不是有害的,也很可能是无礼和无用的。

尼采对同情的严厉裁决招致许多批评。最根本的问题在于,他所描述的心理现象是否真的是同情,这似乎值得怀疑。当我在电视上看到非洲儿童陷于饥饿的新闻,或者看到一个乞丐在街角被冻死,我所感受到的是同情吗?在《同情的本质与形式》(*Wesen und Formen der Sympathie*, 1932)中,舍勒(M. Scheler)提出了他著名的指责,即尼采把同情误认为其他形式的情绪反

---

① 《快乐的科学》,第338节。
② 《朝霞》,第135节。

应。在此著作的开头，舍勒就断言尼采混淆了同情与"情绪感染"（Gefühlsansteckung）。①按照舍勒的解释，情绪感染即一种情绪状态从某一个体或群体传染给另一个体或群体，这是一种常见的现象。例如，站在哀悼的人群中，我会感到悲伤；或者进入喧闹的酒吧，我会感到快乐。因此，情绪感染不同于真正的同情（Mitgefühl），它并不意向地（intentionally）指向他者。因此，它是被动地被经受，对感受的来源只有微弱的意识；舍勒将其描述为无意向的（unwillkürlich）和无意识的（unbewußt）现象。②相反，同情则意向地指向受苦者，因而构成了作为他者之苦难的苦难。这样，舍勒提出了跟尼采相反的观点，他主张同情甚至可以防止情绪感染。③

同情使苦难具有传染性，然而，无论尼采怎样言说这一点，他所批判的同情显然不仅仅是情绪感染。同情可能会被经受，有同情心的人可能因此无法控制他们所感受的痛苦，但这并不意味着尼采描述的情感没有意向地指向受苦者。尼采的有同情心的颓废者专注于他者，并充分意识到他者的苦难为他者所独有。从这个意义上说，尼采对同情的心理学批判与舍勒的情绪感染（emotional infection）或其最近的化身，比如达沃尔的"情绪传染"（emotional contagion）——毫不相干。④舍勒声称，同

---

① 舍勒：《舍勒全集》第 7 卷，伯尔尼：弗兰克出版社，第 28—29 页。
② 同上书，第 27 页。
③ 同上书，第 28 页。
④ 根据达沃尔的说法："情绪传染只是一种原初的同感，不涉及对他者立场的投射，甚至也不一定涉及任何这样的意识：他者是一个独特

情心可以防止情绪感染，因为它意味着将他者的苦难视为他者的苦难，这似乎没有说服力，而且是循环论证（question-begging）。①电视画面显示着饥饿的儿童在哭泣，即使我把儿童的苦难算作他们自己的苦难，当我注意到电视屏幕时，我还是会感到不安和痛苦。我可能已经吃饱了，一点儿也不觉得饿，但我还是会感到痛苦，因为他们正在独自挨饿。这就是尼采对于作为一种被动性情感的同情的论述，他敏锐地捕捉到了这一点。相比之下，舍勒声称"只有同情与情绪感染完全一致时，同情才会成为'苦难的乘数'"②，似乎天真至极。

在几页之后，舍勒似乎提出了一个更有希望的批评，他指责尼采混淆了同情与"**表象的**同情"（Schein mitgefühl）。③克里斯汀·塔波莱特在其关于同情的讨论中评论了这一差别，她仔细区分了"关注对象"（object of attention）与"意向对象"（intentional object）。④她认为，真实的同情与表象的/虚假的同情都把他者的苦难当作其意向对象，在这一点上二者是相似的。但是，真正的同情会把他者的苦难也当作关注对象，纯粹表象

的自我。"达沃尔（S. Darwall）：《同感、同情、关怀》（"Empathy, Sympathy, Care"），载《哲学研究》89（3），1998，第261—282页，特别是第266页。

① 循环论证是一种逻辑谬误，其含义是把有待论证的结论当作论据来使用。——译注
② 舍勒：《舍勒全集》第七卷，第29页。
③ 同上书，第52页。
④ 塔波莱特：《同情与利他主义》，第188页。

的同情则把一个人自己的苦难当作关注对象。①根据这一区分，我们似乎有理由怀疑，正如舍勒所说，尼采混淆了真实的同情与表象的同情。

然而，尼采心理学批判的全部要义就在于，只有"表象的同情"。由此可见，这种同情既不是"仅仅是表象的"，也绝不是"虚假的"。根据尼采的观点，我们通常所说的同情一种苦难的形式，即我在面对他者之不幸时所经受的苦难，它导致了间接关涉自我的行为，这些行为仅仅在表面上看起来是为他者着想。②因为尼采也认识到，我们对自己心灵运作的理解非常有限，此外，他还乐于承认，大多数人都认为我们同情的"关注对象"其实是他者的苦难，而不是我们自己的苦难。然而，实际上，当我们出于同情而采取行动时，真正激励我们的是一种使自己免于苦难的渴望。

尼采对同情的心理学批判有三大要义。第一，同情不过是"低级趣味"（bad taste）③和"不良举止"（bad manners）。④同情是"低级趣味"，因为它展示了低端颓废者的虚弱、情绪浮躁和缺乏自制力。简言之，它是过度敏感、爱发牢骚的人的特征，当面对别人的苦难时，他们只能感到痛苦和悲伤。此外，颓废者因同情而生的哀叹其实只关乎他们自己的不幸。有鉴于此，表

---

① 塔波莱特：《同情与利他主义》，第188页。

② 请注意，在其论述的结论部分，塔波莱特表示：她自己想知道"真正的同情"是否真的发生过，至少从第三人称的角度来看，这种同情的出现能否被确认，也颇为可疑。（《同情与利他主义》，第191页）

③《善恶的彼岸》，第293节。

④《瞧，这个人》，"为什么我这么有智慧"，第4节。

现出同情心是可耻的。因而受同情心驱使的行动是"不良举止",因为它们归根到底是利己的,即使不完全是伪善的(hypocritical),也是肤浅和误导性的。试想,一个人忍受着饥饿,却在数小时内不能进食,否则就会削弱给她治病的药物的疗效。饥饿引发了种种苦难的迹象,一个愚蠢而有同情心的行动者为这些迹象所折磨,会敦促这个人进食。从这一角度看,"不良举止"都有点儿轻描淡写了。

第二个含义与尼采对人类医生(physician of mankind)这一神秘形象的看法有关。尼采写道,无论是谁"想在任何意义上充当人类医生,都必须极为谨慎地防范这种感觉[同情]"①。鉴于尼采对同情的描述,他声称同情不适用于真正的医生并不令人意外。尼采所说的医生不会关心自己的苦难,而是关心其病人的苦难——事实上,面对病人的苦难时,他并不清楚自己是否会感到痛苦。尼采在这里提出的观点是,只有当一个人没有同情心的时候,他才能够对他者有所帮助。此外,尼采在此提到医生的形象并非巧合。毕竟,从伟大健康的视野看,尼采本人就是一位人类医生。因此,尼采努力克服同情心。稍后,我将再次回到这一点。

尼采对同情的心理学批判的第三个含义是,对于健康者来说,同情是他们通往伟大健康之路的"最大危险"②。这意味着什么?关于虚无主义者的道德及其对更高等级者(higher

---

① 《朝霞》,第134节。[作者误写为"第133节",译者据尼采原著修改。——译注]

② 《快乐的科学》,第271节。另见《遗稿》(1888—1889),15(13)。

types)的影响,尼采提出了更广泛的主张,这为我们提供了一种答案。尼采警告说,每一种利他主义和同情的道德都是"对更高等级者的诱惑与伤害"①。因此,"最危险"的观念有两个方面:(一)成为同情的对象会"伤害"健康者;(二)成为同情的主体会"诱惑"他无法完成自己的使命。

关于因同情而造成伤害的风险,尼采认为,所谓"恩人"(benefactors)可能比敌人对健康者的伤害更大。②他解释道:"在某些情况下,同情之手可能以最具破坏性的方式干预伟大的命运,干预受到创伤的孤独,干预承负重担的特权。"③这种说法的前提是,巨大的苦难是实现更高健康的必要条件。这种观点认为,作为同情的对象——不断获得热心者的帮助、协助和支持——使健康者无法从没有杀死他的东西中变得更强大。

就同情的诱惑而言,尼采的观点是,即使是更高等级者也可能重新陷入感伤的浮躁中,并出于同情心而把精力浪费在一些不值得的事业上。④因此,尼采声称同情是最易"迷失方向"的道路。⑤正是在这一语境中,他谈到了任何"引起同情"的东

---

① 《善恶的彼岸》,第 221 节。
② 《快乐的科学》,第 338 节。
③ 《瞧,这个人》,"为什么我这么有智慧",第 4 节。
④ 关于这一点,可参阅伯科威茨(P. Berkowitz):《尼采:一位非道德主义者的伦理学》(*Nietzsche: The Ethics of an Immoralist*),马萨诸塞州剑桥市:哈佛大学出版社,1995,第 105 页和 204 页,以及泰勒对尼采所说仁慈对于更高等级者之危险的评论。泰勒:《自我的根源》,马萨诸塞州剑桥市:哈佛大学出版社,1989,第 343、423、455、499、516 和 518 页。
⑤ 《快乐的科学》,第 338 节。

西所固有的"诱惑"。①对尼采来说,同情是对他者之不幸的一种自然的、直觉的反应,是一种令人虚弱的、分心的感伤情调,即使是最高等级者也总是面临这种风险,亦即他也有可能成为这种情绪的牺牲品。所以,克服同情心是一种"高贵的德性"②。毕竟,克服同情心才是真正的"战胜自己"③。它战胜了一种根本上被动的情感,这种情感对人类一切肯定性、创造性的活动都意味着一种威胁。

现在,我们可以转向尼采对同情的文化批判了。这一批判的靶子是对同情的集体赞美,尼采在19世纪晚期的欧洲目睹了这种赞美。虽然这种"同情的宗教"④源于基督教的土壤,但它作为一个信条却支持了现代欧洲最世俗的伦理体系。从根本上说,所有这些道德和意识形态都表现出对无利害性(disinterestedness)、利他主义(altruism)和无私(selflessness)等观念的痴迷。⑤因此,同情的宗教代表了去自我化道德在意识形

---

① 《快乐的科学》,第338节。
② 《瞧,这个人》,"为什么我这么有智慧",第4节。
③ 《朝霞》,第146节。
④ 《快乐的科学》,第338节。
⑤ 见《朝霞》,第132节;《快乐的科学》,第345节;《遗稿》(1884),25(178),以及同上,(1885—1888),2(188)。斯坦顿(H. Staten)巧妙地总结了尼采的观点:"同情来源于基督教,是人道自由主义的基础或源泉。"斯坦顿:《尼采的声音》(*Nietzsche's Voice*),纽约州伊萨卡:康奈尔大学出版社,1990,第81页。基督教使"道德"成了"无利害性""无我"等语词的同义词,此观点在泰勒的《自我的根源》中得到了令人信服地论证,尽管其意图在于恢复基督教,与尼采截然不同。

态上最大的胜利，它是颓废者进行生命否定和自我否定的最有力工具。①因此，尼采对同情的文化批判是对欧洲颓废主义去自我化伟大计划的批判，这一计划中的同情犹如皇冠上的宝石。

实际上，同情的宗教远不止于将颓废者的虚弱当成美德来"炫耀"——它是一种"伪装……是极度虚弱、疲惫、衰老和力量的衰退"。②这不仅仅是一个虚弱的、容易同情的颓废者将必要之事当作美德的问题。作为去自我化意识形态的最成熟的果实，它还具有双重目的，即让颓废者（一）成为统治者，以及（二）对生命进行报复。这两点都需要阐明。

总体上的去自我化道德，以及对同情的特别赞美，对于颓废者与日俱增的统治至关重要。因此，它们体现了尼采所说的畜群本能（herd instincts）。尼采的观点是，把病态、虚弱和被动的群众——《善恶的彼岸》和《道德的谱系》中的"奴隶"——当作一个群体或畜群。他们之所以这样做，原因很简单，因为这是他们唯一的生存之道。因此，畜群赞美群体心态。这超出了群众的墨守成规和对个人主义的厌恶。实际上，它涉及对群居动物的品质自以为是的赞美，这些品质包括善良、仁慈、合作、温顺、利他主义等。③尼采解释道，现代道德的基

---

① 关于这一点，请参阅《偶像的黄昏》，第 8 章第 37 节。关于去自我化道德及其与颓废的关系，见本书第二章。

②《快乐的科学》，第 377 节。另见《遗稿》（1888—1889），17（6）。

③ 在《遗稿》（1885—1887），9（85），尼采指出，非自我中心主义行为是"个体的一种真正畜群本能的结果"。关于这一点，可参

本德性——同情、善意、体贴、勤勉、节制等——恰好是那些对畜群有用的德性。因此，它们不过是畜群本能的表现。①因此，尼采的观点是，颓废的畜群作为一个整体，把必要之事当成了德性。正是基于这一点，尼采评估了 19 世纪晚期欧洲的文化状况及其基于同情的道德绝对主义（moral absolutism）。②他告诉我们，欧洲人所宣称的客观之善，只是人类作为"群居动物"的本能的一种表现。③

因此，根据尼采的说法，畜群去自我化的同情和无我的利他主义道德观，根本没有根植于真正的利他主义之上。恰恰相反，它只是为畜群提供了便利。事实上，专制的平等主义畜群对那些天生不驯服的群居动物——对那些"脱颖而出"者——

阅哈瓦斯（R. Havas）：《尼采的谱系学：虚无主义与知识意志》（*Nietzsche's Genealogy：Nihilism and the Will to Knowledge*），纽约州伊萨卡：康奈尔大学出版社，1995，第 211—212 页。值得注意的是，尼采的说法与演化心理学（evolutionary psychology）的最新进展是一致的，而演化心理学家与尼采的不同之处在于，他们倾向于将"畜群本能"的盛行视为一种积极的发展。参看索伯（E. Sober）、威尔逊（D. S. Wilson）：《朝向他者：进化与无私行为心理学》（*Unto Others：The Evolution and Psychology of Unselfish Behaviour*），马萨诸塞州剑桥：哈佛大学出版社，1998。这不过是证实了尼采的怀疑，即科学家是禁欲主义牧师的现代化身。（《道德的谱系》，第 3 章第 24—25 节）

① 《善恶的彼岸》，第 199 节。

② 尤其可参阅《偶像的黄昏》，第 9 章第 37 节。[作者误写为"第 8 章第 37 节"。——译注]

③ 《善恶的彼岸》，第 202 节。

充满了仇恨与厌恶。①无论它在道德上怎样长篇大论地反对利己主义驱动力（egoistical drives），对它的敌人来说，畜群都是"怀有敌意的、自私的、无情的、充满控制欲的、不信任的，等等"②。尼采的结论是，利他主义驱动力（altruistic drives）"服务于一种本能，这种本能根本无关乎上述德性的条件"③。简言之，"利他主义崇拜"④的基础与这种明确的道德信条完全相悖。它实际上是畜群的集体利己主义的一种表现。

这凸显了深重的怨恨和复仇的本能，它们激发了畜群的活力，并推动畜群接受去自我化崇拜（cult of unselving），这是一种同情的宗教。在这方面，尼采评论了基督徒对一切利己主义的憎恨，利己主义是这种世俗宗教（secular religion）的核心，他解释道，它是：

> 一种受复仇影响的价值判断……这种在对利己主义进行审判、拒斥和惩罚中释放的怨恨……在弱势群体中不失为一种自我保存的本能。总之：利他主义崇拜是利己主义的一种特殊形式，在特定的生理条件下经常出现。⑤

---

① 《遗稿》（1885—1887），9（85）。"自由精灵"的形象是特立独行的典型，为畜群所鄙视。在这方面，我们可以看到生活在荒野中的"探问者、追寻者、征服者"的形象，与之形成鲜明对比的是那些"著名的智者"，他们给群众提供了其希望获得的智慧。（《查拉图斯特拉如是说》第 2 部，"著名的智者"）
② 《遗稿》（1885—1887），9（85）。
③ 同上。
④ 同上书，（1888—1889），14（29）。
⑤ 同上。

因此,同情与利他主义道德不仅有助于颓废的、被动的生命占据主导地位,而且也是奴隶对其主人的自发利己主义进行报复性反攻的结果。在这里,"自我保存的本能"并没有体现于对群居动物最优评价体系的选择中,而是体现于一种向主人复仇的暴力的、被动性的本能中。因此,同情的宗教是怨恨的另一种表达。

文化上和伦理上盛行去自我化同情,颓废者借此凸显了否定生命的意志。实际上,把同情这种自我削弱且使人衰弱的冲动变成一种基本德性,这一愚蠢的做法不仅违背了颓废的畜群精心计算的自利①,也显示了他们从根本上否定生命和厌恶世界的倾向。尼采提醒我们,正是基于"'非利己主义的'(unegoistic)价值,同情、自我否认和自我牺牲的本能","[叔本华]否定了生命,也否定了他自己"。②因此,同情在伦理学上的优先性在于人类"将其意志转向反对生命"这一问题。③在《敌基督者》中,这一观点得到了有力的表达:

> 我们把同情变成了德性,变成了一切德性的基础和起源——当然……但是从一种虚无主义哲学的角度来看,这种哲学把对生命的否定铭刻在自己的盾牌上。叔本华在这一点上是正确的:生命被同情否定了,它变得值得被

---

① 应当提及的是,虽然我使用了"精心计算的自我利益"一词,但实际上并没有深思熟虑和刻意的"计算",一切都是本能所为。
②《道德的谱系》,"序言",第5节。
③ 同上。

否定——同情是虚无主义的实践。①

因此，即使他指责叔本华误解了同情的心理学，②尼采也认同这位德国悲观主义之父的观点：同情与激进的自我否定和生命否定共属一体。这种观点认为，同情心的培养是去自我化过程的一部分——这个过程已经表达了自我否定，因而最终导致主动的自我牺牲（active self-abnegation）。③更重要的是，就同情是一种痛苦的情感而言——就同情"使世界上的苦难加倍"而言④——它使生命变得更加难以忍受和卑劣。这只会为颓废者的生命否定锦上添花。

尼采认为同情是虚无主义的实践，这与另一个有点儿令人担忧的特征相符。尼采用一种特别粗暴的语气，把基督教及其世俗继承者——同情的宗教——称为"反对选择的原则"⑤。尼

---

① 《敌基督者》，第 7 节。
② 《朝霞》，第 133 节。关于这一点，可参看基奥夫斯基（Kiowski）：《尼采对叔本华"同情"概念的批判》（"Nietzsches Kritik an Schopenhauers Mitleidsbegriff"），载《第一哲学》（Prima Philosophia）12（1），1999，第 47—61 页。
③ 在一个关键段落中，尼采明确地将"自我苦修、同情"和"对生命的否定"归为一类。[《遗稿》（1888—1889），15（13）]另见《善恶的彼岸》第 225 节："在某些时刻，我们以莫名的恐惧来看待**你的**同情，我们反对这种同情……你所理解的幸福——那当然不是目标，对我们来说，它看起来就像一种**终结**！一种境况，让衰退成为令人**渴望**的东西。"
④ 《善恶的彼岸》，第 30 节。
⑤ 《遗稿》（1888—1889），15（110）。

采问道:"若不是相互保存、弱者的团结以及对选择的阻碍,那么基督教中的'德性'又是什么呢?'对世人的爱'又是什么呢?"①尼采声称,颓废者否定生命的倾向转化成了一种伦理规则,即保护、庇护和照顾最病态者、最虚弱者。这是颓废者主动损害生命的方式之一。

必须将这一激进的、论战性的主张置于适当的语境中,以免曲解尼采。尼采在此表达的声音异常尖锐。他的目的是震撼、挑衅和扰乱他的读者。所以,如果把他所说的"同情的行动违反进化"理解为一种政治纲领,那就错了。实际上,我们有充分的理由相信,尼采永远不会支持大规模谋杀或隔离身体虚弱和不健康的人。也就是说:尼采的健康与疾病的概念与生物医学或当代遗传学的那些概念并不一致。让我们考虑一下尼采的具体情况。尼采成年后的大部分时间都在生病,但他相信,正是他的疾病使他获得了"更高的健康"。因此,对尼采来说,许多在医学上健康的人可算作"病弱者"。同样,许多在医学上不健康的人可算作"强健者"。②这本身就给了我们充

---

① 《遗稿》(1888—1889)。另见《敌基督者》,第 7 节。
② 这一简单的观察,足以破坏理查德森(Richardson)在《尼采的体系》(*Nietzsche's System*)中对尼采的伦理学与"政治学"天真的重建,第 142—219 页;另见理查德森《尼采的新达尔文主义》(*Nietzsche's New Darwinism*,牛津大学出版社,2004),他在此书中把尼采的伦理学重构为一种激进的社会达尔文主义。更一般地说,在我看来,许多评论家将尼采解读为一位致力于一种拙劣的(和冷酷的)贵族主义的政治哲学家——亦即伯科威茨:《尼采》;戴威勒(B. Detwiler):《尼采与贵族激进主义政治》(*Nietzsche and the Politics of Aristocratic Radicalism*,芝加哥:芝加哥大学出版社,1990);阿佩尔(F. Appel):《尼采反民主》

分的理由，让我们有所保留地把那些关于同情的段落视为"反对选择的原则"。

那么，尼采的意思到底是什么？尼采在《人性的，太人性的》第 1 卷第 45 节①的评论或许有助于理解这一问题。这段话嘲讽了同情的道德性（morality），因为它意味着一个人必须伤害他者，才可以"变得善良"。既然"苦难对于同情是必要的"，那么结果就是"世上一切伤害都是必要的"。②从表面上看，这一论证似乎完全是诡辩的（sophistical）。批评者会反对说，赞扬同情的全部意义就在于有同情心是好事，所以同情的道德性并不意味着他者应该受到伤害。但是，这一反对意见没抓住尼采的重点。尼采关心的是一种意识形态，在这种意识形态中，"同情卑微者和受苦者"是"灵魂提升的尺度"。③不仅有同情心是好事，而且"善"（goodness）就在于富有同情心。在这样的语境中，指出伦理技艺（ethical prowess）要求人们承受苦难、不适和压迫等，就是正确的。有鉴于此，对于那些不易受悲痛、悲伤和抑郁所影响的更高者、更强者，同情的宗教将有

（*Nietzsche contra Democracy*，纽约州伊萨卡：康奈尔大学出版社，1999），以及洛苏尔多（D. Losurdo）：《尼采，贵族的反叛者：思想传记与批判性总结》（*Nietzsche, il ribelle aristocratico：biografia intellettuale e bilancio critico*，都灵：博拉蒂·博林吉耶里出版社，2002）——过分强调了尼采论战性的、通常带有讽刺性的主张，却没有把这些主张放在适当的语境中。

① 作者误写为"第 2 卷第 45 节"。——译注
②《人性的，太人性的》，第 2 卷，"漫游者和他的影子"，第 62 节。[作者误写为"第 45 节"。——译注]
③《遗稿》（1887—1888），9（44）。

效地阻止他们的"进化"或发展。

从这个意义上说,同情的宗教需要颓废的延续和传播。此外,它甚至可能对那些由于变得更强大和更健康——在尼采的意义上——而使自己不适合被同情的人施行暴政,这恰恰是因为他们受苦更少——或至少是不同的(也就是说,在某种程度上,从颓废者角度看不像苦难)。

采取这样的视角,就可以更好地理解同情作为"虚无主义实践"的双重功能。请看《敌基督者》中的一段话:

> 这种本能令人沮丧,而且具有传染性,它阻碍了那些对保存与提升生命有用的本能:它既是苦难的乘数,又是苦难者的保护者,它是颓废之风兴起的主要动因——同情劝人走向虚无!①

同情是苦难的"乘数"(multiplicator),因为它本身就是一种痛苦的情感。它也是那些受苦者的"保护者"(conservator),这恰恰是因为"苦难对于同情是必要的"。②这种观点认为,同情的道德性完全有利于让尽可能多的人处于虚弱和病态状态——即颓废——并传播这种疾病,从而使同情本身总是可以拥有更多对象。

总之,尼采对同情的文化批判的主旨在于,在宗教和世俗

---

① 《敌基督者》,第 7 节。
② 《人性的,太人性的》第 2 卷,"漫游者和他的影子",第 62 节。[作者误写为"第 45 节"。——译注]

的意识形态中,凭借同情在伦理上的盛行,去自我化道德兴起并胜利,这是颓废的一种明确症状。此外,由于同情的宗教对欧洲的健康造成了损害,欧洲的虚无主义只会陷入更加严峻的困境。简言之,尼采描述的是一个正反馈循环(positive feedback loop)。尼采告诉我们,同情的宗教既是颓废的虚无主义者畜群心态(herd mentality)蔓延的结果,也是导致更深刻地否定生命的虚无主义的原因。同情在伦理上的优先性既是"生命衰落的症状",又是导致明确的虚无意志(will to nothingness)的巨大"灾难"。①根据医学上的类比,同情在文化上的主导地位就像一阵剧烈的咳嗽,虽然它只是病毒的症状,但是通过伤害喉咙,病毒巩固了对身体的控制,从而使身体更容易受到同一病毒更进一步的深度感染。简言之,在上帝死后,同情的宗教使颓废的虚无主义痼疾对欧洲的控制得以维持和巩固。

因此,尼采对同情的文化批判在一种虚无主义欧洲的构想中达到了高潮,而这一构想被一种全新形式的佛教吞没了。在这方面,尼采谈到一种"不由自主地升起的阴郁和敏感,在这种氛围的影响下,欧洲似乎受到了一种新佛教的威胁"②。在《道德的谱系》中,尼采讲得更加明确:

> 我理解同情的道德性,它本身总是能把更多的人吸引过来,它甚至抓住了哲学家并使他们生病,作为我们欧洲文化最离奇的症状,它本身已经变得不可思议,也许是通

---

① 《道德的谱系》,第 3 章第 14 节。
② 《善恶的彼岸》,第 202 节。

往新佛教的弯路？通往一种新的欧洲佛教？通往……虚无主义？①

因此，对同情的文化批判在尼采的警告中找到了缩影，他让人警惕一种源于同情之病的纯粹而自觉的虚无主义———一种否定生命的"新佛教"———的危险，它与同情的去自我化挂钩，并朝向涅槃的最终去自我化。

若根据尼采激烈的批判性观点，就认为他对同情持一种纯粹否定性立场，那将是一个不幸的错误。相反，更仔细地阅读尼采的全部作品就会发现，在他的哲学中还有一种健康的同情。② 这种同情是与尼采的同情批判相应的平衡物（counterweight），对它进行考察是正确理解"克服同情心"之真正含义的关键。

在几个非常重要的段落中，尼采指责了去自我化的虚无主义先知，他们非法追溯同情的虚假根源，从而误解了同情。请看以下段落：

---

① 《道德的谱系》，"序言"第 5 节。
② 关于这一点，另见蒂勒（L. P. Thiele）：《政治的痛苦：福柯思想的尼采根源》（"The Agony of Politics: The Nietzschean Roots of Foucault's Thought"），载《美国政治科学评论》（*American Political Science Review*）84（3），1990，第 907—925 页；阿比：《尼采的中期》；以及弗雷泽：《查拉图斯特拉的同情：尼采论同情与强力》（"The Compassion of Zarathustra: Nietzsche on Sympathy and Strength"），载《政治学评论》（*Review of Politics*）68（1），2006，第 49—78 页，他也挑战了简单化的观点，即尼采反对一切形式的同情与仁慈（大多数尼采评论家不加批判地接受了这一观点）。

在禁欲主义去自我化的道德压力下，恰恰是爱、善、同情，甚至是公平、慷慨、英雄气概的情感，不得不被误解……正是人格的丰富、自身的完满、流溢和释放、本能的幸福以及对自己的肯定，产生了伟大的牺牲和伟大的爱：正是从这种强大而神圣的我性中，这些情感才得以生长。①

尼采在这里的主张与他的心理学批判、文化批判的主张截然不同。我们在此看到的不是对同情的正面攻击，而是对颓废的虚无主义者所理解的同情的批判。实际上，真正的同情、爱、慷慨等情感并非源于去自我化的自我贬抑，也不是源于非个人的、中立性关怀的理想化。相反，它们源于健康的、热情洋溢的自我肯定。

因此，对尼采来说，虚无主义者否定自我、否定生命，而真正的同情则包含了一种本性上与之迥异的思想——"我强大、健康而有力。与其他人不同，我能帮助，我愿意帮助……以我的方式。"与此相似，尼采解释道：从最根本的意义上说，对人类的爱、同情和自我牺牲都是强者之权力意志的健康表现，他们的权力意志是主动的、创造性的。②这样的行为是主动之

---

① 《遗稿》（1887—1888），10（128）。关于在禁欲主义去自我化道德框架内对同情、爱和正义的误解，另请参阅《遗稿》（1888—1889），12（1）。

② 《遗稿》（1887—1888），9（145）。在诸如此类的段落中，尼采对同情心的描述与卢梭（J.-J. Rousseau）的相关描述颇为相似，参阅《爱弥儿》（Émile），巴黎：卡尼尔兄弟出版公司，1967（1762）。

力的表现和特征,而不是被动之力的表现和特征。这与颓废者以"自我与自信的缺乏"来赞美同情形成了鲜明的对比。①事实证明,颓废者因去自我化而产生的令人衰弱的同情,乃是一种伪造。

有鉴于此,怎样理解尼采对同情的心理学批判?难道整个心理学批判都与颓废者发明的一个幻想有关?如果同情真的是一种由强力产生的主动情感(active affect),而不是由虚弱产生的被动情感(reactive affect),那么尼采如此费力批判的到底是什么?

当我们的复调式(polyphonic)尼采似乎陷入一张难以抗拒的矛盾之网时,我们需要的往往是视角的转换。正如对于苦难和悲观主义,我们要问的不是"什么是同情",而是"谁有同情心",进而再问"如何以及为何会有同情心"。

在《善恶的彼岸》的一段话中,尼采解释道:"高贵的人也帮助不幸者,但不是,或不完全是出于同情,而是出于权力之流溢所产生的一种冲动。"②尽管由于尼采的犹豫不决,使"同情"一词听起来只代表了他所批判的同情。然而,同一文本的另一段话却表明情况恰恰相反。尼采夸张地赞颂了"天生的主人"之后,变得有些严肃,他写道:"如果这样的人有同情心,那么这种同情是有价值的。但是,那些受苦者的同情有什么价值呢?"③尼采在此提出,事实上,唯有强者的同情才

---

① 《偶像的黄昏》,第 9 章第 37 节。[作者误写为"第 8 章第 37 节"。——译注]
② 《善恶的彼岸》,第 260 节。
③ 同上书,第 293 节。

配得上"同-情"(com-passion)之名,因为弱者的同情只不过是另一种缺乏真正"*mit*"的"*Leid*"。①

尼采比较了强者和弱者与同情的关系,可以说其总体观点就是,同情确实有两种形态。一种源于虚弱,是一种无力抵抗心理伤害的症状;另一种源于强力,是一种主动的、扩张性倾向的表现,即扩展自己的关怀,将他者庇护于自己的羽翼之下,如此等等。对尼采来说,正如悲观主义有虚弱的悲观主义与强力的悲观主义,同情也有弱者的同情和强者的同情。在这两种情形中,"所予"(given)是相同的——在悲观主义的情形中是"无边无际、毫无意义的苦难",在同情的情形中是"他者的不幸"——但心理效应却恰恰相反。

诚然,关于强力的同情(compassion of strength),尼采所言不多。然而,在关于"他的同情"(his compassion)的讨论中,他提供了一个有趣的暗示。实际上,弱者的同情与强者的同情,看上去有截然不同的意向对象(intentional objects)。为阐明"他的同情"与同时代的人的同情有何区别,尼采指出人类有二分性(bipartite nature),所谓个体,一部分是受造物(creature)——或"物质、碎片、过度、黏土、污秽、胡说八道和混乱"——而另一部分是造物者(creat or)——或"雕塑家、锤子的坚硬"。②回想一下,个体之中被动之力与主动之力的区别。尼采认为,强力的同情与畜群的同情之间的差异在于,前者关心个体中主动的造物者一边,而后者关注个体中被动的受

---

① 意即缺乏"共同性"的"痛苦"。——译注
② 《善恶的彼岸》,第 225 节。

造物——应该被打破、被塑造和被克服的东西。①因此,从畜群的普遍立场看,强者的同情是颠倒的(umgekehrt)同情。这就是尼采提及的同情形式,在他的笔记中,他同样将"我的同情"定义为,当一个更高等级者浪费了他的潜能,并发现自己在通往伟大之路的途中停滞不前或偏离了这个目标时,抑或当他看到现代欧洲及其沉溺其中的深度虚无主义时,他所感受到的情绪。②简言之,强者的同情关注人身上主动的东西,而且会设法协助这些主动的力以抵御被动之力的攻击,而弱者的同情则关心人身上被动的东西。因此,只要被动之力的统治地位受到威胁,弱者的同情甚至会打击主动的力。

要更全面地理解强者的同情包含哪些内容,关键是基于这一理念:强力的同情是"颠倒的"虚弱的同情。首先要注意的是,强力的同情与虚弱的同情是对立的,这种对立恰好符合弱者与强者对苦难更一般的回应。强者的同情包括回应他者的苦难,并将其视为一个需要应对的挑战、一个主动与世界打交道的机会。毕竟,这就是强者对苦难的一般看法。与此相反,弱者的同情则包括被动地忍受他者的苦难,从而被动地对其做出回应,将其作为一种衰弱之源,而非激励之源。同样,这往往就是弱者看待苦难的方式。

这表明,强力的同情也涉及因他者之不幸而遭受的苦难,但是对这种苦难的体验令人激昂和振奋,而不是令人无力和沮丧。因此,所有同情都涉及某种程度的痛苦,但并非所有同情

---

① 《善恶的彼岸》,第 225 节。
② 《遗稿》(1884—1885),36(7)。

都可被描述为善变的感伤情调（fickle sentimentality）。一个重要的差别在于这种痛苦是如何被看待的，因而也在于它是怎样被回应的。更具体地说，由于强者不会因他所目睹的苦难而心烦意乱（反而会受到激励），因而"他关注的对象"真的是他者和他/她的不幸。因此，事实证明，病态者体验到的是舍勒所说的"表象的同情"，而健康者实际上体验到的东西更接近于舍勒所说的"真实的"同情。事实上，根据尼采的说法，更高的健康和满怀信心的自我肯定，看起来是突破自我中心主义（egocentrism）之局限的前提，而被动者、虚弱者仍深陷此局限之中。这意味着，基于强者的同情而采取的行动，不会像基于弱者的同情而采取的行动那样肤浅、愚蠢的和无礼。这是因为，这些行动不是间接地关涉自我，而是真正地关心他者的不幸。

尼采关于"他的同情"的说法还表明，强者的同情包括一种机制，即实际上对一个人有益的苦难——这种苦难将"使他变得更强大，而不是杀死他"——不会构成同情的理由。更准确地说，强力的同情将关注一切使苦难减弱之事，而非使苦难加强之事，例如，被动之力的盛行与扩散，它们在怨恨中的表现，虚无主义意识形态至高无上的地位，等等。因此，这种强力的同情必定永远不会危害更高等级者（higher types），既不会伤害他们，也不会诱惑他们。此外，它大概也是《朝霞》第133节所说真正的"人类的医生"（physician of mankind）的动力之所在。

然而，这种对强者之同情的刻画引发了一系列令人担忧的问题。难道强者的同情只关心那些走向伟大健康的、稀有的高等级者吗？它不仅忽视了对同类强者有用的苦难，而且忽视了对那些永远无法克服颓废的广大被动者（reactive types）"无用的"苦难，难道不是这样吗？因此，尽管他的关心将真正地关涉他者（other-regarding），但强者的善举会少得多，难道不是这样吗？他的强者之同情与颓废者的弱者之同情相比，在范围上难道不会更狭隘吗？

初步看来，对以上所有问题，似乎都必须给出肯定的回答。然而，关于尼采的健康者对"无用"的苦难的漠不关心到底会有多么冷酷，在尼采对道德问题更广泛的研究中，有一个重要段落促使我们至少可以根据疑罪从无（the benefit of the doubt）的原则看待他。请看《朝霞》中的如下段落，在这部作品中，尼采开始向我们的"道德偏见"（moral prejudices）宣战：

> 显而易见，我并不否认——我当然不傻——许多被称为不道德的行动应被阻止和反对，同样，许多被称为道德的行动应被实施并受到鼓励。但是，我认为，此行动犹如彼行动，应当出于其他理由，而不应出自迄今已有的理由。我们必须学会以不同的方式［去评估］，最后，也许在很久以后，会获得更多的东西：以不同的方式去感受。①

这段话表明，尼采对道德的全部攻击，真正关注的并不是哪些行动被实施，而是它们如何以及为何被实施。这似乎意味着，在乐于助人、支持他者、关怀他者、富有同情心和仁慈之心等方面，健康者并不亚于表面上似乎在宣扬畜群道德的传道者。

---

① 《朝霞》，第 103 节。

在这方面,健康者的典范可能是拉罗什富科,他是尼采的英雄之一。拉罗什富科在他的"自画像"中声称,他总是尽其所能地帮助和协助他者,但这决非出于庸俗而愚蠢的**怜悯**(*pitié*)之情。① 同样,强力的同情可能会引发许多仁慈的行动——这些行动的优点是真正地帮助和关涉他者。

按照《朝霞》第 103 节的思路,区分健康者与病态者的依据不是他做了什么,而是他感受周围世界的方式。他不会出于刻意的无私而急于帮助他者,因为他实在是太虚弱了,一看到他者的不幸就难以承受心理创伤。由于充沛的精力和充满信心的自我肯定,他自发地帮助别人。面对他者的苦难,他感受到的痛苦令他激昂和振奋。这为他提供了一个行动的机会,以壮大他的实力与权力。这种行动可能与富有同情心的弱者的行动非常相似,但它对处境的感受方式或解释方式却与后者大不相同。

这至少表明,就范围而言,强力的同情以及由之产生的仁慈,并不比弱者的同情及其关涉自我的仁慈狭隘多少。诚然,这绝不是一个定论。从表面上看,容易受苦的被动者,即受到他者之苦难的正面伤害的人——无论其潜在动机如何——似乎比健康者为他者做的事情更多,而健康者只关心"人类中的创造者"。最终,这一问题能否仅凭考察尼采思想就得以解决,尚未可知。所以,在下一章的结尾,我们不得不重新回到这一问题。

我们对尼采关于同情的观点的概述,现在已经完成了。我

---

① 拉罗什富科:《自画像》("Autoportrait"),第 20 页。

们终于有可能正确理解尼采所说的"克服同情心"是什么意思了。首先，很明显，尼采认为健康者需要克服的是虚弱的同情。毕竟，虚弱的同情是一种抑郁的、令人衰弱的情感，通过这种情感，有同情心的人因他者的苦难而受到伤害。它以颓废为基础，它本身又是进一步颓废的动因。对于他者的苦难，它的回应是被动的，因而是一种典型不健康的回应。因此，它强化了一切被动的东西。只要尼采的伟大健康要求健康者克服内心一切被动的东西，他就应该学会"克服（虚弱的）同情心"，这是很自然的事。

然而，关于尼采克服同情心的训谕（injunction）最有趣（而且看似矛盾）之处在于，它实际上是同情心的产物。更具体地说，尼采的训谕是从强力的同情的角度来阐明的。这是一种健康的、主动的同情，它努力反对被动者的衰弱与绝望，因此也努力反对被动者虚弱的同情。这就解释了尼采在《善恶的彼岸》中令人困惑的战斗呐喊："同情**反对**同情！"[①]因此，尽管看似矛盾，但是当欧洲的（反）佛陀把克服颓废的同情心当作生命肯定的基本德性时，这确实是一种健康的同情的结果，这种同情关乎强者的幸福与上升。

[①]《善恶的彼岸》，第 225 节。

第六章
培养同情心

193　同情心的培养对实现佛教涅槃的伟大健康至关重要。尼采以其典型的矛盾精神,规定克服同情心是通往他所认为的反佛教的、爱命运的伟大健康之路关键一步。然而,既然爱命运绝非尼采所谓与涅槃"相反的理想"①,那么培养同情心与克服同情心之间的对立是否会有更好的结果,就值得怀疑了。更重要的是,正如本书第四章所示,鉴于爱命运与涅槃之间潜在的亲缘性,这两种理想很可能再次出现高度重叠。培养同情心与克服同情心,尽管名义上相互矛盾,但他们的共同点可能比最初看上去更多。欲知其如何以及为何如此,有必要首先清晰地理解培养同情心在佛教哲学中的含义。

要理解佛教同情心的培养包含哪些内容,就必须阐明同情心在佛教哲学中的作用。为何要培养它?它是一种怎样的情感?它与类似的情感——那些或许不利于、甚至有害于获得涅槃的伟大健康的情感——相比如何?它涉及苦难吗?具体地说,

---

① 《善恶的彼岸》,第 56 节。

它如何在富有同情心的行动中显现自身？

在佛教文本中，对同情的系统性讨论寥寥无几。尽管这个观念对传统似乎如此重要，却没有人费心完整地阐述它。①因此，要回答我们的问题，就必须仔细探问佛教文本。

关于佛教中的同情，首先要注意的是，据说它是佛陀心理学的典型特征，至少是其特征之一。佛陀是一位卓越的"有同情心"的行动者，②他仅仅"出于同情"而行动，以众生的幸福为唯一目的，举世无双。③因此，佛教的一个中心思想就是，佛陀是出于同情心才传授其教义的。因此，在佛陀的同情心与他的治疗性教导之间，有一种根本关联。④佛陀是一位怀有无限同情心的医生（physician）或治疗师（therapist），正是出于他的无限同情心，他才给予人类以教导。

而且，培养同情心的处方是这种治疗型教导（therapeutic teaching）的重要组成部分之一。在佛经中，这一点体现为一条

---

① 关于这一点，另见维瓦尔：《佛教中观学的空与同情》[*Vacuité* (śūnyatā) *et compassion* (karuṇā) *dans le bouddhisme madhyamaka*]，巴黎：法兰西学院出版社，2002，第 16 页。

②《中部》，ii. 100。另见《相应部》i. 110，其中对佛陀的描述是"悲悯众生"。

③《增一阿含经》，i. 22；《长部》，ii. 212。

④ 在这些经文中，此观点被一再表达（即《中部》，i. 23, ii. 238 和 iii. 302；《相应部》，i. 110 和 iv. 359；以及《增一阿含经》i. 22, iii. 6 和 iv. 139）。佛陀和其他开悟者最突出的特点就是他们富有同情心的性情，后来的梵文文本——尤其是（但不完全是）那些大乘传统（Mahāyāna tradition）的文本——特别强调了这一观点。在一些梵文段落中，同情被描述为开悟之源以及佛和/或菩萨（*bodhisattva*）的品质，相关概述可参阅维瓦尔：《空》，第 156 页。

经常被重复的训诲，即培养无限的同情心和作为佛陀所言无上健康心灵之特征的其他三种伟大德性①。培养无限的同情心——以及善意、同情之喜悦和平静——被描述为通往涅槃的伟大健康所特有的"精神解脱"之路。②因此，这一观点认为，在培养同情心与实现伟大健康之间有一种特殊的联系。

有一种简单的方法可以阐明这种特殊关联。佛教培养同情心的训诲隐含着一种与当代认知行为疗法（cognitive behavioral therapy）无异的理论。③其理念是，让病态者培养健康心灵的心理特征、思维模式和情绪行为，以反对不健康的心理行为。④

---

① 此处四种德性即下文所说"善意、同情、同情的喜悦和平静"，即四无量心，指四种广大的利他心，即为令无量众生离苦得乐，而生起的慈、悲、喜、舍四种心，慈，即友爱之心；悲，即同情他人的所受的苦难；喜，即喜悦他人享有的幸福；舍，即舍弃一切冤亲之差别相，而平等亲之。（参看陈义孝：《佛学常见词汇》）——译注

② 我指的是以四种所谓"梵住"（brahma-abodes）为中心的冥想练习，在这些练习中，学徒被教导去想象，充满善意（goodwill）、同情（compassion）、同情之喜悦（sympathetic joy）和最终平静（equanimity）的心灵遍及整个世界。（《长部》，i. 251）在巴利文佛典中，这一教导被逐字逐句地重复了好几次。

③ 埃利斯（A. Ellis）似乎已经意识到了这一点，他是认知行为疗法的创始人之一。埃利斯：《心理治疗中的理性与情感》（Reason and Emotion in Psychotherapy），纽约：卡罗尔出版集团，1991，第35页。

④ 诚然，大多数认知行为疗法，特别是贝克（A. T. Beck）及其追随者的疗法，比佛教疗法更具认知主义色彩。见贝克：《认知疗法与情绪障碍》（Cognitive Therapy and the Emotional Disorders），纽约：国际大学出版社，1976。总体上看，佛教心理学更注重"心灵状态"，在知、情、意之间没有清晰的分界线。如果说有什么不同，那就是佛教疗

就佛教雄心勃勃的治疗方案而言，其目标无非是达到已然圆满的佛陀（the perfected Buddha）所特有的心理健康状态。既然无量同情（boundless compassion）是佛陀无上健康的心灵最为本质的特征，那么伟大健康之道的一个核心部分就是培养这样的心理倾向。尽管这看起来像循环论证，但培养无量同情有助于实现涅槃的伟大健康，正是因为拥有无量同情是证得涅槃的一个结果。

初步看来，佛教哲学关于同情心与伟大健康之间关系的论述似乎颇有问题。据说，涅槃的伟大健康的特征既在于苦难的缺席，也在于无量同情的在场（presence）。但是，同情心难道不包含某种程度的痛苦吗？尼采指出，一个人在经历同情时会

法更多的是行为疗法——在某种意义上包括"认知行为"——而不是认知疗法。实际上，这种治疗模式和支撑它的心理学并非为佛教所特有，而是为许多印度传统所共有。福特（A. Fort）指出，在不二论（Advaita Vedānta）中，"灵魂已解脱者"（jīvanmukta）——不二论者所说的"健康者"——的心理特征也是那样，这种培养导致了这一状态。福廷（A. Fortin）：《身处生前解脱中的解脱》（"Liberation while Living in the Jīvanmuktiviveka"），载福特和穆姆斯（P. Mummes）编：《印度教思想中的生命解脱》（Living Liberation in Hindu Thought），纽约州奥尔巴尼：纽约州立大学出版社，1996，第135—155页，特别是第144页。布朗（C. M. Brown）在《〈摩诃婆罗多〉与〈往事书〉中的圆满生活模式》（"Modes of Perfected Living in the Mahābhārata and the Purāṇas"）一文中注意到，就《摩诃婆罗多》的伦理学而言，有某些类似的东西，亦载《印度教思想中的生命解脱》，第157—183页，特别是第161页。简言之，在印度似乎有一种普遍的信念，即让自己的思维与感受更像一个健康的人或更健康的人，就可以有效避免各种有害症状。

遭受痛苦，这难道不对吗？难道同情不包括一种对他者的认同（identification），让我和他/她一起"受苦"吗？既然如此，那么说佛陀不知苦难，却怀有无限同情，岂不是自相矛盾吗？

为捍卫佛教理想的融贯性（coherence），首先需要探索的路径是，论证佛陀的同情心与普通人的同情心不同，它不涉及苦难。这个观点在上座部（Theravāda）文献中有一些依据。

请看佛典（canon）中佛陀因施教于人而受到明确批评的段落。他的一位反对者名叫释迦（Śākya），这个人似乎认为，一位真正的解脱者去教导别人，这有点儿矛盾："你是一位解脱的流浪者，摆脱了一切束缚，你去教导别人，这样不好。"①"释迦"，佛陀回答道，"被赋予洞察力的人，不能拥有源于执著的心理上的同情。如果他用清醒的心智去引导别人，他就不会因［教导他者］而受到束缚。**那就是同情。那就是有同情心的关怀**"。②佛陀似乎在说，他的同情心与那些缺乏洞察力者——未开悟者——的同情心不同，它未被同情心通常会涉及的常情之执著（the common sentimental attachment）所污染。佛陀总结道，这样一种"超然的同情"（detached compassion）才是真正的同情与关怀的应有之义。摆脱了束缚，这种真正的同情大概也就没有痛苦了。

在公元5世纪上座部论师觉音（Buddhaghosa）关于同情的探讨中，这一理念得到了进一步的支持。对于那经过培养即可通向涅槃的四大德性，觉音具体说明了其中每一种的错误表现。

---

① 《相应部》，I. 206。
② 同上。

觉音指出，真正的同情不应引起悲伤，正如善意不应引起执著，或同情之喜悦不应引起无度兴奋。①在接下来的几行，他补充道，如果残忍或恶意是同情的"远敌"——它的对立面——那么关涉自我的悲伤就是它的"近敌"——它很可能是那种被错认的情感。②因此，觉音上述评论的结论就是，培养同情心包括培养一些与日常情感反应相去甚远的东西，对于那些反应，我们通常称之为"同情"。这意味着，真正佛教的同情不涉及苦难，因为它不涉及执著。

然而，真正的同情不涉及苦难，这一观点虽在上座部文献中获得了一些间接支持，却在梵文佛教文本中受到公然反驳。古典时期的许多佛教哲学家，无论是大乘弟子（Mahāyānist）还是非大乘弟子，对这一点都异口同声地表示：所有形式的同情都涉及苦难，即使是尊贵的菩萨（即大乘健康者）的同情也是这样。③因此，佛教的伟大健康并不排除苦难，至少不排除源于同情的苦难。事实上，如果无上健康的心灵拥有无量同情，那么它似乎也会受到无尽的折磨。

这对佛教伦理学产生了双重有问题的影响。首先，佛教健康者的同情与普通人因执著而展现的情感上的同情（sentimental

---

① 《清净道论》，第 318 页。

② 同上书，第 319 页。这里使用的专业术语是"基于家庭生活的悲伤"，正如觉音援引佛典所表明的那样，它代表了因失去财产和/或亲人而产生的悲伤。

③ 正如维瓦尔所说，许多古典印度佛教作者都同意这一点。在《空》第 180—181 页，从维瓦尔提供的几条引文可见，这些作者认为，同情涉及个人的痛苦。

sympathy），二者的区别已不再清楚。其次，一种伟大健康的状态，其特征既在于苦的止息，又在于无尽的苦引发的同情之显现，这有点儿相互矛盾。在佛教文本中，是否有任何内容表明这些问题能够被解决？

觉音关于培养同情心的说明似乎进一步证实了我们首先关切之事。觉音教导弟子从培养对亲人与爱人的同情开始，然后逐步将同情的范围扩展到他们漠不关心的人，最后甚至扩展到敌人。①这样的训练表明，健康者的同情与每个人对其所执著之人的自然感受并没有质的不同。随后，觉音试图将这种同情与悲痛和关涉自我的悲伤区分开，这就有点儿令人惊讶了。这里至少有一种明显的张力。佛陀的同情与普通人的同情是否有质的不同，抑或只是范围更广？

幸运的是，对于这个问题，世亲（Vasubandhu）和无著（Asaṅga）提供了两个互补的答案。世亲区分了两种同情：弟子经初步教导而培养的同情，以及佛陀无上健康的心灵所特有的"伟大同情"。前者的特征是仅无憎恶，后者的特征是亦无妄想。②或许有人会问，佛陀的同情应当没有的妄想是什么？无著可以帮我们回答这个问题。论及同情所涉及的爱时，无著解释道，与父亲或母亲"在于渴爱"的爱不同，佛教健康者的爱"在于同情"。③尽管这一区分有点儿循环论证，但它非常清楚地表明，佛陀的同情不同于世俗的同情，因为它**不涉及渴爱**。

---

① 《清净道论》，第 314 页。
② 《阿毗达摩俱舍论颂》，第 415 页。
③ 《大乘庄严经论》，xvii. 43，注释。

这反过来又表明,虽然同情可以涉及苦难,但这种苦难(suffering)必定与苦(duḥkha)有质的不同,后者以渴爱为基础,在涅槃中得以止息。更重要的是,我们现在可以根据无著的说法推断,世亲的伟大同情正是从自我妄想(self-delusion)中解脱出来的。毕竟,佛教哲学将渴爱追溯到自我妄想。因此,佛陀的伟大同情与普通人基于执著的同情有质的不同,因为它摆脱了自我妄想(世亲),所以不涉及渴爱(无著)。

因此,在佛教健康者的完善心灵中,无我的充分实现与无量同情心的生起密切相关。关于这一点,可参看维瓦尔对中观道德心理学的概述:"世俗个体的同情心建立在我之上……同情心的完善与我这一理念的消失成正比。这样的[完善]是渐进的,而且与对空性的逐渐理解同行并进。"[1]这一理念在上座部论师法护(Dhammapāla)、觉音的著作中获得了共鸣。法护把洞察力与同情称为佛陀心灵的两极——认知极与情感极。有人认为,洞察力与同情其实是同一枚硬币的正反两面。文章结论如下:"正如本师的同情没有情感上的矫揉造作或悲伤,他的知性也没有'我'和'我的'之思。"[2]当然,这就意味着,对无我的解脱性洞见(liberating insight)与佛陀的同情之间存在着密切关联,前者是佛教哲学的标志,后者是佛教伦理学

---

[1] 维瓦尔:《空》,第241页。另见西德里茨:《佛教哲学》,第199页。

[2]《胜义宝函》,第194页,引自智髻比丘(Bhikkhu Ñāṇamoli):《清净道论》(*The Path of Purification*),康堤:佛教出版协会,1975,第774页。

的标志。

因此,佛教的道德心理学超出了本书第四章的讨论范围。从自我妄想中恢复过来,并从认知与情感层面的一切有害影响中解脱出来,这不仅仅是终结了苦;这也不仅是一个从自我中心主义中恢复过来的问题,这种折磨着我们的自我中心主义使人衰弱、自恋和妄想。获得涅槃的伟大健康还涉及对一切众生的真正同情。系统性利他主义(systemic altruism)的出现取代了系统性自我中心主义。因此,按照中观学的解释,对空性(emptiness)的领悟与同情心的生起相辅相成。然而,这种同情心与普通人的同情心有质的不同。摆脱了自我妄想,佛教健康者的同情就与渴爱无关了,普通人对世界的情感则弥漫着渴爱。反过来,这种同情又体现为一种欲望,即协助他者获得涅槃的伟大健康,从而让苦得以止息。正如《十住经》所言,对空性有充分认识的人,"除了使众生成熟以外,没有其他欲望,[这一欲望的]起因是伟大同情"①。

此外,这种对他者道德进步的关注,也是理解佛教健康者的同情所涉及苦难本性的关键。已然明确的是,这样的苦难与基于渴爱的苦(thirsting-based duḥkha)有质的区别,后者是更标准的苦,在我们生活中普遍存在。但是,若想为这样的苦难提供一种正面解释,就必须着眼于同情与被同情者的命运之间的关系。关于这一点,无著解释道,虽然在出于同情而经受苦难之前,**菩萨**(bodhisattvas)首先会退缩,但是,当他们正

---

① 《十住经》,第34页。

确地领会了这些苦难时，同样的苦难会让他们满心欢喜。①他继续解释道，在同情地协助他者走向涅槃的伟大健康的进程中，菩萨"由同情引发的苦难就转变成了幸福"②。菩萨的同情所产生的苦难，从一开始就让他们满怀喜悦，原因大抵如此。

寂天（Sāntideva）也提出类似的观点。他解释道，佛教健康者的同情所产生的苦难，与他们帮助他者接近涅槃时所感到的巨大快乐相比，微不足道。③寂天告诉我们，尽管同情所涉及的苦难会让大多数未曾反思的人（unreflective people）大吃一惊，但它实际上只是同情之喜悦幸福的前奏。由此可见，生于同情的苦难是佛教健康者的兴奋剂，促使他们采取利他主义行动。此外，它还被描述为同情之喜悦的深度快乐的必要条件，因而也被描述为更高幸福的前奏。因此，佛教的同情应该涉及苦难，这一事实绝非一个佛教伦理学问题，实际上，它凸显了佛教道德心理学更深刻、更微妙的方面。它指向一种振奋人心的、健康的苦难形式。

要正确理解佛陀的同情，最好的办法莫过于在著作中凝视他。在对佛教先贤诗集的注释中，法护讲述了女性圣人和诗人翅舍瞿昙弥（Kisagotamī）怎样被带入佛教界的故事。与理论探讨相比，这个关于佛陀之同情的示例更能说明同情的精神。以下是法护讲述的故事：

---

① 《大乘庄严经论》，xvii. 46。
② 同上书，47。
③ 《入菩提行论》，viii. 104—108。

她的名字是瞿昙弥，但由于身材瘦削，人们称她为"消瘦的瞿昙弥"。她到丈夫家后［即她结婚后］，人们看不起她，说："她是一个家世不幸的女儿。"她生了一个儿子。有了儿子，她就获得了荣誉。但是，她的儿子到了可以到处跑的年龄，就在玩耍的时候死了。因为此事，她被悲伤逼疯了。她［想］："我曾遭受蔑视，在我儿子的有生之年［以来］，我获得了荣誉。他们企图把我和我的儿子分开。"她因悲伤而发疯，将儿子的尸体系于腰间，挨家挨户走遍全城，说："请给我药，救救我儿子！"人们谩骂她："药？为什么？"她不理解他们。彼时，一位智者心想："她因丧子之痛而心烦意乱。有一个人［即佛陀］具备十力，会知道该给她哪种药。"他说："亲爱的，去找觉醒者吧，让他给你儿子一些药。"本师讲法时，她到了［他的］住处，［翅舍瞿昙弥］说："尊者，请给我儿子一些药吧！"本师看出她大有希望，就说："去吧！进城去，寻一户从未死过人的人家，从那里给我带回一颗芥子。""好的，先生！"她说，她心里很高兴。她进了城，走到第一户人家，说："本师想要取一颗芥子，用来医治我儿子，如果这家里没死过人，［那么］请给我一颗芥子。""谁能数得清这里死了多少人？"［她回答说，］"那么，要这芥子有何用？"她又去了第二家、第三家、第四家。［然后，］在佛陀的帮助下，［翅舍瞿昙弥］摆脱了疯狂，恢复了正常的意识。她想："无疑，全城的情形都是这样。出于同情以及对我的幸福的关心，世尊会看

到这一点。"她心生厌离①,离开了那里,把她的儿子遗弃在一片墓地里,并吟诗一首:

> 这不是乡村的法则,不是城镇的法则,
> 也不是一个家庭的法则。
> 对于全世界,包括众神,
> 该法则都适用:诸行无常。②

关于这个不同寻常的故事,有很多值得注意之处。首先,整个故事都是用医学话语来讲述的。翅舍瞿昙弥一再被描述为"因悲伤而发疯",直到最后摆脱了疯狂,她才恢复了"正常的意识"。翅舍瞿昙弥真的由于悲伤而生病了。明智的路人早已看出这一点。事实上,在这位智者思想的表述中,有一个明显且很可能是有意为之的歧义——"佛陀会知道哪种药适合她。"佛陀的药是给她儿子的,还是给她的?这并不明确。毕竟,这位路人跟她讲话时,明确提及给她儿子的药。然而,非常清楚的是,最终得到治疗的是翅舍瞿昙弥,而不是她的儿子。最后,与其说佛陀治愈了她,不如说为她的康复创造了条件。

在这方面,请注意佛陀在翅舍瞿昙弥身上看到了"希望"。这大概影响了他对治疗形式的设计。佛陀似乎预见到,从一个悲痛欲绝的家庭走向另一个悲痛欲绝的家庭,这不仅会引导翅舍瞿昙弥从疯狂中恢复过来,而且会引导她追求更高的东西。

---

① **厌离**(Saṃvega)是一个专门的佛教术语,意指因认识到万物无常而引起的不安,它引导人们走上佛教修行的道路。

②《长老偈注》,x. 1。

因此，他富有同情心的行动不是针对她眼前的痛苦，而是针对某种更深层次的东西。因此，佛陀既没有安慰翅舍瞿昙弥，也没有抚慰她。他甚至没有试图给她讲道理。相反，他送给她一个虚假希望：如果她能找到合适的芥子，她的儿子就会得到治愈并起死回生。这位伟大医生的同情转化成了冷酷无情、近乎冷漠的干预。最后，翅舍瞿昙弥自己认识到诸行无常，执著无益，如此等等。这使她最终走上了通往涅槃的伟大健康之路。最终，她就是治愈自己最根本的疾病的人。

许多人第一次听到这个故事时感到不安。本应富有同情心的佛陀显得不人道、冷漠，而且近乎残忍。甚至他关于无常的教导也是间接的，而且所采取的形式可能被视为一种乏味的恶作剧。或许有人会问，这怎么可能是那位被景仰和崇拜了两千多年的、富有同情心的伟大医生之所为？当然，这一印象来自一个未经反思的假设，即佛陀感受到的同情与我们大多数人感受到的同情是相同的。但是，这个假设是错的。实际上，翅舍瞿昙弥的故事是最有解释力和说服力的例证之一，它说明了佛教的主动同情是什么。佛陀在翅舍瞿昙弥身上看到了伟大健康的潜力，并引导她自己得出结论，从而走上涅槃之路，即使这是通过巨大的幻灭（disillusion）而发生的。他的同情并不体现为怜悯或慰藉。相反，它转化为冷酷、冷静、直截了当和最终有效的行动。更重要的是，他并未直接为翅舍瞿昙弥做任何事。他只是精心策划了一些情境，让她可以帮助自己。翅舍瞿昙弥的苦难是她自己的责任。除了如翅舍瞿昙弥自己，没有人能终结它。

初步看来，关于同情^{佛教}的实践，在伦理上似乎有一定模糊性。①在佛经中，我们发现佛陀声称：如果有必要，他会毫不犹豫地出于同情而造成伤害。正如一个孩子被一颗鹅卵石噎住喉咙，我们大多数人会决定将其取出，"即使可能流血"，出于同情，佛陀有时也会用他的话语造成苦难与折磨。②反之，翅舍瞿昙弥的事例表明，苦难很容易转变成利益，在一位善巧的治疗师的手中尤其如此。因此，除了治愈一个人会造成多少苦难这个问题以外，还可以添加一个问题，即有多少苦难被允许发生。同情[佛教]到底涉及多少伤害和自由放任（laissez-faire）？

大乘菩萨（Mahāyāna bodhisattva）之誓愿的大多数表述似乎都意味着，同情[佛教]促使人们在任何情况下以各种方式帮助任何受苦者。③但是，如果健康者的目标是把人引向涅槃的伟大健康——这意味着苦的彻底止息——而不只是与任何以及每一个让苦难呈现其自身的实例作斗争，那就很难确定这是同情[佛教]真正促使他们去做的事。

佛陀没有为如翅舍瞿昙弥提供一个可以倾诉的对象。相反，他让她去徒劳地寻找一颗芥子，他明知她永远找不到它，从而延长了她的苦难，甚至还暂时满足了她妄想的希望，让她

---

① 此后，我将使用上标"同情[佛教]"（compassion[Buddhist]）来命名伴随着涅槃的伟大健康的同情，而非其他通常被称为同情的情绪。参看弗拉纳根的《菩萨之脑》，该书将"幸福[佛教]"（eudaimonia[Buddha]）、"幸福[佛教]"（happiness[Buddha]）等与"幸福[亚里士多德]"（eudaimonia[Aristotle]）、"幸福[亚里士多德]"（happiness[Aristotle]）等相对照。

②《中部》，i. 395。

③ 例如，可参阅《入菩提行论》，iii. 8—10，这一誓愿最著名的表述之一。

以为她的儿子可以起死回生。简言之,看来佛教的健康者既会造成苦难,也会允许苦难出现,其目标是将他者推往涅槃的方向。因此,同情^{佛教}的实践或许不像某些佛教文本所建议的那么仁慈。更令人担忧的是,人们会想,在翅舍瞿昙弥身上,佛陀看到了"希望",假如他能够阻止她儿子死去,他是否会这样做。毕竟,这会耽搁翅舍瞿昙弥从渴爱之热中恢复过来。

在这方面,可以考察一下佛教善巧手段(kuśalopāya)的概念,它在古典印度佛教哲学中脱颖而出。该理念在这里的意思就是,在协助他者走向伟大健康的过程中,佛教健康者展现了完美的"善巧方便"(skillfulness in means)。①与此观念密切相关的是,作为一名教师,佛陀有强大的变通性(versatility)。②根据一些佛教文本的记载,只要能帮助陷入轮回的同类,几乎任何行动都是可接受的,包括谋杀或与名义上禁欲的僧侣发生性关系。③同情^{佛教}及其善巧方便的运用会造成苦难和/或允许更多苦难发生,这只会增加人们的担忧。

然而,我们也有充分的理由相信,同情^{佛教}既不会造成很大的伤害,也不会对这些伤害漠不关心。古往今来的佛教作者都曾明确表示,太多的苦难会让人严重**分心**,从而阻碍人踏上

---

① 关于佛教伦理学这一难以理解的特征,特别是它在大乘佛教中的作用,请参阅派依(M. Pye):《善巧手段:大乘佛学中的一个概念》(*Skilful Means: A Concept in Mahāyāna Buddhism*),纽约:劳特里奇出版社,2003。

② 关于这一点,见格辛:《佛教基础》,第 228 页。

③ 关于这一点,见威廉姆斯:《大乘佛学:教义的基础》(*Mahāyāna Buddhism: The Doctrinal Foundations*),伦敦:劳特里奇出版社,1989,第 144—145 页。

通往涅槃的伟大健康之路。所以，那些在传统印度宇宙论的人道（human realm）之中的众生，与那些在更低的三道①中的众生相比，其境况好得多。②地狱众生（Hell-beings）、鬼（ghosts）和畜生（animals）都遭受了太多痛苦，以至于无暇思考生命或走上佛教道路。如果我们顺应佛教文本的要求，把宇宙论转变为心理学，③我们就会得出一个原理：过于悲惨的人甚至连自己都帮不了。如果菩萨的誓言看起来包含了如此广泛的仁慈，那么这可能是因为世间存在着大量令人分心的苦难，人们开始自我治疗之前，需要消除这些苦难。

然而，人们也认为，要获得伟大健康，生活在幸福的（尽管也是无常的）天道（godly realms）不如生活在人道更有利，这在很大程度上是因为众神（gods）受苦太少。如果把这一宇宙论的主张转变为心理学的主张，我们就会得出这样一个原理：可以说，有些人为了自己的利益而"过于安逸"。因此，同情佛教的实践旨在帮助众生获得涅槃的伟大健康以终结苦难，对于尚未遭受足够苦难的人来说，这种实践很可能会允许苦难在他们身上发生——甚至可能对他们造成伤害。毕竟，善巧方便的教义是极端实用主义的（arch-pragmatic），对于佛教健康者出于

---

① 佛教认为，众生根据其所造之业，将在六个世界中经历生死轮回，即"六道轮回"，"六道"即：地狱道、饿鬼道、畜生道、阿修罗道、人道、天道。其中，天道、人道、阿修罗道为三善道，地狱道、饿鬼道、畜生道为三恶道。——译注

②《中部》，i. 73；《长部》，iii. 234。

③ 关于解释佛教宇宙论体系的"宇宙论与心理学等值原则"，请参阅格辛：《佛教基础》，第119—120页。

同情之所为并无绝对限制。

尽管主动的同情^{佛教}确实包含了许多自由和自发的仁慈,只为解除苦难,但事情并不像某些佛教文本所描述的那样简单。佛教健康者会极力反对许多苦难,只因其分散了人们追求伟大健康的注意力。但同情^{佛教}的终极目标是引导他者走向彻底的自我治疗,从而终结一切苦难。为此,可能会造成一些伤害,也可能允许一些伤害,不过这两种情况有明显的区别。

简言之,这一理念就是:总是帮助别人,或许并不会真正帮到他们。举个例子,一个一岁的孩子一哭,家长就会冲进他的房间,每次都要花十分钟安慰他,唱着歌哄他入睡。这位家长缺乏克制,尽管其动机是关心孩子的幸福,但实际上是在伤害孩子,他的孩子被剥夺了培养自我安慰的能力、获得一定自主权的机会等。诚然,在大多数情况下,事情并不那么明显,因此需要很好的判断力来评估形势,并确定最优行动方案。幸运的是,佛教的健康者应该是最优秀的心理学家。这在很大程度上要归功于他们摆脱了自我妄想,并随之终止了令人衰弱的自我中心主义(egotism),这种自我中心主义影响了正常人的判断力。

既然我们已经对同情^{佛教}进行了更详细的考察,那么我们就可以回到尼采了,看看生命否定/肯定二分法的第二个坐标轴(axis)是否比第一个更好。谈及对自身苦难的理想回应,尼采思想与佛教哲学远没有尼采所认为的那样对立。但是,当谈到他者的苦难时,他们的观点实际上是否对立呢?或者说,在这里,生命否定/肯定二分法的坍塌,是否也带来了伦理视野的显著交叠?

将佛教的同情观与尼采的同情观并置一处,就产生了两个明显的对立：（一）尼采克服同情心的训诲与佛教培养同情心的训诲；（二）尼采摆脱了同情心（compassion-free）的"人类医生"与佛教拥有无量同情心的（boundlessly compassionate）"伟大医生"。当然，尼采这两个明显反佛教的看法只涉及虚弱的同情。健康者必须克服的正是这种同情，真正的人类医生必须从这种同情中解脱出来。那么，要使尼采思想与佛教哲学之间的对立成立，佛陀的同情^{佛教}与尼采的弱者之同情就必须得指示类似现象。

然而，这一条件远远未被满足。请看尼采批判虚弱的同情时提出的最重要观点：

（一）它展现了虚弱或"无力抵抗刺激"、无节制的感伤情调，以及自制力的缺乏。

（二）它引发了一种令人沮丧和衰弱的苦难。

（三）它的动机结构（motivational structure）是一种下意识的自我关涉（subliminal self-regard）——它所导致的行动之根本目的是减轻自己的痛苦。

（四）它关注的是受造物而非造物者，就人而言，可能以牺牲造物者为代价。

（五）由（一）和（二）可知，对行走于伟大健康之路上的更高等级者来说，它是一种"诱惑"，即使之重新陷入善变、放荡和令人衰弱的感伤情调之中的诱惑。

（六）由（四）可知，它是一种以更高等级者为对象的"伤害"。

此外，在意识形态层面，对于虚弱的同情在伦理学上的优先性，尼采提出以下观点：

（一）它对最小公分母（the lowest common denominator）进行了伦理学还原——将一种平庸的虚弱标榜为一种杰出的德性。

（二）它是"畜群"精心谋划的一种自利（self-interest）的表达——它把对畜群必要的东西变成了美德。

（三）作为颓废者的怨恨的产物，它是去自我化道德程序的关键组成部分，此程序否定生命，也否定自我。

现在明显可以看出，同情[佛教]与尼采心理学批判和文化批判的对象没多大关系。

首先，同情[佛教]没有任何虚弱的同情的心理特征。它与无节制的感伤情调截然不同，后者是那些仍为渴爱之热所支配者特有的情绪。因此，它是佛教健康者的强力和自制力的表现，它源于对自我妄想的克服和对削弱作用的终止。此外，在这片瞬息万变的生成之海中，病态者遭受了令人沮丧和衰弱的痛苦，而同情[佛教]作为涅槃的伟大健康的表现，则完全不受苦的影响。相反，同情[佛教]包含的苦难是一种激励性苦难（stimulating suffering），它促使人们采取行动，并充当同情之喜悦的深度快乐的前奏。因此，对尼采式的更高等级者来说，感受同情[佛教]永远不会构成一种"诱惑"。

更重要的是，由于受同情[佛教]驱使的行动者摆脱了源于系统性自我中心主义的苦难，他们的行动既不关涉自我，也不会下意识地以避免自己的痛苦为目的。相反，他们的行动真正关涉的是他者的幸福。最后，既然涅槃的无上幸福是唯一能终结苦难的东西，那么同情[佛教]所关涉的就不是佛教中相当于女人/男人的苦难的"受造物"，而是有望摧毁令人虚弱的苦之根源的"造物者"。翅舍瞿昙弥的例子清楚地表明了这一点。因此，同情^{佛教}的对象永远不会"伤害"尼采式的高等级者——尤其是在涅槃和爱命运的状态中，它是涉及苦难之止息的同一种形式或解释。①

在意识形态层面，事情看起来也没有多大差别。首先，同情在佛教伦理学上的优先性与最小公分母的伦理学还原截然相反。培养同情^{佛教}在于培养一种为最高等级者和最健康者所独有的德性——这种德性在本性上完全不同于普通人的"同情"，后者以渴爱为基础，以自我妄想为动力。尽管受同情^{佛教}驱使的主人可能对畜群有利，但同情在伦理学上的优先性既不是对畜群本能的虚伪赞颂，也不是对畜群精心谋划的自利的表达。尽管佛教确实极力反对婆罗门的压迫性世袭等级制，但事实上，它的伦理观具有某些明显的等级制特征。就伦理价值而言，佛教并不是平等主义的（egalitarian）；群居动物②所特有的对等级秩序（Rangordnung）的憎恨，对它来说是完全陌生的。佛陀并未说没有婆罗门（在更高等级者的意义上），只是说没有天生的婆罗门。如果说有什么不同的话，从历史的角度来看，佛教的兴起并不是奴隶起义，而是主人反对祭司阶层（priestly class）的起义，在种姓制度中，贵族阶层（aristocratic class）仅次于祭司阶层。因此，展现出同情^{佛教}的佛教健康者确实是一种优越者（superior type）。如果说有什么不同的话，那就是佛教伦理学及其对同情的关注，体现的是统治者心态，而不是畜群心态。因此，培养同情^{佛教}与自我贬抑（self-belittling）

---

① 关于这一点，请参阅本书第四章。
②《善恶的彼岸》，第 62 节；《偶像的黄昏》，第 8 章第 37 节。

和自我轻视（self-effacement）毫不相干，后两者被尼采描述为否定生命的去自我化道德。同情[佛教]表现了旺盛的自爱、强烈的自信和洋溢的力量，它们参与了对令人衰弱的自我妄想的克服。就像证得涅槃一样，培养同情[佛教]不是一个自我苦修和生命否定的问题，亦即一个去自我化的问题，而是一个获得无上幸福的授权状态（empowering state）的问题；它是一个从一切可能"阻碍我"的事情中恢复过来的问题。

因此，很明显，克服（虚弱的）同情与培养同情[佛教]并不是截然相反的理想。同样清楚的是，尼采的"人类的医生"也没有理由去防范同情[佛教]。相反，高阶佛教徒在通往伟大健康的途中也需要防范的情感，似乎才是尼采所针对的情感。虽然佛教哲学并不像尼采那样，对基于执著的更标准形式的同情产生的不良社会影响有所疑虑，①但显而易见的是，就其"由渴爱组成"（无著）而言，佛教的健康者也必须抛弃日常的同情。事实上，尼采警告说，虚弱的同情对更高等级者会构成一种"诱惑"，觉音的主张与之遥相呼应，即在普通人中被视为同情的世俗的、关涉自我的悲伤是同情[佛教]的"近敌"（near enemy）。②因此，事实证明，佛陀倡导的"同情心之培养"，实际上需要克服尼采所批判的情感。那么，佛教的同情心之培养

---

① 事实上，对于那些注定不会走上伟大健康之路的普通人，佛陀敦促他们表现同情和其他类似的情感，尽管这些情感可能源于（并增强了）渴爱。关于同情和其他名义上指涉他者的情感对于畜群的效用，可参看尼采的评论。

②《清净道论》，第319页。

与尼采的同情心之克服就绝非对立，而是前者蕴涵后者和需要后者。

如果培养同情^佛教需要克服尼采所嘲讽的同情，那么同情^佛教与尼采的强者之同情非常接近，也就不足为奇了。毕竟，正是从这种健康的同情的立场出发，尼采开出了克服弱者之同情的处方，高阶佛教徒应当遵循这一处方。事实上，佛教徒培养的同情心与尼采的强者之同情有着惊人的**相似之处**（air de famille）。

关于这方面，请看尼采的强力同情的主要特征：

（一）它表现了强力与支配力、对自己独特的干预能力的信心、卓越的自制力、肯定的自爱等。

（二）它引发的苦难属于激励型与滋补型——与被动者不同，健康的主动者总是把苦难当作有待克服的障碍。

（三）它所引发的行动的动机结构是一种真正的他者关涉（other-regard）——他者的苦难不仅是意向对象，而且是关注的对象。

（四）就人而言，它关注的是造物者，而非受造物。

所有这些特征都与尼采的弱者之同情的心理特征截然相反。现在，同情^佛教不仅迥异于弱者之同情，而且它还被赋予了尼采的强者之同情的四个本质属性。对（一）和（三）来说，这是显而易见的。此外，尽管佛教的道德心理学并未使用被动/消极（reactive/passive）和主动/创造（active/creative）的二分法来阐述，因而也没有使用富有艺术性的造物者/受造物这种习语，但很明显，同情^佛教也有类似于（二）和（四）的强力同情的特征。事实上，它所涉及的苦难是一剂补药，也是胜利的同情之喜悦幸福的前奏。而且,它最终关注的是一个人拥有伟大健康的希望,而不是绝望的受苦者本身。

与同情^{佛教}相辅相成的其他三种伟大德性,①同样是佛教健康者完美心灵的特征,只需对那些德性投以一瞥,即可确认尼采的理想与佛陀的理想颇有相似性。尼采不能像他在《快乐的科学》中那样,一提到佛教,就抱怨其只关心苦难。与其他"同情的布道者"不同,②对于幸福的给予和共享,佛陀也为其保留了重要位置。前者属于善意(goodwill)这一首要德性的领域,而佛教徒对同情之喜悦的强调则响亮地回应了尼采以"同乐"(Mitfreude 字面意思是"共享幸福")③制衡同情的号召。④此外,关于同情^{佛教}的佛教心理学实际上把两者联系起来了,同情^{佛教}的苦难是喜悦涌现的前奏。

佛经所说的第四个伟大德性——平静(equanimity),亦与尼采《善恶的彼岸》所言等级秩序若合一契,尼采告诉我们,"价值和等级"可能取决于"一个人能够承受和承担多少责任,一个人能够把自己的责任扩展到何等地步"。⑤这种责任与关怀的扩展,正是佛教健康者培养平静这种伟大德性的内

---

① 即与"慈"相应,利益众生的"悲""喜""舍"。
②《快乐的科学》,第338节。
③ 作者在此处使用了德语 Mitfreude 一词,意为"同乐",该词由两部分构成,其中 mit 意为"共同",freude 意为"欢乐",这恰与 Mitleid(同情)相对,"同情"即"共同"(mit)之"苦难"(leid)。——译注
④《快乐的科学》,第338节。
⑤《善恶的彼岸》,第212节。

容。完满的平静意味着将自己的责任与关怀扩展至一切众生。简言之,健康者无限的善意、同情、喜悦和平静正是无限责任的体现,这种责任产生于强力与健康。佛教徒培养的德性就是尼采式的强者的德性。

这种在尼采伦理学与佛教哲学之间的进一步和解,使我们有可能解决尼采同情观的两个潜在困难。第一个困难是,当尼采说走向伟大健康需要克服同情心时,实际上他只说对了一半。想必其原因在于,同情是一种令人虚弱的、痛苦的情感。但尼采的主动者应当解释一切痛苦,并因而体验一切痛苦,这些痛苦并非压抑和有害之物,而是激励人心并最终赋予力量的东西。那么,他为何要避免产生于同情的苦难呢?

与佛教的道德心理学不同,尼采似乎并未十分明确地建立伟大健康——或主动而非被动之力的盛行——与强力的同情之生起之间的关联。佛教哲学认为,拥有无上健康与怀有无量同情心是相互蕴涵的关系,而尼采仅仅告诉我们,真正的同情来自更高的健康。一种融贯的尼采式立场会与佛教的观点相一致。基于这一模式,伟大健康必然涉及一种同情向另一种同情的转变,前一种同情让源于他者之不幸的苦难被动地构成令人衰弱和沮丧的东西,后一种同情则主动地使这种苦难构成激励和振奋人心的东西。①

在第四章结尾,我曾指出尼采式的主动者"作为兴奋剂的苦难"(suffering as stimulant),亦即以同情本身的形式存在的

---

① 在《查拉图斯特拉的同情》("The Compassion of Zarathustra")中,弗雷泽也指示了这一方向。

苦难,在佛教中尚有一席之地。果然,与这种苦难相对应的幸福确实非常接近于主动者"作为胜利的幸福"。这是同情的喜悦,随着佛教健康者的成功而出现,这些健康者有效地终止了他者的苦难。在这方面,寂天告诫高阶佛教徒永远不要回避困难,因为曾经被辱骂的一切很快会成为让他们快乐的必要条件。① 佛教健康者与他者之苦难具有融洽的关系,复制这一结构,并将其应用于主动者对同情的经验与解释,将对尼采式的更高等级者心理学大有裨益。这样,尼采的健康者将肯定各种形式的苦难,包括来自(健康的)同情的苦难。

在本书第五章末尾,我提到了尼采观点的第二个困难,它涉及强者之同情的范围和由之产生的仁慈(benevolence)。一个合理的担忧是,它关注的是女人/男人中的"造物者"而不是"受造物"——从而关注少数真正能够克服其内心反叛的被动之力的"悲剧艺术家"——这意味着对人类中绝大多数人的困境与不幸的冷漠无情。在本章较前处,也提出了一个类似的关于同情^{佛教}的担忧(并得到了解决),更具体地说,就是以同情佛教的名义,可能造成和/或允许多少苦难的发生。鉴于同情^{佛教}与尼采的强者之同情之间总体上相似,或许可以从同情^{佛教}心理学角度,对尼采的健康者之同情的范围和性质提出一些建议。这些建议是以三个独立原理的形式提出的。

第一个原理,我称之为**流溢原理**(*overflow principle*)。让我们假设,尼采的健康者像佛教的健康者一样,必然显现强者

---

① 《入菩提行论》,viii. 119。

的同情，正如我所表明的那样。只要两者都显现这样的同情，而这种"流溢"又属于伟大健康产生的信心与力量，那么其出于同情的关怀与责任的范围就不会受到明确限制。既然这种同情源于尼采所谓流溢的自我充实，那么健康者就无需吝惜他们给予什么，以及给予谁。这就是支持佛陀与菩萨的无限仁慈与无量善意的东西。因此，对尼采的健康者与佛教的健康者来说，唯一真正限制富有同情心的行动的东西，将是被误导的"仁慈"，它实际上会阻碍更高等级者取得伟大的成就。然而，这样的限制只适用于那些为伟大而生的人。对于那些没有希望的平庸者来说，为减轻他们的苦难而采取的行动，不会受到这种限制。对于这样的人，健康者令人愉快的、富有同情心的关怀之洪流，将被允许畅通无阻。

第二个原理，我称之为**苦难分散注意力原理**（*suffering as distraction principle*）。佛教哲学认识到，众生深陷苦难之中，甚至无从帮助并最终治愈自己。他们的伟大苦难分散了其追求更高目标的注意力。佛教健康者的同情产生的仁慈远远超出了更有限的行动领域，可以直接帮助他者走向涅槃的伟大健康，原因正在于此。尼采的健康者及其对同情与仁慈的运用，可能也存在类似情况。为使一个更高等级者或自由精灵在爱命运的状态中达到生命肯定的典范地位，可能需要一个与之相类的灵魂为他减轻负担。伟大健康需要伟大苦难，这一原则并不意味着所有的苦难、悲伤和疾病都有益于爱命运。就像佛教中的情形一样，出于同情，尼采的健康者会觉得不得不抵御苦难，对于还没有能力把苦难转化为利益的更高等级者来说，苦难凭借其强度或性质，会分散他的注意力。

第三个原理,我称之为**不确定性原理**(uncertainty principle)。倘若溢出原理被拒绝,这一原理加上"苦难分散注意力原理",即可有力地支持佛教与尼采的伦理学。其理念是,在这片病态者之海中,谁有可能获得伟大健康还远未确定。一些佛教故事讲述了身患重病的人物迅速获得伟大的健康(如翅舍瞿昙弥),这让人想起基督教神圣变形的故事(如弒君者圣·朱利安)。鉴于爱命运的肯定生命的健康是悲剧性的,它取决于被动之力与主动之力之间高度紧张的关系,因此,在尼采看来,彻底颓废的人物是最有希望获得伟大健康的群体之一,也就不足为奇了。①毕竟,尼采甚至既自称为一个颓废者,又自称为"颓废者的对立面"(opposite of a décadent)。②结果,即使强力的同情专注于对那些"有希望者"获得伟大健康造成阻碍的因素,但谁最终会成为有希望者是不确定的,这意味着同情产生的仁慈会相当地大度。

佛教哲学中的同情伦理学与尼采思想中的同情伦理学之间的关系丰富而复杂。与表象相反,"培养同情心"与"克服同情心"并不是对立的理想。事实上,在一种深层意义上,前者以后者为前提。更重要的是,同情^{佛教}与尼采的归因于健康者(包括他自己)的强力的同情的确很接近。因此,尼采对于健康者对他者苦难之态度的解释,将受益于对佛教的同情心理学进行更仔细的考察。不仅培养同情心与克服同情心之间的对立

---

① 在这方面,可参看《查拉图斯特拉如是说》第 4 卷中的十个高等人(ten higher men)。

②《瞧,这个人》,"为什么我这么有智慧",第 2 节。

会坍塌，而且在这片废墟之下还存在着激动人心的互补模式（patterns of complementarity）。

结语：对虚无主义挑战的新回应

212　　如果说尼采的希望是毅然推舟于善与恶之外，那么本研究的最终目的就是探索生命肯定与生命否定之外的海洋。此时，我们正在接近开阔的地平线，这里从一开始就是我们的目的地。照亮我们曲折道路的指路明星，无非是对虚无主义挑战的新回应。归根结底，紧要之事在于，在一个短暂生成和纯粹内在（pure immanence）的世界中，制定一个人类理想——这一理想超越了破产的二分法，这种二分法构成了尼采企图回应虚无主义挑战的砥柱。在地平线上，出现了一个新的、混合的（hybrid）伟大健康愿景。

　　虚无主义的挑战并不是一个由想象力过剩的尼采编造的哲学伪问题。相反，它是一个具体的文化、伦理和生存的挑战，我们尚未真正开始面对它。虚无主义的挑战是，在一切价值都曾依赖的虚构崩溃以后，为价值找到一些基础。简言之，它是阐发一门完全脱离了真实世界存在虚构的伦理学的挑战。

　　当代世俗道德哲学家试图逃避或回避虚无主义的挑战（有意或无意地），这不过表明他们仍为这种令人陶醉的虚构所支配。请看当代无神论者为走出虚无主义僵局而采取的主要策略之一。

对思想史匆匆一瞥，就会发现道德总是与超验观念——尤其是关于上帝的学说——密切相关。如今的趋势是，世俗道德家声称这种关联纯属偶然。在他们看来，任何事物都不应被解读为这一历史事实，即道德体系依赖于形而上学信条，反之亦然。道德不是从宗教思想树干上逸出的一根树枝，而是一棵独立的树，只不过恰好盘绕在宗教周围，成为其一个偶然的近邻。①因此，当宗教之树被砍倒时，道德不必随之倒下。

显然，提出这些论点是为了驱散有神论者贩卖的恐惧。这种观点的目的是，削弱那些坚持认为"保留上帝很重要"的有神论者的势力，以免所有的道德都付诸东流。因此，无神论者将道德与有神论分离，似乎是出于意识形态的动机。引证一些似是而非论据可能对它有利，但它不可思议地符合此议程。这本身并不意味着无神论道德家的论题是错误的，但它确实使它看起来好像颇有争议。事实上，宗教与道德在制度与思想层面如此彻底地交织在一起，如果不承认传统道德与宗教/形而上学思维之间存在某种深刻的关联，这一事实很难被解释。举证的责任落到了无神论道德家身上。坚信道德确实是一座独立的大厦，与宗教思想、仪式纯洁性观念（notions of ritual purity）和各种形而上学概念没有任何实质关系，却没有对其他情况的出现给出任何理由，这使无神论者的立场难以令人信服。②

---

① 在《无神论：一个极简的导论》（*Atheism: A Very Short Introduction*）（牛津大学出版社，2003）中，巴吉尼（J. Baggini）特别清晰地表达了这一观点。

② 无神论道德家对其立场的最佳论证是，所有重要的"道德法则"都可以基于非宗教前提推导出来，无论它们是"经验的"还是"纯粹的

尼采代表了一种完全不同的无神论思想。按照他的说法，我们别无选择，只能实话实说并勇敢地面对有神论者。我们所知道的道德是依赖于宗教的。更确切地说，流行的道德体系都依赖于一个更广泛的类型，即存在形而上学，各种宗教仅仅是其中的属（genera）。事实上，尼采完全颠倒了这一图景。道德与形而上学/宗教不是人类思想中的两股独立潮流；道德也不是源于由哲学洞见和/或启示提供路径的崇高体验。①确切地说，存在形而上学本身源于一种独特的、前反思的"道德偏见"（moral prejudice）。形而上学/宗教的冲动是对生命与原始本性感到沮丧和幻灭的结果，因而谴责它们不公平、野蛮、矛盾、不可预测、肮脏和令人厌恶——一言以蔽之，即罪恶。正是由于这种前反思的、虚弱和悲观的道德情感，而不是由于某种预先建立和充分制定的道德体系，存在/上帝的发明才得以开始。它编造了一个非偶然（non-contingent）、非无常（non-impermanent）、非现起（non-arisen）、并非不纯净（not-impure）和并非不公平的（not-unfair）——这些否定的术语意在强调这个过程的被动本性——实在、真实和善的领域，因而对这个偶然、无常、永

理性的"。一个令人信服的尼采式回答是：仔细研究这些前提可以发现，尽管表面上看，这些前提并不是形而上学地不置可否的，但是恰恰相反，即使它们不依赖于对自然的彻底神化，也依赖于某种形式的真实世界的存在虚构。这就是在接下来几页中将要展开的思路。

① 泰勒在《自我的根源》中支持后一种观点。尽管如此，他的论据——大意是，我们许多现代自由主义道德直觉都根植于它们所遗传的基督教语境之中——还是很有说服力的。在这方面，他与尼采携手合作。

不停休地斗争和转瞬即逝地生成世界持一种愤怒谴责的姿态。当然，尼采的主张是心理学的，而不是历史学的；问题在于形而上学与道德的心理根源，而不在于它们的历史起源。

回到世俗道德和/或政治意识形态的倡导者那里，不难看出他们如何以某种方式，既持续致力于存在的虚构，又持续致力于隐含的（虚弱的）悲观主义，这种悲观主义构成了他们受蒙蔽的乐观主义（deluded optimism）的基础。尼采谴责当时的新黑格尔主义者和无政府主义者，等等——无论他们可能是怎样的无神论者——因为他们认为历史是有目的的，认为人类（以及与之相应的宇宙）面向一个确定的目标，认为社会朝向和平、正义和美德的最后阶段前进。这些虚无主义者认为，在看似武断的自然的与人为的恐怖迷宫背后，在看似矛盾的社会与文化运动和力的多元性背后，存在着一个真正的目的——一个**终极目的**（telos），它最终会证明已经发生的一切都是正当的。"*Tout est pour le mieux dans le meilleur des mondes*"①，我们能听到它们齐声歌唱。

对于来自亚当·斯密（Adam Smith）著作中的资本主义伦理或来自约翰·密尔（John Stuart Mill）及其追随者的功利主义，尼采的评估得出了非常相似的结论。具有明显的末世论色彩（eschatological flavor）的资本主义-功利主义制度凸显了这一点，根据这种制度，在最优自由的条件下，理性自利原则最终会导致利己主义-利他主义二元论（egoism-altruism dichotomy）的崩溃，为所有人带来财富与幸福，带来自由和正义的社会，

---

① "在最美好的世界中，一切都十全十美。"——译注

如此等等。同样，在看似无意义的、武断的剥削与背叛的迷宫背后，在看似多元的自利及其在各个方向相互矛盾的牵引和推动的背后，实际上有一个真正的、统一的人类进步和发展的方向，以及一种隐匿的共同利益（common interest）。在这种伦理的背后，也隐藏着某种真实世界。对自由民主的信仰，也就是对历史的终结（福山的幻想①）或天国的信仰。

倘若尼采有幸读到当今无神论科学家和人文主义者的著作，他就不可能不注意到，令人陶醉的真实世界的神话依然充斥于最清醒的科学界。道金斯在其声名狼藉的《上帝的幻觉》（2006）的开篇，为爱因斯坦的上帝——斯宾诺莎的自然——所作的辩护，就是一个有启发性的例证。②对道金斯来说，宇宙是令人敬畏和崇高的。因此，自然与物理法则的规律性（Regularity）、宇宙各部分的根本融贯性（underlying Coherence），以及自然选择的数学简洁性（mathematical Neatness），使自然成为一个合适的崇拜对象。自然变成了新的上帝。这与一种以"开明的自私"（enlightened selfishness）为中心的规则功利主义（rule-utilitarianism）密切相关，并依赖于一种独特的元伦理学实在论自然主义（meta-ethical realist naturalism）。这被认为是"无神论的"、科学的道德——说真话、忠诚、耐心、性的忠贞、

---

① 福山（F. Fukuyama）：《历史的终结与最后的人》（*The End of History and the Last Man*），纽约：自由出版社，1996。

② 见道金斯：《上帝的幻觉》（*The God Delusion*）波士顿：霍顿·米夫林公司，2006，第 11—27 页。另请参看见格雷林（A. C. Grayling）的《善书：人文主义者的圣经》（*The Good Book：A Humanist Bible*，纽约：沃克和公司，2011）中创世纪（Genesis）的开篇。

仁慈、自我牺牲等，都被解释为旨在实现基因转移（gene transference）机会最大化而采取的自然选择策略。但是，《上帝的幻觉》开篇就清楚地表明，这样一种道德仍基于一种隐含的对自然的神化，基于给一个充满意外和混乱的无意义世界裹上一层面纱，即虚构、自欺、充满终极目的的功能主义（telos-infested functionalism）面纱，而这种功能主义的基础被宣称为不变的法则（immutable laws）。同样，这些作为道德基础的真实世界症候，也是这种话语独特的末世论气息——其中超人类主义（transhumanism）只不过是最明确的末世论，而且是被蒙蔽的。

因此，那些希望将道德与宗教分开的人，仍然陷入了真实世界虚构之网。尼采会断言，《上帝的幻觉》的作者并未真正从这种形式上更"高尚"、更"科学"的"上帝幻觉"中完全恢复过来。演化是一个暴力的、完全任意的过程，在此过程中，对于哪个物种会被"选中"来说，随机的环境上与生态上偶然事件之影响远远大于这些物种成员的适应性品质，但是，让我们专注于人类手骨结构之严谨壮观或蝴蝶翅膀之耀眼美丽吧；难道它们还不够神奇吗？迄今为止，试图将广义相对论与量子力学这样不相容的理论统一起来的努力已被证明是徒劳的，每一个潜在的基本本体论单元都被证明是可以进一步分析的，但是，让我们忘掉这一切，怀着敬畏与崇拜之心赞美不变的自然法则吧，这些法则是通过理性的非凡工作被发现的。超过20%的人类在遭受营养不良和/或饥荒（这一数字还在上升），而我们生产的食物却越来越多；在20世纪，技术与科学组织促成了谋杀的产业化和前所未有的军事恐怖；我们将面临生态崩溃——

但甲壳虫乐队（Beatles）不是写出了伟大的歌曲吗，菲利普·罗斯（Philip Roth）不是写出了伟大的小说吗，史蒂夫·乔布斯（Steve Jobs）不是已经让我们的生活变得如此简单吗，而且，如果我们齐心协力，遵循开明自利的约束并继续创新，那么我们不是都在向伟大事业前进吗？事实上，被蒙蔽的乐观主义依然是常态。

尼采帮助我们理解了这一点：各种形式的世俗乐观主义启蒙末世论（无政府主义、自由主义、自由意志主义、功利主义、科学主义等）仍然基于某种天真的真实世界虚构。所有这些意识形态都假定生成是动态的、不稳定的，在变幻莫测的生成表象的背后，有一个真实的、静止的存在。因此，它们在本质上仍然是虚无主义。毕竟，一切乐观主义的心理基础都是一种悲观主义的判断形式。世界充满了无意义的生成、痛苦的变化和令人困惑的矛盾，在这个世界面前，恐惧与排斥产生了对存在的安全性与稳定性的需求——在表面上恶的背后，需要一种意义、一种目的、一种善。接受我所说的描述性悲观主义（descriptive pessimism）——接受世界没有内在的意义、目的或统一性，历史没有终结，生命在当下和未来总是充满痛苦与悲伤，"万物理论"（theory of everything）总是会摆脱我们——是以高贵和清醒的头脑面对虚无主义挑战的第一步。世界尚未显示其有勇气迈出这一步。

然而，放弃乐观主义的存在虚构只是面对虚无主义挑战的第一步。事实上，这只是困难的开始。犹如醉酒的情形，当令人陶醉的存在虚构走到了尽头，结果就是一场强烈的宿醉。更具体地说，人类必须处理价值退缩（value withdrawal），这种退缩可能是难以恢复的。毕竟，迄今为止，全部伦理学都是基于存在形而上学而建立的。因此，在一个纯粹生成世界之中，为之创立一门伦理学，似乎是不可能的。虚无主义的绝望是一种真实可见的风险。叔本华决定宣布自然是罪恶的。如今，许多人无意中效仿他，对人的境况持怯懦的、愤世嫉俗的态度，他们说："这就是人性，我们注定要失败和自我毁灭。"因此，这危机是虚无主义的危机。因此，这挑战是虚无主义的挑战。这是一个严峻的挑战，尼采正确地认识到了这一点。

这也是他努力回应的挑战，在回应这一挑战的过程中，他阐述了关于人类心理学的令人着迷的见解。与此同时，尼采回应虚无主义挑战的尝试却建立在一个误解之上。他留心于佛教是正确的。毕竟，在历史上，这是唯一同样把存在指责为一种虚构的大规模意识形态，并因而阐发了一门真正的后有神论、后形而上学伦理学（post-metaphysical ethics）的思想。然而，像同时代的许多人一样，尼采是通过叔本华的棱镜来凝视佛教的，他的视野被这棱镜给扭曲了。在他看来，对于虚无主义——一种消极绝望的虚无主义——的挑战来说，佛教伦理学的回应似乎彻底否定了生命，面对虚无主义危机时，它未能克服弱者悲观主义的判断，这种判断是以往一切意识形态的核心，因而它同样判定："生命是罪恶的。"尼采赞同佛陀以一种独特的伟大健康愿景来阐述其后形而上学伦理学的方式。但是，对尼采来说，佛陀真正提出的是一种企图终结生命的伟大疾病的理想（ideal of great sickness）。这种根本上的生命否定暴露了作为以往主流意识形态之核心的虚无主义，为此，尼采以他的生命肯定伦理学与之对抗。

尼采为什么错误地认为佛教是否定生命的，或爱命运与同情的克服跟涅槃与同情[佛教]的培养是截然相反的，分别重复这两点是没有意义的。尼采思想与佛教哲学都提出了伟大健康的愿景，二者之间为什么以及如何在事实上存在着重要的互补性（complementarity），重复这一点也不会有什么好处。本书第四章和第六章的后半部分已经对这些观点进行了详细的讨论。

当务之急是对虚无主义的挑战做出新的、混合的回应——一种建立在尼采伦理学与佛教哲学之间的互补性基础之上的回应，提供一个新的伟大健康愿景。对于一门坚决超越存在妄想的伦理学之建立，这是首次尝试：我只能希望其他人能够接受、批判和改进这一尝试。

尼采思想与佛教哲学共同朝着一个特定的方向推进。他们提出的伦理学具有相同的基本结构和基本内容。在内容方面，这种思想的本质就是，抓住房间里的大象的鼻子，然后把它赶走。存在与自我的双头妄想（two-headed delusion）作为道德、宗教、理性探究等领域的基础，并不是人类历史和/或心理的偶然事故。像所有妄想一样，它展现了一种根本上不健康的世界观。因此，佛陀-尼采式的伦理学以疾病为批评对象，这种疾病从一开始就构成了我们对稳定性之渴望的基础，这种稳定性关乎存在、真理、善、上帝等。简言之，我们的目标是达到伟大健康的状态，在这种状态下，这个世界实际上包含的一切，即转瞬即逝的不稳定流变、躲躲闪闪的生成，将不再被体验为令人绝望的沮丧。因此，这种思想不是仅仅为了避免宣扬那些依赖于存在与自我虚构的价值，而是要瞄准这些虚构在人类心理中的根基，以破除之。

从结构上看，它得出的是根据独特的"健康者"形象建立的完善论（perfectionism）。这与当代英美道德哲学主流相悖，正如泰勒正确地看到的那样，"它倾向于关注做什么是正确的，而不是什么样的存在是好的；倾向于定义义务的内容，而不是良好生活的本性"[1]。当然，我们的佛陀－尼采式的伦理学（Buddha-Nietzschean ethics）不太关心"良好生活"是否服从于客观描述或是否可被还原为明确的标准。相反，它描绘了一个为更高健康而奋斗的轮廓。它本身并未阐明责任、义务和限制。[2]因此，它提供的评估网格（evaluation grid）并不关心评估行动、事态或"善行"（goods），而是关心确定人的价值。与其他形式的所谓德性伦理学（virtue ethics）的方式相似，它坚持认为：善的行动是善的（即健康的）行动者之所为，坏的行动是坏的（即不健康的）行动者之所为。鉴于行动价值的衍生性质（derivative nature），根据这种观点，伦理学只需关注那些本质的东西，即行动者的地位，或在此情形中行动者的健康性（healthiness）。因此，我们对虚无主义挑战的佛陀－尼采式回应，采用了完善论德性伦理学的形式，其基础是高尚的健康者的理想。

关于我所说的**伟大健康完善论**，还有许多值得注意之处。首先，它实际上是完善论的一个新分支，跟以往的完善论几乎

---

[1] 泰勒：《自我的根源》，第3页。
[2] 下文的概述没有规范伦理学（normative ethics）本身，只有道德心理学，原因正在于此。

没有什么共同点。①在历史进程中发展起来的完善论伦理学，大多依赖于一种独特的人性观念。在此基础上，一些完善论者（即亚里士多德、阿奎那、斯宾诺莎和马克思）得出了他们的"属人之善"（human good）或"属人之善行"（human goods）的观念。然而，对于尼采或佛陀来说，人性的问题虽不能说是无止境的（open-ended），但也是保持开放的（open）。鉴于他们信奉一种流变的世界观，他们不会承认任何诸如恒久不变的人性这样的静止之物。②此外，尼采对主动的力与被动的力之间复杂的动态讨论，以及佛教的治疗方法——首要德性的培养——都以各自的方式表明：个人的品质是可塑的，尽管这可能并不容易。

这对于伟大健康的完善论至关重要。实际上，在佛陀-尼采式的伦理学中，问题并不在于人性，而在于阻碍人类前进的本性。支配性的隐喻（governing metaphor）是疾病的消除。正是对不健康状况的诊断，提供了对明确的终极目的的最初否定，

---

① 关于完善论及其两大分支："人本完善论"（human nature perfectionism）和"客观善行完善论"（objective goods perfectionism），见沃尔（S. Wall）：《完善论》（"Perfectionism"），载扎尔塔（E. N. Zalta）编：《斯坦福哲学百科全书》（*Stanford Encyclopedia of Philosophy*，2008年秋季版），网址为 http://plato.stanford.edu/archives/fall2008/entries/perfectionism-moral。

② 在某些大乘佛学圈子里，"佛性"（Buddha-nature）的观念扮演着某种人性的角色。其观点是，佛性的潜能或作为佛陀清净心的"藏"（garbha）存在于每个生命的核心。然而，这种阐发不过是重新陷入了存在形而上学，至少从"终极真理"的角度看是这样，乔达摩·悉达多一定会予以指责。

即摧毁渴爱,或通过自我克服来战胜被动的力。

现在,人性完善论者可能会反对说,任何形式的完善论都必然蕴涵一种实证的善的理念,而这正是确定某些人出了什么问题所需要的,如此等等。然而,这在治疗模式上是否是必需的,还远不够明显。当我生病时,我并不需要先有一个"健康"是什么的明确理念,才开始询问我所患症状的病因,以及从引起这些症状的任何疾病中康复的方法。因而,尽管涅槃与爱命运绝非纯粹否定的概念,尽管在尼采思想与佛教哲学中,关于健康者的心理有很多可说的东西,但这两种理想并不代表前定属人之善(predetermined human good)的充分发展,这种善的基础是对确定的人性的某种解释。尽管也可以用实证的方式去描述,但健康的理念首先且主要是从疾病中完全康复的理念,而不是前定之善的实现。如果有什么区别的话,那就是健康之"善"取决于与之相关的疾病之"恶"。

在这个意义上,伟大健康完善论也不同于罗尔斯、帕菲特和格里芬等人所概括的客观善行完善论(objective goods perfectionism)。①这种版本的完善论并不依赖于对人性的看法,而是依赖于一系列杰出的人类成就或客观善行,完善论者的目

---

① 参看罗尔斯:《正义论》(*A Theory of Justice*),马萨诸塞州剑桥市:哈佛大学出版社,1971;帕菲特:《人口过剩与生活质量》("Overpopulation and the Quality of Life"),载辛格编:《应用伦理学》(*Applied Ethics*),牛津大学出版社,1986,第 145—164 页;以及格里芬:《幸福:它的含义、衡量及其在道德上的重要性》(*Well-Being: Its Meaning, Measurement and Moral Importance*),牛津:克拉伦登出版社,1986。

标就是使之实现。相比之下，伟大健康的完善论所针对的既不是特定行动的表现（比如创作《蒙娜丽莎》），也不是刷新人类卓越标准的杰出成就。在这里，要谨慎看待"客观善行"这一固定的理念。在佛陀-尼采式的伦理学中，唯一的（非常主观和个人的）善就是从疾病中康复。

然而，伟大健康的完善论与其他完善论最明显的区别在于，它不包含绝对命令（categorical imperative）。这就是伟大健康的"善"未能符合"客观"标准的部分原因。当病态者未能努力追求伟大健康时，他们没有表现出道德上的失败或行为上的违背。对于那些有潜力从疾病中康复的人来说，走向伟大健康当然是明智的——可以说这当然"符合他们的利益"——但没有任何外在标准规定他们有义务这样做。与其他完美主义者不同，佛陀-尼采式的伦理学不包含对自己的绝对责任（categorical duties）。如果道德领域是绝对义务（categorical obligations）领域，那么伟大健康的完善论就根本不是一种道德形式。它只是一门伦理学。这门伦理学为人类的努力指明了方向，但并不强迫人们如此努力。

当然，义务的缺席并不意味着佛陀-尼采式的伦理学蕴涵道德上的为所欲为（free-for-all）或冷漠的自由放任。完善的健康者的行动会被视为良好的、有益的和令人钦佩的。反之，愚昧和被蒙蔽的病态者实施的绝大多数行动，都会被视为恶劣的、有害的、不受欢迎的和可鄙的。① 此外，如果努力追求伟大健

---

① 他们也可能在法律上和/或政治上受到谴责，但这超出了伟大健康伦理学相对有限的范围，诚然，这种伦理学完全与政治无关。

康的健康者的行为妨碍其目标的达成，那么这种行为也会被认为是恶劣的和卑鄙的。然而，做坏事并不被视为道德败坏，而只被视为愚蠢，或者就天真的病态者而言，这种行动是疾病的自然结果，尽管很不幸。健康者可能会试图自发地反击或阻止这种愚蠢的行动，甚至先发制人地告诫愚蠢的人不要实施这种行动，但他们之所以这样做是因为这种行为会造成伤害，而不是因为它本来就是"罪恶的"。

尽管如此，在伟大健康伦理学中，道德话语肯定有一席之地，甚至道德准则与约束的制定也是如此。实际上，健康者对语言、权威和任何其他可支配手段的使用都是工具主义的（instrumentalist），颁布行为准则是其关键组成部分，这些准则最终会有利于其设计者。在这一语境中，一种"健康后果论"（health consequentialism）①将成为完善的健康者的协商框架。因此，他们与世界打交道的一个重要方面将是阐明各种道德立场——由语境决定后果论、义务论或基于德性的立场——尽管带有讽刺意味。不同的人会从健康者那里听到大相径庭的说法，所有这些说法的最终目的都是为了防止无谓的伤害与损伤，也是为了指引那些有潜力治愈自己的人走向伟大健康。这些干预措施的使用将因人而异。不同的人可能有不同程度的"病"，而且其疾病的具体表现，尤其是在特定时间内的表现，可能带有

---

① 关于德性后果论，请参看德赖弗（J. Driver）：《不安的德性》（*Uneasy Virtue*），剑桥大学出版社，2001；及或布拉德雷（B. Bradley）：《德性后果论》（"Virtue Consequentialism"），载《团结》（*Unitas*）17（3），2005，第282—298页。

明显不同的特质（idiosyncrasies）。因此，不同的人所需要的"精神食粮"①迥然有别。然而，从健康的角度来看，并不存在客观的、具有绝对约束力的义务、责任或约束。对于像我们的健康者这样的反讽大师来说，道德话语就像一般语言一样，只有纯粹的工具价值（instrumental value）。就此而言，即使是健康者对他者生活的干预，也不是出于健康者所承担的某种义务，而是出于他们自发的善意与同情。

最后需要注意的是，佛陀－尼采式伟大健康的完善论不是一元论（monist）。尽管人类所患基础疾病在所有情况下都有相同的基本结构，尽管所有健康者都将因此摆脱相同的基本症状，但他们并不是具有相同性格与行为的同类。再者，这里的关键理念是佛教的反讽性参与（ironic engagement）。不同的健康者将"成为"截然不同的人物，因为他们在各种语境中扮演着截然不同的角色。其理念是，通过身份与行为的无尽组合，他们会以反讽的方式与世界打交道。伟大健康需要非凡的变通性（versatility），因此在健康者之中也极具多样性（diversity）。因此，佛陀－尼采式的完善论并不是要千人一面，而是要努力达到一种状态，在此状态下，我可以无限地转换和变通。

现在，我们可以转向道德心理学了，它是伟大健康完善论的基础。在这里，我们可以从尼采思想与佛教哲学所包含的心理学中获得一些洞见。更具体地说，健康者的理想源于一个诊断，即人类心理在根本上是不健康的。正如本书第四章所示，

---

① 我借用了《瞧，这个人》中的"精神食粮"（spiritual diet）一词，见该书"为什么我是命运"第8节。

尼采所谓颓废的系统化被动特征，根据佛教道德心理学模型，可被解释为原初的自我妄想的一种表现。实际上，佛教哲学远远超出了对统一、持久的自我或任何其他承载着属性的实体的单纯批判。当然，它认为，在一个完全由相互关联的过程组成的世界中，像"自我"或"实体"这样静止不变的观念没有任何价值。但佛教哲学远不止于此——"自我""物""实体"和"存在"不仅仅是虚构或幻象，它们是妄想。说到普通人的信念，即自我是实体，以及世界是一个实体化的"物"的世界，他们不仅犯了错，而且在妄想。伟大健康需要克服这种妄想。

自我妄想是通过双重前反思过程来维持的，即"执著"内在的东西——或"属于"自我的东西——以及把外在的东西物化——或"属于"自我视域的东西。我声称那些身心事件"属于我"——我基于"我的"得出了"我"——同时以我为中心解释我周围的世界，它们由各别"物"组成，它们作为物的构成反映了我的关怀、恐惧和兴趣等。因此，自恋的自我妄想既影响了我与世界的情感融洽——系统性的自我中心主义——也影响了我与世界的认知融洽——以特定方式与"我"相关之物系统性物化。正如佛教哲学所阐明的那样，自我妄想的情感效应与认知效应其实是同一枚硬币的两面。自我本位的爱慕（Egotistical attraction）与憎恶以各别的、稳定的"物"作为其意向对象。反过来说，我物化过程，我赋予"物"以各种意义和价值，这种方式是我的情感状态对于这些"对象"的功能。因此，实体化与物化跟"我的"身心执取一样，都是自我表现（通过自我之自我指涉视域的建构）的一部分。

在第四章，我解释了这样一种自我与世界的建构如何导致了一种令人衰弱、虚弱和病态的状况，在这种状况下，我既不断地遭受不满、忧虑和悲伤，又无休止地倾向于有害的欲望、咄咄逼人的态度、（通常是无意识地）操纵的行为等。因此，我的观点是，那些真正关心自己的幸福（和周围人的幸福）的人，终将致力于从自我妄想中恢复过来。简言之，他们的目标是达到伟大健康的完善状态。

虽然这一模式大体上借鉴了佛教哲学，但它可以用尼采的两个关键理念来补充。第一个是被动性（reactivity）理念。病态者是一种被动者（reactive type）。被动性这一概念显示这种人的心理具有偏执狂般的（paranoid-like）特质。更具体地说，它阐明了自我妄想如何导致永久的苦难。在妄想型自恋自我中心主义（delusional narcissistic egotism）的控制下，病态者总是感到自己被针对。当病态者视域中出现伤害或失望时，他们看不出一切发生"在他们身上"的事情实际上都与他们无关，相反，这些事情纯粹是意外的、任意的。由于妄想型自我中心主义，伤害会被视为某种故意（intended）的行为，自恋－偏执的含义就是病态者以为她/他自己比实际上重要得多。由于"我"与"敌对的他者"共生的感觉（co-arising senses），病态者不断地产生反应。因此，在许多其他事情中，对永恒、和平与极乐——简言之即存在——领域的渴望，实际上是病态者在这片动荡的生成之海中遭遇无数挫折以后的被动反应。

尼采的第二个理念与此密切相关。对尼采来说，伟大健康意味着一个人与苦难的关系发生了转换——确切地说，就是从被动性转向主动性。这个理念就是，健康者不会再把困难、阻力与挫折体验为障碍或绝望、沮丧与幻灭的时刻。健康者不会忍受这样的被动反应,而是会被迫采取行动。对健康者来说,遇到障碍和面临困难会令其激昂振奋。因此,伟大健康的理想不应——像它通常那样——至少在名义上——在佛教中那样,仅仅从终结苦难的角度被构思。当然,这一理念即,消除那种以令人虚弱的方式与世界打交道的条件,以停止像病态者遭受的苦难。然而,除此之外,该理念也是为了与世界建立一种融洽的关系,在这种关系中,困难与挑战成了主动参与的根据,而不是绝望、沮丧和脱离的根据。

尼采这两个理念,使我们有可能更清晰地充实伟大健康心理学。实际上,努力追求伟大健康意味着转换,更一般地说,就是从被动的/消极的经受转向主动的、创造性的表现。当然,通过内在执取与外在物化,自我认同(self-identification)一直在上演。它们源于一种扭曲的活动,尽管这种活动是妄想的,但更重要的是,它是无意识的活动(unconscious activity)。但是,病态者叙事身份的表现和视域的建构也是在非常真实的意义上被经历的。他们的表现本身就是被动的。比方说,我的爱人离开了我,我的身份就被粉碎了——正是在其"被粉碎"时,我经历了我的身份的建构。同样地,唯有我的环境与"我的"身心属性发生"内在的"变化时,才可以始终令我做出被动反应。

此时,健康者与身份的关系并不是一种共济失调性人格解体(ataraxic depersonalization)——并非要变得更像患有自闭症或晚期阿尔茨海默病的人。反之,它是一种蓄意的、主动的自我建构(self-construction)。这一理念既不是为了使自我认同与物化的双重驱动失效(即以身心瘫痪为目标),也不仅仅是为了"看穿"幻象,从而退回到某种"心灵的内在放逐"(internal exile of the mind）。相反，这一理念是为了终结"我"和实际各别事物的妄想，这些事物为已被物化的 x、y、z 所指称，同时为了特定的工具性目的（instrumental purposes）继续从事这些虚构的表演与发明，例如，自我维持（self-sustenance）、努力优化、深思熟虑、沟通，以及最重要的（正如我们很快会看到的），利他主义的参与。

从疾病到健康的转变，用（含糊的尼采式的）戏剧艺术家的形象来描述，或许是最好的方式。我们这些病态者就像剧中被蒙蔽的演员，坚信我们就是我们的角色，舞台上的道具是真实的。健康者是从妄想中恢复过来的演员，他们不再认为自己真的是自己的角色，也不再认为舞台世界具有实质的真实性，但他们仍然继续扮演戏剧角色，像所有其他演员一样参与舞台世界的活动。这种具有反讽意味的参与不仅确保了高水平的变通性，而且确保了一种赋予（情绪的）超然性（detachment）的特定形式。正是凭借这种反讽的距离，健康者终结了生存的苦难，这种苦难是病态者与世界和谐相处的特征。用尼采的话来说，反讽的距离会让健康的演员对他们所扮演角色的美有一种审美鉴赏，而不是对任何造成他们命运的东西掷以不健康的道德判断。更重要的是，反讽的距离是对苦难——自己和他者的苦难——做出主动的、而非被动的回应的条件。当然，要建立这样一种自我与世界的反讽性融洽关系，说起来容易做起来难。事实上，许多善于反思的人可能都会同意，自我是被建构的，世界是由转瞬即逝的过程组成的，然后，自我与世界被人类（和动物）的心灵所物化，但仅凭这一点，还不足以让他们摆脱这种看法——他们就是他们的角色，而且舞台世界是真实的。

从对这些洞见的单纯理智性理解到真正从自我妄想中恢复过来，需要付出巨大的努力。健康者是技艺高超的演员。

为了进一步充实这个佛教－尼采式伟大健康的理想，有必要解决两个关键问题。第一个问题与佛教哲学中一个长期存在的难题有关。这一传统问题是：如果没有自我，那么谁会获得涅槃？在当代语境中，这个问题可被重新表述为：如果没有一个先前未被建构的自我（unconstructed self），那么一旦自我妄想被克服，谁会反讽地表演自我认同与物化？当然，这个反问句的含义就是，佛教－尼采式的伟大健康的理念要求：存在着不是妄想的产物的自我。更具体地说，这一理念是，谈论一个蓄意的、主动性/创造性的建构或表演，意味着一个未被建构的自我可以拥有的一定程度的自主权（autonomy）。

首先，应当指出，这种反对意见实际上是循环论证。建构蕴涵了建构者，表演蕴涵了表演者，或者更一般地说，行动蕴涵了行动者，这种观念已经预设了佛教哲学与尼采思想都坚决拒斥的那种形而上学。尽管如此，反对者还是有权利要求说明，非人格的力如何共同建构一个人或"自我"，更有权利要求说明，对这些非人格之力的非人格性（impersonality）觉察，怎样能使这种建构不是那么自动（或机械）和被动，而是更加蓄意和主动。

关于这个问题，健康者与病态者的看法差别不大。特定的身心元素形成了功能上自主的子系统，它们负责向其他身心元素宣称主权，可以说，它们构成了外围的子系统。[1]尽管子系

---

[1] 关于这一点，可参阅西德里茨：《佛教哲学》，第48—49页。

统完全由非人格的力组成，但是在对"属于"它的东西宣告主权的过程中，它自己构成了任何"属于"它的、被宣告了主权的东西的自我。此外，请注意，这个不断转换的子系统在功能上具有自主性，这绝不意味着它实际上是一个静态的自我——当它把自己看作这样的自我时，不过是被蒙蔽了。当达到伟大健康状态时，子系统就会从这种妄想中恢复过来。结果，它失去了它的刚性（rigidity）——我顺便指出，这导致了许多病态者生存上的混乱，尤其是与"身份危机"（identity crises）有关的混乱。通过对自身的偶然性与非本质性的（活生生的）认识，转变中的子系统获得了更大的灵活性，也获得了更大的自主权。因此，健康者反讽的参与具有无限的变通性。

然而，这种解释引发了进一步的担忧。正如我所描述的那样，从疾病到伟大健康的过程似乎就是（对自我与世界）从被动决定到主动决定。但这一定不符合尼采对严格决定论（strict determinism）的明确承诺。事实上，似乎没有任何尼采式的观点能够承认"决定"的程度，因为对尼采来说，一切都是严格地被决定的。①

可以采用两种策略来规避这个问题。第一种策略是，尽管尼采是决定论者，但被动/主动的区分的确允许各种力的联结或多或少是被决定/决定的。根据这种观点，健康者在向伟大健康前进的过程中，实际上会变得更有决定性（determinant），尽管这种"决定性"的进展与增益也是必要的，或者说是确定的，即它们不可避免的命运。

---

① 《偶像的黄昏》，第 4 章第 5 节和第 7 章第 7—8 节。

另一种策略更具争议性，但也更有趣。其思路是，尼采对决定论的承诺实际上既是（一）对一种只承认被动之力的宇宙观的隐含承诺，又是（二）对被动之力本身的承诺。请注意，这两种批判都是从坚定的尼采式立场出发的。首先，不难看出，决定论怎样蕴涵了一种严格的机械论世界观。只有在因果关系是纯粹机械论的情况下，普遍的因果关联（universal causal interrelatedness）才会提供一个密集的、不可渗透的、具有固定的决定性的宇宙区块（cosmic block）。但是，正如尼采自己所指出的那样，机械论领域是被动的领域，或者更确切地说，它是行动与被动之间具有严格比例性（strict proportionality）的领域。因此，严格的决定论是一种只承认被动之力的世界观。对于主动性、创造性、动态的赋予形式之力的作用，尼采若能真诚看待，那么严格的决定论就被排除了。

那么，为什么尼采会如此强烈地支持这种与他所倡导的主动性相冲突的世界观呢？我认为，他这样做是出于无意识的被动性。尼采回应了当时盛行的自由意志主义的自由意志（free will）学说，他认为那是颓废者用以指责其压迫者"蓄意的"伤害行为的一种工具，并赞扬自己不诚实地"蓄意的"温顺与被动性（实际上是无力报复）。尼采还指出，自由意志学说是罪责之制度化（institutionalization of guilt）的一部分，他正确地认为，这种情绪非常不健康。①简言之，基督教的自由意志学

---

① 请注意，事实上，罪责与强大的历时性人格同一性（diachronic personal identity）紧密相关。它假定了我和实施了令我感到愧疚的行为的人是同一个人。而且，罪责阻塞了同情。无论以何种方式、形态或形

说是怨恨的产物。然而，尼采以一种被动回应所特有的方式走向了另一个极端。他断言，没有任何自由，一切都是严格地被决定的。尼采正确地谴责了自由意志学说的滥用，并正确地质疑了人类行为是否真的像基督徒、理性主义者和许多有神论者所宣称的那样"自由"。但是，他走得太远了。相比之下，这里提出的伟大健康的理想确实承认了一定程度的决定性。与消极的/被动的病态者相比，健康者反讽地表演的自我认同与物化确实具有更多的决定性因素。

为了充实我们的新伦理学，第二个需要解决的关键问题关乎健康者与世界打交道的目的。如上所述，为达到工具性目的，健康者持续地从事自我与"物"的虚构性表演和发明。这就引出一个问题：工具性目的是什么？毕竟，一旦获得了伟大健康，消除了令人虚弱的苦难与焦虑，还有什么值得为之奋斗？健康者的活动范围还有多大？还有什么欲望能使他们活跃起来？

这些问题可以在本书第六章找到答案。自我妄想的结果是系统性的自我中心主义（和利己主义）。相反，从自我妄想中恢复过来的结果则是系统性的利他主义。当然，严格地说，关于自我与他者的对话仍以身份的虚构为基础——健康者实际上既不是自私的，也不是无私的，只是参与其中——但这种对话是健康者参与的反讽的一部分。在这方面，主要观点是，伟大健康是这样一种赋予力量的状态（empowering state），健康者

式，对一个人的不幸感到愧疚，都蕴涵了与他者之苦难的融洽关系，这种关系具有强大地自我指涉性，它抑制了真正的同情，事实上会导致怨恨与恼怒。这些评论不是尼采的（或佛陀的），而是我自己的。

表现出一种自然的倾向，自发地帮助他者减轻痛苦。因此，健康者拥有无量同情心。

然而，请注意，他们为一种同情心所激发，这与通常名为同情的情感明显不同。摆脱了自我中心主义，健康者就不会以终结自己的苦难为隐含意图来回应他者的不幸了。那是病态者之所为。相反，健康者的同情心产生的苦难会成为一种令人振奋的兴奋剂，使人真正面向他者的苦难采取富有同情心的行动。关于苦难更一般的情况，正如我们的尼采模式所示，从疾病到健康需要一种转换：从被动地构成同情所产生的苦难——有害的、令人衰弱的东西——到主动地构成苦难——激发胜利之喜悦的前奏。健康者富有同情心的行动所带来的胜利之喜悦就是佛教文本所言同情之喜悦（sympathetic joy）。这样，健康者的同情实践就展示了与苦难的融洽关系，这种关系是主动性/创造性的，是伟大健康更一般的特征。对于大多数其他方面（即医学上）健康的人来说，最大的问题是自我妄想本身，最终，富有同情心的健康者主要关心的将是，通过行动以及（反讽的）言辞和训谕推动人们走向伟大健康。

除了无边强力所生同情之外，健康者还展示了其他德性，例如，善意（给予幸福的意愿，而不只是缓解苦难的意愿）、同情之喜悦、平静、慷慨、公平等。所有这些特征都是关心与关怀的流溢，源于伟大健康的最高幸福和与之相伴的力量与能量。这些德性与同情相结合，将引导健康者的行为，并决定他们反讽参与的形式。

可以说，正如佛教哲学明确指出的那样，阐明并获得健康者之德性的知识，其优势在于，它为完善论的治疗提供了一个确定的框架。识别、隔离和打击被动形式的回应与行为是治疗方案的一部分。正如尼采思想和佛教文本指出的那样,在这方面,对于那些在通往伟大健康之路上走得足够远的人来说,将自己置于不健康或被动之力可能获得支配地位的情境中,可能也很重要——当然,重点是要更彻底地破坏它们。佛教特别强调的另一个因素是,在冥想实践中,对一个人已经建构的同一性(以及对它的持续建构)进行实际分析。然而,该疗法的一个关键特征也是培养那些表征健康心灵的德性。通过学习像一个健康者那样去思考和感受,一个人就已经变得更健康了。因此,健康者的高贵德性描绘了一个治疗方案,并据以培养特定的德性,以期获得伟大健康。

对于目前虚无主义的挑战,我们尝试阐发了一种新的、混合的回应,或许有人会提出一些反对意见。为简明扼要起见,我将只考虑那些我认为最紧迫的问题,以结束当前的探究。我提出的佛陀-尼采式伟大健康完善论,容易受到"反对神圣"的变种的影响,它在传统层面反对功利主义。① 其观点是,伟大健康的理想或从自我妄想中恢复过来的理想是如此雄心勃勃,以至于它实际上是一个遥不可及的目标。它的目标起码是让人成为圣人。因此,它不能影响人类的道德努力,因为它把门槛设置得过高,失败与失望必定会接踵而至。② 当然,人们应该

---

① 关于这种反对,请参阅斯卡里(G. Scarre)的《功利主义》(*Utilitarianism*),伦敦:劳特里奇出版社,1996,第182—183页。

② 当然,在这种反对与传统对神圣——或过分苛求——的反对之间,有一个重要的区别,即后者抨击功利主义,因为功利主义把成为圣人(become a saint)当作道德上的要求。因为伟大健康伦理学并不要求

比伟大健康完善论的支持者更加现实和务实。

现在，我提出的伟大健康的理想实际上无法实现，这完全有可能。但是，即使任何人都不可能实现这一理想，此理想也不失为人类为之奋斗的一个有效目标，只要"健康"在这里被理解为一个程度问题。尽管无法对一个文本进行完美的翻译，但这一事实并不妨碍译者追求他们力所能及的最佳翻译。即使对自己的母语（这里指法语），我也永远无法绝对地、无可挑剔地掌握，但这一事实并不妨碍我追求完善。看起来，完善作为一个理想总是遥不可及，尽管它为人类的奋斗指明了方向。这就是伟大健康理想的意义所在。即使"圣人般的"伟大健康理想不可企及——很可能是这样——也不必因此就认为它不符合道德努力的目标。

事实上，当一个人停下来去思考人类愚蠢的广度和深度，以及人们给自己和他者造成的巨大伤害，他很难不感到，如果个体或集体没有为一个勇敢、无畏的理想而奋斗，则一切都是不充分的。这就是构成佛陀-尼采式伟大健康理想基础的直觉。实际上，切①的战斗口号似乎有一些悲剧性的务实精神——¡iseamos realistas, pidamos lo imposible!［让我们面对现实，探问不可能之事！］

我们所有人都努力追求伟大健康，所以问题不可能在于何为合理要求。相反，问题在于以一种不切实际的方式设定过高目标，这会让许多人望而却步。

① 切·格瓦拉（Che Guevara，1928—1967），阿根廷马克思主义革命家、医生、作家、游击队队长、军事理论家、国际政治家和古巴革命的核心人物。——译注

参考文献

西文文献

Abbey, R. "Descent and Dissent: Nietzsche's Reading of Two French Moralists." Doctoral dissertation, McGill University, 1994.

Abbey, R. *Nietzsche's Middle Period*. Oxford University Press, 2000.

Abel, G. Nietzsche: *Die Dynamik der Willen zur Macht und die ewige Wiederkehr*. Berlin: W. de Gruyter, 1998.

Alhabari, M. *Analytical Buddhism: The Two-Tiered Illusion of the Self*. Basingstoke: Palgrave Macmillan, 2006.

Alhabari, M. "Nirvana and Ownerless Consciousness," in M. Siderits, E. Thompson, and D. Zahavi (eds.), *Self, No Self? Perspectives from Analytical, Phenomenological and Indian Traditions*. Oxford University Press, 2011, pp. 79−113.

Amadea, S. M. "Nietzsche's Thirst for India: Schopenhauerian, Brahmanist, and Buddhist Accents in Reflections on Truth, the Ascetic Ideal, and the Eternal Return," *Idealistic Studies* 34(3), 2004: 239—262.

Anquetil-Duperron, H. B. *Oupnek'hat*, 2 vols. Paris: Argentorati, 1801−1802.

Appel, F. *Nietzsche contra Democracy*. Ithaca, NY: Cornell University Press, 1999.

Aristotle. *Eudemische Ethik*, trans. F. Dirlmeier. Berlin: Akade-mie Verlag, 1962.

Arnold, D. *Buddhists, Brahmins and Belief*. New York: Columbia University Press, 2005.

Baggini, J. Atheism: *A Very Short Introduction*. Oxford University Press, 2003.

Beck, A. T. *Cognitive Therapy and the Emotional Disorders*. New York: International Universities Press, 1976.

Berkowitz, P. Nietzsche: *The Ethics of an Immoralist*. Cambridge, MA: Harvard University Press, 1995.

Berman, D. "Schopenhauer and Nietzsche: Honest Atheism, Dishonest Pessimism," in C. Janaway (ed.), *Willing and Nothingness: Schopenhauer as Nietzsche's Educator*. Oxford University Press, 1998, pp. 178−196.

Bonardel, F. *Bouddhisme et philosophie: en quête d'une sagesse commune*. Paris: Harmattan, 2008.

Bradley, B. "Virtue Consequentialism," *Unitas* 17(3), 2005: 282−298.

Breazeale, D. "Introduction," in D. Breazeale (ed.), *Untimely Meditations*, trans. R. J. Hollingdale. Cambridge University Press, 1997, pp. vii−xxxii.

Brogan, W. A. "The Central Significance of Suffering in Nietzsche's Thought," *International Studies in Philosophy* 20(1), 1988: 53−62.

Bronkhorst, J. *Greater Magadha: Studies in the Culture of Early India II*, vol. xix. Leiden: Koninklijke Brill NV, 2007.

Brown, C. M. "Modes of Perfected Living in the Mahābhārata and the Purāṇas," in A. Fort and P. Mummes (eds.), *Living Liberation in Hindu Thought*. State University of New York Press, 1996, 157—183.

Burton, D. "Curing Diseases of Belief and Desire: Buddhist Philosophical Therapy," in C. Carlisle and J. Ganeri (eds.), *Philosophy as Therapeia*. Special issue of *Royal Institute of Philosophy Supplement* 66, 2010: 187-217.

Burton, D. *Emptiness Appraised: A Critical Study of Nāgārjuna's Philosophy*. Richmond, CA: Curzon, 1999.

Chattopadhyaya, D. "Skepticism Revisited: Nāgārjuna and Nyāya via Matilal," in P. Bilimoria and J. Mohanty (eds.), *Relativism, Suffering and Beyond: Essays in Memory of Bimal K. Matilal*. Delhi: Oxford University Press, 1997, pp. 50-68.

Clark, M. "Nietzsche, Friedrich," in *Concise Routledge Encyclopedia of Philosophy*. London: Routledge, 2000, pp. 630-631.

Clark, M. *Nietzsche on Truth and Philosophy*. Cambridge University Press, 1990.

Collins, S. *Selfless Persons: Imagery and Thought in Theravāda Buddhism*. Cambridge University Press, 1982.

Conche, M. "Nietzsche et le bouddhisme," in *Cahier du Collège International de Philosophie*, vol. iv. Paris: Osiris, 1989, pp. 125-144.

Conze, E. "Spurious Parallels to Buddhist Philosophy," *Philosophy East and West* 13(2), 1963: 105-115.

Cox, C. "From Category to Ontology: The Changing Role of Dharma in Sarvāstivāda Abhidharma," *Journal of Indian Philosophy* 32 (5-6), 2004: 543-597.

Damasio, A. *The Feeling of What Happens: Body and Emotion in the Makings of Consciousness*. London: Heinemann, 1999.

D'Amato, M., J.Garfield, and T. Tillemans (eds.). *Pointing at the Moon: Buddhism, Logic, Analytic Philosophy.* Oxford University Press, 2009.

Danto, A. C. *Nietzsche as Philosopher.* New York: Macmillan, 2005.

Darwall, S. "Empathy, Sympathy, Care," *Philosophical Studies* 89(3), 1998: 261–282.

Dawkins, R. *The God Delusion.* Boston: Houghton Mifflin, 2006.

Dawkins, R. *The Selfish Gene.* Oxford University Press, 1976.

Deleuze, G. *Nietzsche et la philosophie.* Paris: Presses Universitaires de France, 1962.

De Man, P. "Nietzsche's Theory of Rhetoric," *Symposium* 28(1), 1974: 33–51.

Detwiler, B. *Nietzsche and the Politics of Aristocratic Radicalism.* Chicago University Press, 1990.

Dreyfus, G. "Self and Subjectivity: A Middle Way Approach," in M. Siderits, E. Thompson, and D. Zahavi (eds.), *Self, No Self? Perspectives from Analytical, Phenomenological and Indian Traditions.* Oxford University Press, 2011, pp. 114–156.

Driver, J. *Uneasy Virtue.* Cambridge University Press, 2001.

Droit, R.-P. *Le culte du néant: les philosophes et le Bouddha.* Paris: Seuil, 1997.

Droit, R.-P. "La fin d'une éclipse?" in R.-P. Droit (ed.), *Présences de Schopenhauer.* Paris: Grasset et Fasquelle, 1989, pp. 7–23.

Droit, R.-P. *L'oubli de l'Inde: une amnésie philosophique.* Paris: Presses Universitaires de France, 1989.

Droit, R.-P. "Schopenhauer et le Bouddhisme: une 'admirable concordance'?" in E. von der Luft (ed.), *Schopenhauer*. Lewiston, NY: Edwin Mellen Press, 1988, pp. 123–138.

Ellis, A. *Reason and Emotion in Psychotherapy*. New York: Carol PublishingGroup, 1991.

Figl, J. "Nietzsche's Early Encounters with Asian Thought," in G. Parkes (ed. And trans.), *Nietzsche and Indian Thought*. London: University of Chicago Press, 1991, pp. 51–63.

Figl, J. "Nietzsche's Encounter with Buddhism," in B. Bäumer and J. R. Dupuche (eds.), *Void and Fullness in the Buddhist, Hindu and Christian Traditions: Śūnya-pūrṇa-Pleroma*. New Delhi, D. K. Printworld, 2005, pp. 225–237.

Flanagan, O. *The Bodhisattva's Brain: Buddhism Naturalized*. Cambridge, MA: MIT Technology Press, 2011.

Fort, A. "Liberation while Living in the *Jīvanmuktiviveka*," in A. Fort and P. Mummes (eds.), *Living Liberation in Hindu Thought*. State University of New York Press, 1996, pp. 135–155.

Frazer, M. L. "The Compassion of Zarathustra: Nietzsche on Sympathy and Strength," *Review of Politics* 68(1), 2006: 49–78.

Frazier, A. M. "A European Buddhism," *Philosophy East and West* 25(2), 1975: 145–160.

Fukuyama, F. *The End of History and the Last Man*. New York: Free Press, 1992.

Gadamer, H.-G. *Wahrheit und Methode: Grundzüge einer philosophischen Hermeneutik*. Tübingen: Mohr, 1972.

Ganeri, J. *The Concealed Art of the Soul: Theories of Self and Practices of Truth in Indian Ethics and Epistemology*. Oxford University

Press, 2007.

Ganeri, J. "Subjectivity, Selfhood and the Use of the Word 'I'," in M. Siderits, E. Thompson, and D. Zahavi (eds.), *Self, No Self? Perspectives from Analytical, Phenomenological and Indian Traditions*. Oxford University Press, 2011, pp. 176–192.

Gérard, R. *L'Orient et la pensée romantique allemande*. Nancy: Thomas, 1963.

Gerhardt, V. *Vom Willen zur Macht: Anthropology und Metaphysik der Macht am exemplerischen Fall Friedrich Nietzsches*. Berlin: W. de Gruyter, 1996.

Gethin, R. *The Foundations of Buddhism*. Oxford University Press, 1998.

Gethin, R. "He Who Sees *Dhamma* Sees *Dhammas*: *Dhamma* in Early Buddhism," *Journal of Indian Philosophy* 32(4), 2004: 513–542.

Gombrich, R. F. *What the Buddha Thought*. London, Equinox, 2009.

Gowans, C. W. "Medical Analogies in Buddhist and Hellenistic Thought: Tranquility and Anger," in C. Carlisle and J. Ganeri (eds.), *Philosophy as Therapiea*. Special issue of *Royal Institute of Philosophy Supplement* 66, 2010: 11–33.

Grayling, A. C. The Good Book: *A Humanist Bible*. New York: Walker and Co., 2011.

Griffin, J. *Well-Being: Its Meaning, Measurement and Moral Importance*. Oxford, Clarendon Press, 1986.

Grimm, R. H. *Nietzsche's Theory of Knowledge*. Berlin: W. de Gruyter, 1977.

Halbfass, W. *India and Europe: An Essay in Understanding*. State

University of NewYork Press, 1988.

Halbfass, W. *Tradition and Reflection: Explorations in Indian Thought*. State University of New York Press, 1991.

Hamilton, S. *Early Buddhism: A New Approach: The I of the Beholder*. Richmond, CA: Curzon, 2000.

Hamlyn, D. *Schopenhauer*. London: Routledge and Kegan Paul, 1980.

Harman, G. "Ethics and Observation," in S. Darwall, A. Gibbard, and P. Railton (eds.), *Moral Discourse and Practice*. Oxford University Press, 1997, pp. 83–88.

Harman, G. *Explaining Value and Other Essays in Moral Philosophy*. Oxford University Press, 2000.

Havas, R. *Nietzsche's Genealogy: Nihilism and the Will to Knowledge*. Ithaca, NY: Cornell University Press, 1995.

Hayes, R. P. *Diṅnāga on the Interpretation of Signs*. London: Kluwer Academic Publishers, 1989.

Heidegger, M. *Nietzsche*, 4 vols. Pfullingen: Neske, 1961.

Heine, H. *Sämtliche Werke*. Hamburg: Hoffman und Sampe, 1863.

Heller, P. *Studies on Nietzsche*. Bonn: Bouvier, 1980.

Heraclitus of Ephesus. "Fragments," in *The Art and Thought of Heraclitus*, ed. C. H. Kahn. Cambridge University Press, 1981.

Horstmann, R.-P. "Introduction," in R.-P. Horstmann and J. Norman (eds.), *Beyond Good and Evil*, trans. J. Norman. Cambridge University Press, 2002, pp. ii–xxviii.

Hulin, M. *Le principe d'égo dans la pensée indienne classique: la notion d'ahaṃkāra*. Paris: Collège de France, 1978.

Hume, D. *A Treatise of Human Nature*, ed. F. and M. Norton. Oxford

University Press, 2005.

Hutter, H. *Shaping the Future: Nietzsche's New Regime of the Soul and its Ascetic Practices*. Lanham, MD: Lexington Press, 2006.

Janaway, C. *Beyond Selflessness: Reading Nietzsche's Genealogy*. Oxford University Press, 2007.

Janaway, C. *Self and World in Schopenhauer's Philosophy*. Oxford: Clarendon Press, 1989.(ed.). *Willing and Nothingness: Schopenhauer as Nietzsche's Educator.* Oxford: Clarendon Press, 1998.

Johnson, D. R. *Nietzsche's Anti-Darwinism*. Cambridge University Press, 2010.

Kant, I. *Kritik der reinen Vernunft*. Leipzig: Felix Meiner, 1926.

Kaufmann, W. *Nietzsche: Philosopher, Psychologist, Antichrist*. Princeton University Press, 1974.

Kern, H. *Der Buddhismus und seine Geschichte in Indien*. Leipzig: O. Schulze, 1882.

King, R. *Indian Philosophy: An Introduction to Hindu and Buddhist Thought*. Edinburgh University Press, 1999.

Kiowski, H. "Nietzsches Kritik an Schopenhauers Mitleidsbegriff," *Prima Philosophia* 12(1), 1999: 47−61.

Koeppen, C. F. *Die Religion des Buddhas*, 2 vols. Berlin: F. Schneider, 1857−1859.

Lambrellis, D. N. "Beyond the Moral Interpretation of the World: The World as Play: Nietzsche and Heraclitus," *Philosophical Inquiry* 27 (2), 2005: 211−221.

La Rochefoucauld, F. de. *Maximes et réflexions diverses*, ed. P. Kuetz. Paris: Bordas, 1966.

Leibniz, G. F. *Essai de théodicée sur la bonté de dieu, la libertéde l' homme et l' origine du mal*, ed. J. Jalabert. Paris: Aubier, 1962 [1710].

Leibniz, G. F. *The Monadology and Other Philosophical Essays*, ed. and trans. P. and A. M. Schrecker. Indianapolis, IN: Bobbs-Merrill, 1965.

Leiter, B. *Nietzsche on Morality*. London: Routledge, 2002.

Lévi-Strauss, C. *La pensée sauvage*. Paris: Plon, 1962.

López, D. S. Jr. "Do Śrāvakas Understand Emptiness? " *Journal of Indian Philosophy* 16(1), 1988: 65–105.

Losurdo, D. *Nietzsche, il ribelle aristocratico: biografia intellettuale e bilancio critico*. Turin: Bollati Boringhieri, 2002.

MacKenzie, M. "Enacting the Self: Buddhist and Enactivist Approaches to the Emergence of the Self," in M. Siderits, E. Thompson, and D. Zahavi (eds.), *Self, No Self ? Perspectives from Analytical, Phenomenological and Indian Traditions*. Oxford University Press, 2011, pp. 239–273.

Mackie, J. L. "From *Ethics: Inventing Right and Wrong*," in S. Darwall, A. Gibbard, and P. Railton (eds.), *Moral Discourse and Practice*. Oxford University Press, 1997, pp. 89–100.

Magnus, B. *Nietzsche's Existential Imperative*. Bloomington, IN: Indiana University Press, 1978.

Martin, G. T. "Deconstruction and Breakthrough in Nietzsche and Nāgārjuna," in G. Parks (ed.), *Nietzsche and Asian Thought*. London: Chicago University Press, 1991, pp. 91–111.

Mistry, F. *Nietzsche and Buddhism: Prolegomenon to a Comparative Study*. New York: W. de Gruyter, 1981.

Moore, G. *Nietzsche, Biology and Metaphor*. Cambridge University

Press, 2002.

Morrison, R. G. *Nietzsche and Buddhism: A Study in Nihilism and Ironic Affinities*.Oxford University Press, 1997.

Morrison, R. G. "Nietzsche and Nirvana," in W. Santaniello (ed.), *Nietzsche and the Gods*. State University of New York Press, 2001, pp. 87-113.

Müller, M. *Beiträge zur vergleichenden Mythologie und Ethnologie*. Leipzig: Englemann, 1879.

Nagel, T. *The View from Nowhere*. Oxford University Press, 1989.

Ñāṇamoli, B. *The Path of Purification*. Kandry: Buddhist Publication Society, 1975.

Nehamas, A. *Nietzsche: Life as Literature*. Cambridge, MA: Harvard University Press, 1985.

Nicholls, M. "The Influence of Eastern Thought on Schopenhauer's Doctrine of the Thing-in-Itself," in C. Janaway (ed.), *The Cambridge Companion to Schopenhauer*. Cambridge University Press, 1999, pp. 171-212.

Nietzsche, F. W. *Nietzsche Briefwechsel*, ed. G. Colli and M. Montinari. Berlin: W. de Gruyter, 1980.

Nietzsche, F. W. *Nietzsche Werke*, ed. G. Colli and M. Montinari. Berlin: W. de Gruyter, 1977.

Nietzsche, F. W. *Der Wille zur Macht*, ed. E. Forster-Nietzsche and P. Gast, in *Nietzsches Werke*, vols. ix and x. Leipzig: C. G. Naumann, 1906.

Norman, K. R. "A Note on *Attā in the Alagaddūpama-sutta*," in *Collected Papers*, vol ii. Oxford University Press, 1991, pp. 100-109.

Nussbaum, M. C. "Pity and Mercy: Nietzsche's Stoicism," in R.

Schacht (ed.), *Nietzsche, Genealogy, Morality: Essays on Nietzsche's On the Genealogy of Morals*. University of California Press, 1994, pp. 139−147.

Oetke, C. "'Nihilist' and 'Non-nihilist' Interpretations of Madhyamaka," Acta Orientalia 57(1), 1996: 57−103.

Oetke, C. "Remarks on the Interpretation of Nāgārjuna's Philosophy," *Journal of Indian Philosophy* 19(3), 1991: 315−323.

Oldenberg, H. *Buddha: sein Leben, seine Lehre, seine Gemeinde*. Berlin: W. Hertz, 1881.

O'Shaughnessy, B. *The Will: A Double Aspect Theory*. Cambridge University Press, 1980.

Panaïoti, A. "Anātmatā, Moral Psychology and Soteriology in Indian Buddhism," in N. Mirning (ed.), *Puṣpikā: Tracing Ancient India through Text and Traditions. Contributions to Current Research in Indology*, vol. i. Oxford, Oxbow Books Press, forthcoming.

Panaïoti, A. "Wrong View, Wrong Action in Buddhist Thought," in N. Norris and C. Balman (eds.), *Uneasy Humanity: Perpetual Wrestlings with Evils*. Oxford: Inter-Disciplinary Press, 2009, pp. 9−23.

Parfit, D. "Experiences, Subjects, and Conceptual Schemes," *Philosophical Topics* 26 (1−2), 1999: 217−270.

Parfit, D. "Overpopulation and the Quality of Life," in P. Singer (ed.), *Applied Ethics*. Oxford University Press, 1986, pp. 145−164.

Parfit, D. *Reasons and Persons*. Oxford University Press, 1984.

Pearson, K. A. "For Mortal Souls: Philosophy and Therapiea in Nietzsche's *Dawn*," in C. Carlisle and J. Ganeri (eds.), *Philosophy as Therapiea*. Special issue of *Royal Institute of Philosophy Supplement* 66, 2010: 137−163.

Pippin, R. B. "Introduction," in R. B. Pippin (ed.), *Thus Spoke Zarathustra: A Book for All and None*, trans. A. Del Caro. Cambridge University Press, 2006, pp. viii–xxxv.

Priest, G. *Beyond the Limits of Thought*. Oxford University Press, 2002.

Purushottama, B. "Nietzsche as 'Europe's Buddha' and 'Asia's Superman'," *Sophia* 47(3), 2008: 359–376.

Pye, M. *Skilful Means: A Concept in Mahāyāna Buddhism*. London: Psychology Press, 2003.

Rawls, J. *A Theory of Justice*. Cambridge, MA: Harvard University Press, 1971.

Reginster, B. *The Affirmation of Life: Nietzsche on Overcoming Nihilism*. Cambridge, MA: Harvard University Press, 2006.

Rhys Davids, T. W. and W. Stede (eds.). *Pāli Text Society's Pāli-English Dictionary*. Chipstead: Pāli Text Society, 2006.

Richardson, J. *Nietzsche's New Darwinism*. Oxford University Press, 2004.

Richardson, J. *Nietzsche's System*. New York: Oxford University Press, 1996.

Ricoeur, P. *Soi même comme un autre*. Paris: Seuil, 1990.

Rorty, R. *Consequences of Pragmatism*. University of Minnesota Press, 1991.

Rousseau, J.-J. *Émile, ou De l'éducation*. Paris: Garnier Frères, 1967 [1762].

Ruegg, D. S. *The Literature of the Madhyamaka School of Philosophy in India*. Wiesbaden: O. Harrassowitz, 1981.

Rupp, G. "The Relationship between Nirvāṇa and Saṃsāra: An Essay on the Evolution of Buddhist Ethics." *Philosophy East and West* 21(1), 1971: 55-67.

Russell, B. *History of Western Philosophy and its Connection with Political and Social Circumstances from the Earliest Times to the Present Day*. New York: Simon and Schuster, 1945.

Sartre, J.-P. *L'être et le néant: essai d'ontologie phénoménologique*. Paris: Gallimard, 1943.

Scarre, G. *Utilitarianism*. London: Routledge, 1996.

Schechtman, M. *The Constitution of Selves*. Ithaca, NY: Cornell University Press, 1996.

Scheiffele, E. "Questioning One's 'Own' from the Perspective of the Foreign," in G. Parkes (ed.), *Nietzsche and Indian Thought*. London: University of Chicago Press, 1991, pp. 31-47.

Scheler, M. *Gesammelte Werke*, 7 vols. Bern: Francke, 1973.

Schopenhauer, A. *Sämtliche Werke*, ed. A. Hübscher. Mannheim: F. A. Brockhaus, 1988.

Schwab, R. *La Renaissance orientale*. Paris: Payot, 1950.

Siderits, M. "Buddhas as Zombies: A Buddhist Reduction of Subjectivity," in M. Siderits, E. Thompson, and D. Zahavi (eds.), *Self, No Self? Perspectives from Analytical, Phenomenological and Indian Traditions*. Oxford University Press, 2011, pp. 308-331.

Siderits, M. *Buddhism as Philosophy: An Introduction*. Aldershot: Ashgate, 2007.

Siderits, M. *Buddhist Philosophy and Personal Identity: Empty Persons*. Aldershot: Ashgate, 2003.

Siderits M., E. Thompson, and D. Zahavi (eds.). *Self, No Self? Perspectives from Analytical, Phenomenological and Indian Traditions*.

Oxford University Press, 2011.

Sober, E. and D. S. Wilson. *Unto Others: The Evolution and Psychology of Unselfish Behaviour*. Cambridge, MA: Harvard University Press, 1998.

Soll, I. "Pessimism and the Tragic View of Life: Reconsiderations of Nietzsche's *Birth of Tragedy*," in R. C. Solomon and K. M. Higgins (eds.), *Reading Nietzsche*. Oxford University Press, 1988, pp. 104—133.

Sorabji, R. *Self: Ancient and Modern Insights about Individuality, Life, and Death*.Oxford University Press, 2006.

Spinoza, B. *A Spinoza Reader: The Ethics and Other Works*, ed. and trans. E. Curley.Princeton University Press, 1994.

Sprung, M. "Nietzsche's Trans-European Eye," in G. Parkes (ed.), *Nietzsche and Indian Thought*. London: University of Chicago Press, 1991, pp. 76—90.

Staten, H. *Nietzsche's Voice*. Ithaca, NY: Cornell University Press, 1990.

Strawson, G. "The Self," *Journal of Consciousness Studies* 6(5—6), 1997: 405—428.

Tappolet, C. "Compassion et altruisme," *Studia Philosophica* 59, 2000: 175—193.

Taylor, C. *Sources of the Self*. Cambridge, MA: Harvard University Press, 1989.

Thapar, R. *Ancient Indian Social History: Some Interpretations*. London: Sangam Books, 1984.

Ure, M. *Nietzsche's Therapy: Self-Cultivation in the Middle Works*. Lanham, MD: Lexington Press, 2008.

Vanderheyde, A. *Nietzsche et la pensée bouddhiste.* Paris: Harmattan, 2007.

Varela, F. J. *Ethical Know-How: Action, Wisdom, and Cognition.* Stanford University Press, 1999.

Viévard, L. *Vacuité(śūnyatā) et compassion (karuṇā) dans le bouddhisme madhyamaka.*Paris: Collège de France, 2002.

Wackernagel, J. *Über den Ursprung des Brahmanismus.* Basel: H. Richter, 1877.

Waldinger, R. J. *Psychiatry for Medical Students.* Washington, DC: American Psychiatric Press, 1997.

Wall, S. "Perfectionism," in E. N. Zalta (ed.), *Stanford Encyclopedia of Philosophy*(Fall 2008 edn). Available at:http://plato/stanford.edu/archives/fall2008/entries/perfectionism-moral.

Wallis, G. "The Buddha Counsels a Theist: A Reading of the *Tejjivasutta*(*Dīghanināya* 13)," Religion 38(1), 2008: 54−67.

Warder, A. K. *Indian Buddhism.* Delhi: Motilal Banarsidass, 1970.

Warder, A. *Outline of Indian Philosophy.* Delhi, Motilal Banarsidass, 1971.

Westerhoff, J. *Nāgārjuna's Madhyamaka: A Philosophical Introduction.* Oxford University Press, 2009.

Wicks, R. *Schopenhauer.* Oxford: Blackwell, 2008.

Williams, B. "Introduction," in B. Williams (ed.), *The Gay Science*, trans.J. Nauckhoff and A. del Caro. Cambridge University Press, 2005, pp. vii−xxii.

Williams, B. *The Sense of the Past.* Cambridge University Press, 2006.

Williams, B. *Truth and Truthfulness.* Princeton University Press,

2002.

　　Williams, P. *Mahāyāna Buddhism: The Doctrinal Foundations*. London: Routledge, 1989.

　　Willson, A. L. *A Mythical Image: The Ideal of India in German Romanticism*. Durham, NC: Duke University Press, 1964.

　　Wood, T. *Nagarjunian Disputations: A Philosophical Journey through an Indian Looking-glass*. University of Hawaii Press, 1994.

　　Young, J. *The Death of God and the Meaning of Life*. London: Routledge, 2003.

　　Young, J. *Schopenhauer*. London: Routledge, 2005.

　　Zahavi, D. "The Experiential Self: Objections and Clarifications," in M. Siderits, E. Thompson, and D. Zahavi (eds.), *Self, No Self? Perspectives from Analytical, Phenomenological and Indian Traditions*. Oxford University Press, 2011, pp. 56−78.

印度文献

　　C. A. F. Rhys Davids. *Visuddhimagga of Buddhaghosa*. London: Pāli Text Society, 1975.

　　C. Lindtner and R. Mahoney. *Yuktiṣaṣṭikākārikā* of Nāgārjuna. Oxford: Indica et Buddhica, 2003.

　　D. Andersen and H. Smith. *Suttanipāta* of the *Khuṇḍakanikāya*. London: Pāli Text Society, 1948.

　　E. H. Johnston and A. Kunst. *Vigrahavyāvartanī* of Nāgārjuna. Delhi: Motilal Banarsidass, 1986.

　　F. L. Woodward. *Therātherīgāthaṭṭhakathā* of Dhammapāla. London: Pāli Text Society, 1980.

　　H. Smith. *Suttanipātaṭṭhakathā* of Buddhaghosa. London: Pāli Text

Society, 1966—1972.

H. Oldenberg. *Vinayapiṭaka*, vol. i. London: Williams and Norgate, 1879.

J. W. de Jong. *Mūlamadhyamakakārikā* of *Nāgārjuna*. Madras: Adyar Library and Research Center, 1977.

J. W. de Jong. *Paramatthamañjusā* of Dhammapāla, in Bhikkhu Ñāṇamoli, *The Path of Purification*. Kandry: Buddhist Publication Society, 1975.

L.de la Vallée Poussin. *Bodhicāryāvatārapañjikā* of *Prajñākaramati*. London: Asiatic Society, 1901.

L. de la Vallée Poussin. *Madhyamakāvatāra* of Candrakīrti(Sanskrit excerpts)in *Madhyamakavṛtti* of Candrakīrti. St. Petersburg: Académie Impériale des Sciences, 1903.

L. de la Vallée Poussin. *Madhyamakavṛtti* of Candrakīrti. St. Petersburg: Académie Impériale des Sciences, 1903.

L. de la Vallée Poussin. *Prasannapadā* of Candrakīrti. St. Petersburg: Bibliotheca Buddhica, 1903.

L. Féer and R. Davids. *Saṃyuttanikāya*, vols. i—v. London: Pāli Text Society, 1884—1904.

P. Pradhan. *Abhidharmakośa and Abhidharmakośabhāṣya of Vasubandhu*. Patna: Jayaswal Research Institute, 1967.

P. L. Vaidya. *Daśabhūmikasūtra*. Darbhanga: Mithila Institute of Postgraduate Studies and Research in Sanskrit Learning, 1967.

R. Morris. *Aṅgutarranikāya*, vols. i—vi. London: Pāli Text Society, 1976—1981.

S. K. Sastri. *Brahmasiddhi* of *Maṇḍanamiśra*, vol. iv. Madras: Government Oriental Manuscripts Series, 1937.

S. S. Thera. *Dhammapāda*. London: Pāli Text Society, 1914.

S. V. Limaye. *Mahāyāyanasūtrālaṃkara* of Asaṅga. New Delhi: Indian Books Centre, 1992.

S. Lévi. *Trimśikāvijñaptikārikā* of Vasubandhu, in *Deux traités de Vasubandhu: Vimśikā et Trimśikāvijñaptikārikā*. Paris: Bulletins de L'École des Hautes Études, 1925.

T. W. R. Davids and J. E. Carpenter. *Dīghanikāya*, vols. i—iii. London: Pāli Text Society, 1890—1911.

V. P. Limaye and R. D. Vadekar. *Aitareyopaniṣad*, in *Eighteen Principal Upaniṣads*. Poona: Vaidika Saṃśodhana Maṇḍala, 1958.

V. Bhattacharya. *Bodhicāryāvatāra* of Śāntideva. Calcutta: Bibliotheca Indica, Asiatic Text Society, 1960.

V. P. Limaye and R. D. Vadekar. *Bṛhadāran yakopanis*.ad in Eighteen Principal Upanis.ads. Poona: Vaidika Saṃśodhana Maṇḍala, 1958.

V. P. Limaye and R. D. Vadekar. *Chāndogyopaniṣad*, in *Eighteen Principal Upaniṣads*. Poona: Vaidika Sammśodhana Maṇḍala, 1958.

V. P. Limaye and R. D. Vadekar. *Kenopaniṣad* in *Eighteen Principal Upaniṣads*. Poona: Vaidika Saṃśodhana Maṇḍala, 1958.

V. Treckner and R. Chalmers. *Majjhimanikāya*, vols. i—iv. London: Pāli Text Society, 1888—1925.

V. Treckner. *Milindapañha*. London: Royal Asiatic Society, 1928.

索引[①]

a

Absolute 绝对 1, 3, 11, 12, 25, 41, 43, 48, 166; absolutism 绝对主义 45, 52; moral absolutism 道德绝对主义 182

Activity 主动性 97; action 行动 226; active affect 主动情感 188; active drive 主动的动力 8, 109; active force 主动的力 109, 110, 111, 113, 120, 121, 123, 124, 125, 130, 188, 189, 209, 211, 219, 226; active type 主动者 111, 121, 124, 165, 168, 169, 207, 208, 209, 227; See also healthy type 另见健康者

altruism 利他主义 64, 174, 181, 182, 183, 198, 214, 227

amor fati 爱命运 2, 3, 83, 85, 87, 91, 96, 98, 99, 102, 125, 128—132, 157, 163, 165, 166, 169, 193, 205, 210, 211, 217, 219; and falsification 以及伪造 127—129; and anti-*nirvāṇa* 以及反涅槃 83—85

Anaximander 阿那克西曼德, 94, 98, 104

Anquetil-Duperron, H. B. 安格提勒-杜佩隆, 71

anthropomorphism 拟人论 142, 148

Anti-Buddha 反佛陀 3, 54, 55, 63, 66, 78, 82, 86—87, 91, 132

Antichrist 敌基督者 49, 63

apparentworld 表象世界 51, 53, 54, 67, 80, 115, 116

[①] 页码为原书页码,即本书的页边码。

appropriation 执取 138, 139, 140, 142, 144, 148, 153, 155, 160, 222, 224; See also inward-directed grasping 另见向内（执著）; inflammation of（执取）的炎症, 139

Aristotle 亚里士多德 5, 219

Asaṅga 无著 197, 198, 206

ātman 我、自我：43, 48, 53, 150, 197; See also self as brahman 另见作为梵的自我 43

b

becoming（as opposed to Being）生成（与存在相对）1, 2, 3, 19—25, 37, 41, 42, 43, 48, 51, 58, 59, 60, 68, 94, 95, 104, 106, 113, 117, 118, 120, 121, 122, 125—130, 140, 151, 153, 166, 167, 168, 205, 212, 214, 216, 218, 223; philosophy of（生成）的哲学 114

Being 存在 1, 2, 3, 6, 11, 12, 18—21, 23, 25—28, 30, 38, 41—48, 51, 52, 54, 56, 59, 60, 67, 68, 75, 80, 82, 94, 96, 99, 106, 117, 120, 121, 127—30, 143, 146, 160, 165—169, 212—218, 222, 223; as product of the self-delusion 作为自我妄想之产物的（存在）43—48; metaphysics of（存在）的形而上学 19, 21, 23, 39, 41, 45, 47, 50, 53, 76, 104, 113, 114, 116, 117, 118, 213, 216

Bliss 极乐 2, 20, 23, 28, 35, 48, 51, 54, 56, 60, 99, 167, 223

Bodhisattva 菩萨 196, 199, 210; vow 不幸, 202, 203

brahman 梵 39, 44, 48, 53, 59, 75, 143, 146, 166

Brahmanism 婆罗门教 64, 74, 75, 76, 104

Buddha 佛陀 3, 4, 6, 9—12, 27, 28, 32, 39, 48, 53, 58, 74, 78, 81, 87, 104, 131—135, 147, 149, 153, 155, 156, 159, 160, 161, 163, 164, 166, 169, 194, 195, 200, 202, 207, 210, 217,

219; Nietzsche as 作为（佛陀）的尼采 14, 49, 54; of Europe 欧洲的（佛陀）2, 14, 26, 30, 51, 54, 57, 87, 173, 192

Buddhaghosa 觉音 196, 197, 198, 207

Buddhism 佛教 13, 14, 18, 50, 58, 74, 104, 124, 160, 169, 187, 206, 217; as religion（佛教）作为宗教 10, 12; Buddhist ethics 佛教伦理学 28, 50, 51, 54, 59, 60, 66, 82, 85, 144, 157, 163, 170, 196, 198, 199, 205, 206, 217; Buddhist philosophy 佛教哲学 4, 9—13, 28, 38, 44, 46, 47, 48, 51—54, 76, 91, 132, 135, 144, 145, 146, 150—153, 157, 159, 160, 161, 166—169, 193, 197, 198, 202, 206, 209, 210, 211, 217, 219, 222, 223, 225, 228; Buddhist thought 佛教思想 3, 9, 12, 14, 38, 161; counter-Buddhism 反对佛教 85; European 欧洲的（佛教）78, 81, 187; New 新（佛教）79, 123, 187

Buddhist type 佛教徒 59, 61, 85

Buddho-Nietzschean ethics 佛陀－尼采式伦理学 218, 219, 220; See also great health perfectionism 另见伟大健康完善论

C

Candrakīrti 月称 138, 149

Christianity 基督教 17, 18, 26, 49, 53, 56, 57, 58, 66, 74—77, 79, 96, 104, 122, 123, 181, 184; Christian 基督教的 17, 104, 227; Christian truthfulness 基督教的真诚 25, 26, 79, 81

compassion 同情, 同情心 64—66, 82, 170, 173, 174, 187, 209, 227; and herd instincts 以及畜群本能 182—183; and self-negation 以及自我否定 65; and unselving-morals 以及去自我化道德 182—184; as counter-principle of selection（同情）作为反对选择的原则 185; compassion[Buddhist] 同情[佛教], 201—206, 208, 209, 211; cultivation of 培养（同情）3, 64,

85, 87, 173, 184, 193, 207, 217; in Buddhist philosophy 佛教哲学中的（同情）193—204; morality of 道德的（同情）183, 185, 186, 187; Nietzsche's cultural critique of 尼采对（同情）的文化批判 181—187; Nietzsche's psychological critique of 尼采对（同情）的心理学批判 174—181; of strength 强力的（同情）190, 191, 192, 207, 209, 211; of the strong 强者的（同情）187—190, 191, 209, 210; of the weak 弱者的（同情）189, 190, 207; of weakness 虚弱的（同情）204—205; overcoming of 克服（同情）2, 3, 83, 85—86, 181, 193, 207, 217; religion of（同情）宗教 181—186

conceptual proliferation (*prapañca*) 戏论 140, 141, 143, 147, 148

constituents (skandha) 蕴、成分 32, 34, 35, 36, 136—139, 141, 142, 147, 155, 156

Creativity 创造性; creation 创造 23, 109, 111, 113, 128; creative force 创造力 121, 130; See also active force 另见主动创造者的力; creative type 创造者 120; See also healthy type 另见健康创造者

d

Dawkins, R. 道金斯 110, 215

décadence 颓废 4, 21, 22, 42, 50, 54, 55, 56, 59, 61, 63, 64, 66, 76, 78, 81, 83, 85, 86, 93, 99, 101, 102, 103, 121, 125, 163, 167, 182, 186, 191, 192, 222

décadent 颓废者 21—24, 55, 56, 58, 59, 61, 62, 65, 66, 77, 79, 99, 101, 103, 104, 105, 116, 119—125, 127, 163, 164, 167, 175, 176, 178, 180—184, 186, 188, 191, 192, 205, 211, 226; See also sick type 另见病态者; ethics（病态者）的伦理 4; idiosyncrasy of *décadents* 颓废者的特质 61, 62, 65

Deleuze, G. 德勒兹 20, 110

delusion (as opposed to illusion) 妄想（与幻象相对）144—145, 156—157

dependent co-arising (*pratītyasamutpāda*) 因缘共生 11, 40, 148, 150, 151, 153, 155, 156

depersonalization 去人格化 152, 224

determinism 决定论 226—227

Dhammapāla 法护 198, 199

Ding an sich 物自体 48, 59; See also thing-in-itself 另见物自体

Dionysus 狄奥尼索斯 95, 96, 106, 118, 127—130, 169; Dionysian wisdom 狄奥尼索斯的智慧 104

e

ego 我 3, 10, 11, 46, 47, 48, 72, 139, 140, 159, 160, 167, 222; See also self 另见自我; ego-principle (*ahaṃkara*) 自我原则（我慢）44, 45, 136—140, 147, 162, 163; egoism 利己主义 63, 72, 145, 160, 183, 214, 227; egotism 自我中心主义 145, 198, 204, 205, 222, 223, 227

emotional infection 情绪感染 178, 179

emptiness (*śūnyatā*) 空性 40—42, 147, 148, 149, 151, 152, 198

End of History 历史的终结, 214, 215

Enlightenment 启蒙 40, 161

equanimity (*upekṣā*) 平静（舍）64, 194, 208, 228

eternal recurrence 永恒轮回 84, 127—130, 169

f

falsification 伪造 42, 45, 126—130

Foucault, M. 福柯 8

free spirit 自由精灵 79, 80, 81, 104, 123, 210

g

Ganeri, J. 加纳里 139, 149, 157

God 上帝 1, 3, 20, 21, 24—27, 42, 44—49, 59, 67, 68, 73, 75, 79, 81, 105, 120, 124, 127, 146, 150, 166, 167, 212—215, 218; death of 上帝之死 2, 17, 18, 25—26, 27, 51, 52, 59, 70, 77—81, 122, 186; Indian 印度的（上帝）28; Einstein's 爱因斯坦的（上帝）215; Kingdom of 天国 214, 215; shadow of（上帝）的影子 113, 122

goodwill（*maitrī*）善意（慈）194, 196, 208, 210, 221, 228

grasping（*upādāna*）执著 137—139, 142, 147, 148, 151, 152; and ego-principle 以及自我原则 141—142; inflammation of（执著）的炎症 147, 148, 162; inward-directed 向内（执著）138, 139, 153; outward-directed 向外（执著）140, 141, 142

great health 伟大健康 2, 3, 4, 7, 11, 12, 13, 49, 50, 53, 54, 55, 57, 60, 63, 78, 81, 82, 83, 85, 86, 87, 91, 95, 96, 98, 99, 121, 123, 127, 130—133, 148, 152, 153, 157, 158, 162—165, 169, 170, 173, 180, 191, 192, 193, 195, 196, 201—204, 206, 208—212, 217—223, 225—229; ethics of（伟大健康）的伦理学 3, 50—51, 221; of *nirvāṇa* 涅槃的（伟大健康）14, 135, 169, 194, 195, 198, 199, 201, 202˙, 203, 205, 210

guilt 罪责 49, 64, 76, 100, 101, 103, 105, 120, 121, 124, 125, 129, 130, 227

h

healthy type 健康者, 50, 51, 83, 84, 85, 98, 102—105, 121—125, 128—131, 153, 155, 166, 168, 169, 170, 180, 181, 190, 191, 192, 196, 197, 202, 204, 209, 210, 211, 218—225, 227, 228; Buddhist 佛教的, 127, 152—157, 165, 166, 168, 169, 197, 198, 199, 202—206, 208, 209, 210; Heraclitean 赫拉克利特式的, 168

Heidegger, M. 海德格尔 116, 129

Heraclitus 赫拉克利特 42, 93—96, 98, 104, 130

hermeneutics 解释学 13, 14

higher type 高等级者 180, 190, 191, 205, 206, 207, 209; See-alsohealthytype 另见健康者

Hobbes, T. 霍布斯 110

horizon construction 视域建构 140, 141—142, 154

humannature 人性 219

Hume, D. 休谟 32, 35

hygiene 卫生 49, 52, 56

hypostatized construct (*vikalpa*) 实体化建构（分别）140—143, 153; hypostasis 实体化 126, 140, 141, 147, 168, 222

i

identity 同一性, 身份 32, 36, 37, 43, 44, 48, 141, 142, 145, 153, 154, 155, 221, 224, 225, 227, 228; personal 人格（同一性）

31,32,34,36,153,154; narrativity approach to 叙事性方法 154; sense of 感 46

impermanence 无常 3,23,34,37,39,42,92,142,146,148,201

Interpretation 解释 24,100,103,106,109,115,117,118,119—122,125—128,163,168,169,205,209; and falsification（解释）与伪造 126

Irony 反讽 129,155,156,157,168,169,221,227; ironic detachment 反讽的超然 156; ironic distance 反讽的距离,155,224; ironic engagement 反讽的参与 155,156,221,224,226,228; master of 反讽大师 153,168,221

j

Jesus Christ 耶稣基督 106

k

Kant, I. 康德 67
Kisagotamī 翅舍瞿昙弥 199—201,202,205,211

l

La Rochefoucauld, F. 拉罗什富科 174,191
Leibniz, G. F. 莱布尼茨 71
life-affirmation 生命肯定 2,3,7,78,81—86,91,93—96,104,

105, 106, 115, 123, 126, 128, 157, 165, 169, 192, 204, 210; ethics of（生命肯定）伦理学 4, 82, 86, 87, 91, 123, 127, 130, 217

life-negation 生命否定, 23, 55, 57—62, 64, 67, 68, 71, 73, 75—78, 81, 82, 83, 85, 91, 93, 94, 96, 99, 105, 106, 115, 122, 123, 126, 127, 137, 163, 165, 173, 184, 204, 206, 212, 217（生命否定）伦理学 3, 4, 124

Locke, J. 洛克 32

m

Madhyamaka 中观 11, 45, 147; Mādhyamika 中观学派 44, 45, 138, 198

Mahāyāna 大乘 196, 202

māyā 幻象 71, 72

mechanism theory 机械论 108, 109, 113, 226

medical discourse 医学话语 4, 13, 14, 51—54, 133, 137, 139, 200; in Buddhism 佛教中的 50

moral psychology 道德哲学 4, 136, 162; Buddhist 佛教的 91, 132, 134, 139—157, 159, 160, 162, 164, 198, 199, 207, 208, 222; Madhyamaka 中观的 197; of Buddho-Nietzschean ethics 佛陀-尼采式伦理学的 222—225

Morality 道德 6, 26, 29, 51, 55, 56, 72, 81, 101, 164, 175, 180, 183, 185, 186, 187, 191, 212, 213, 215; Christian 基督教的 75, 79; nihilist 虚无主义的 51; of altruism 利他主义的 180

of compassion 同情的（道德）180

morals 道德 18, 25, 51, 53, 123, 181, 191, 214, 215, 218, 220; Christian 基督教的、基督徒的 60, 101, 122; *décadent* 颓废者的 121; herd 畜群 191; master 主人 100; nihilist 虚无主义 173, 180; nihilistic

虚无主义的 64; slave 奴隶 100, 103, 120

unselving 去自我化 62, 63, 104, 121, 123, 124, 165, 181, 187, 205, 206

n

Nāgārjuna 龙树 11, 18, 40, 41, 42, 44, 138, 142, 147, 148, 149, 151, 162

Nagel, T. 内格尔, 6

narcissism 自恋 143, 145

nihilism 虚无主义 6, 17, 28, 48, 66, 82, 120, 184, 186, 187, 189; active 积极的 82, 87; challenge of（虚无主义）的挑战 1, 2, 4, 8, 49, 54, 56, 60, 212—217, 218, 228; Christian 基督教的 123

meta-ethical 元伦理学的 18, 20, 25; metaphysical 形而上学的 17—18, 20; nihilist 虚无主义的、虚无主义者 17, 20, 21, 23, 24, 25, 187; nihilist crisis 虚无主义危机 3, 24—26, 49, 51, 52, 54, 55, 56, 59, 66, 67, 77, 78, 80, 81, 82, 125, 217; Indian 印度（虚无主义危机）28; nihilist mentality 虚无主义心态 19—24, 25, 26, 55, 56, 59, 67, 75, 78, 101, 120; nihilistic religion 虚无主义宗教 56, 61, 77, 100, 102, 104, 123; nihilistic withdrawal 退缩 117; passive 消极的, 56, 67, 76, 78, 82; passive nihilist 消极虚无主义 59, 117; post-nihilist ethics 后虚无主义伦理学 49, 51

nirvāṇa 涅槃 3, 11, 12, 31, 50, 53, 55, 56, 60, 61, 63, 64, 66, 74, 75, 82, 85, 87, 91, 96, 100, 123, 127, 131, 132—133, 136, 137, 138, 147, 148, 150—153, 155—166, 169, 187, 193, 196, 197, 199, 201, 202, 205, 206, 217, 219, 225; See also great health 另见伟大健康 great health noble truths 圣谛 60—61, 133, 135; firs tnoble truth 第一圣谛, 158; second noble truth 第二圣谛 133—135

nothingness 虚无 24, 56, 59, 60, 63, 66, 75, 86, 105, 186

will to nothingness 虚无意志 58, 67, 76, 186

o

optimism 乐观主义 30, 104, 106, 121, 122, 123, 214, 216; Christian 基督教 78

p

paranoid personality disorder 偏执型人格障碍 145—146

Parfit, D. 帕菲特 32, 33, 219

Parmenides 巴门尼德 1, 41, 42

Paṭipadāsutta《道行经》136

perfectionism 完善论 218; Buddho-Nietzschean 佛陀-尼采式的 222; great health 伟大健康的 218—221, 228, 229; objective goods 客观善行 219

personification 人格化 43, 142, 148, 167

perspectivism 视角主义 5—6, 7, 115, 116—117

pessimism 悲观主义 29—30, 71, 74, 75, 81, 82, 87, 96, 118, 188, 214, 216; Buddhist vs. Schopenhauerian 佛教与叔本华的 157—159; descriptive 描述性 29, 30, 118, 119, 125, 216; of the strong 强者的 105, 106, 125, 127, 130; the weak 弱者的 30, 76—80, 82, 104, 105, 106, 119, 121, 125, 126; pessimist religion 悲观主义者的宗教 75; pessimistic religion 悲观主义的宗教, 75; Schopenhauerian 叔

本华式的 78，92，104

physician 医生 12，50，52，60，161，180，194，201；décadent 颓废的 57；of humanity 人类的 180；of mankind 人类的 180，190，204，206

Plato 柏拉图 1，5，17，41，52，54，79，80；Platonic philosophy 柏拉图哲学 53；Platonism 柏拉图主义 18，77

pleasure 快乐 21，29，61，65，97，99，102，108，120，158，199，209，215；pleasure-seeking 寻求快乐 107，108

power 权力 108，110—111；See also will to power 另见权力意志

principium individuationis 个体化原则 71，72，74，168

process metaphysics 过程形而上学 4，117，118

psychology 心理学；See also moral psychology 另见道德心理学；evolutionary 进化 5；of compassion 同情的 65—66，174—179；of décadence 颓废的 21—22

r

rank-order 等级秩序 206，208

reactivity 被动性、被动反应 23，97，120，125，167，222，223，226；reaction 被动 22，56，59，108，112，113，119，174，181，183，223，226；reactive affect 被动情感 176，179，181，188；reactive drive 被动的动力 8；reactive force 被动的力 108—111，120，121，123，124，125，130，165，167，189，190，209，211，219，226；reactivere sponse 被动的回应 121，175，227；reactive type 被动者 110，119，122，124，127，165，167，176，191，192，207，223；See also sick type 另见病态者

Reality 真实 20，41，42，114，156；realism 实在论 71，114，143，168

Reason 理性 54, 122, 216; rationalism 理性主义 9, 54, 122

rebirth 重生 10, 60, 134, 161, 162

reductionism 还原论 112, 114, 116, 156

reifying view (*dṛṣṭi*): 物化观（见）140—143, 147—150, 153; reification 物化 45, 126, 127, 140, 141, 147, 222, 224, 225, 227

reincarnation 转世 11, 12, 162—163

ressentiment 怨恨 22, 23, 42, 57—59, 70, 76, 85, 100, 101, 120, 121, 123—125, 127, 130, 163, 166, 183, 190, 205, 227; affect of（怨恨）的情感 22, 93, 100, 163; against reality 对现实的（怨恨）22, 58, 59, 77, 85, 87, 125, 163; ressentiment₁ 怨恨 I 58, 59, 85, 100, 163, 164; ressentiment₂ 怨恨 II 58, 59, 85, 163, 164, 165, 167

S

salvation (*Erlösung*): 拯救，救赎 73, 74, 75, 157, 159, 160, 161, 163; vs. *nirvāṇa*（救赎）与涅槃 161

saṃsāra 轮回 74, 75, 84, 146, 147, 148, 158, 161, 162, 164, 202

Śāntideva 寂天 199, 209

Scheler, M. 舍勒 178—179, 190

Schopenhauer 叔本华 24, 29, 30, 60, 66, 67—77, 78, 87, 104, 143, 157—161, 163, 184, 216; Anti-反（叔本华）66

self 自我 3, 11, 12, 30—38, 40, 43, 44, 46, 47, 48, 51, 54, 66, 72, 73, 127—130, 136—44, 147—157, 159, 160, 167, 168, 169, 210, 218, 222, 224—227; as substance 作为实体 33, 45, 142; Buddhist critique of 佛教对（自我）的批判 30—36; lack of 没有 31, 36, 148, 149, 151, 156, 188, 198; narrative 叙事的 154; Nietzsche's critique of 尼采对（自我）的批判 36—38; self-affirmation 自我肯定 85, 86,

87, 115, 166, 169, 188, 190, 192; self-construction 自我建构 224; self-control 自制力 86, 175, 176, 180, 204, 205, 207; self-delusion (ātmamoha) 自我妄想（我痴）45, 47, 136, 142—148, 151, 152, 153, 155, 159, 160, 163, 164, 166, 167, 197, 198, 204, 205, 206, 222, 223, 225, 227, 228, 229; self-identification 自我认同 139, 224, 225, 227; as a process of combustion 作为燃烧过程的 138—139; self-negation 自我否定 60, 61, 62, 65, 73, 74, 87, 161, 181, 184; self-overcoming 自我克服 25, 26, 79, 81, 122—125, 129, 130, 219; of nihilism 虚无主义的 123; self-preservation 自我保存 107, 108, 109, 118, 183; selflessness 我性 11, 44, 45, 147, 148, 161, 181, 191, 197

sickness 疾病 8, 14, 22, 23, 52, 63, 73, 85, 99, 102, 103, 105, 106, 115, 118, 144, 163, 165, 166, 185, 186, 217, 218, 224, 226; sick type 病态者 13, 21, 23, 50, 102—105, 124, 125, 165—169, 190, 191, 205, 210, 220, 223, 224, 225, 227

SiddhārthaGautama 乔达摩·悉达多 3, 9, 50, 55, 161

Siderits, M. 西德里茨 9, 154

skill 善巧 151, 155; skillful 善巧的 13; skillful means 善巧手段（善巧）202; skillfulnessinmeans (*upāyakauśalya*) 善巧方便 12, 13, 202, 203

soul 灵魂 3, 37, 46—49, 52, 53, 54, 63, 69, 70, 118, 159; rational 理性 53, 54; soul superstition (*Seelen-Aberglaube*) 灵魂迷信 37, 47, 166; world soul 世界灵魂 44

Spinoza, B. 斯宾诺莎 97, 176, 177, 215, 219

strong type 强者 83, 102, 103, 188—192; See also healthy type 另见健康者

subject 主体、主观 4, 5, 6, 11, 33, 37, 38, 46, 48, 73, 116, 118, 141, 142, 145, 221; subject-feeling (*Subjekt-Gefühle*) 主观感受 47, 166, 167; subjectivity 主体性 5

Substance 实体 1, 3, 12, 20, 40—45, 47, 48, 114, 122, 166; substance (*svabhāva*) 实体（自性）20, 33, 39, 40, 41, 44, 45, 141, 142, 143, 147—150, 156, 157, 160, 166, 222; substance metaphysics 实体形而上学 4, 10, 11, 20, 38—39, 40, 42, 45, 46, 47, 141, 142, 156; critique of 对（实体）的批判, 38—48; metaphysics of language 语言形而上学 46; substancelessness 无实体性 148

suffering 苦难 2, 28—30, 49, 51, 57, 60, 64, 66, 68, 71, 73, 74, 75, 82, 83, 85, 91, 92—104, 105, 106, 109, 118, 119, 120, 123, 124, 125, 128, 130, 133, 134, 136, 158, 163, 164, 166, 167, 169, 170, 173, 176, 177, 179, 180, 181, 184—186, 188—193, 195, 196, 197, 199, 201, 202, 203, 205, 207—211, 223, 224, 227, 228; affirmation of 对（苦难）的肯定 83—85, 102, 106, 125, 130, 132; as lure to life 作为生命的诱惑 96—98; cessation of（苦难）的止息, 60—64, 83, 131, 132, 133, 161, 164, 165, 166, 169; compassion as 作为同情 175—176; duḥkha 苦 28, 134—135, 136, 145, 148, 152, 158, 159, 160, 162, 163, 164, 169, 195, 197, 198, 205; cessation of（苦难）的止息 136, 152, 196, 202; extensional vs. intensional 内涵的与外延的（苦难）103—104

summum bonum 至善 59, 60, 71, 120, 127, 129, 133, 159, 160, 161

sympathetic joy (*muditā*) 同情之喜悦（喜）194, 196, 199, 205, 207, 208, 209, 228

t

Tappolet, C. 塔波莱特, 179

Therapy 治疗 12, 53, 85, 228; Buddhist 佛教 147, 148, 151, 152,

164; cognitive-behavioral 认知-行为 194; perfectionist 完善论的 228; therapeutic ethics 治疗伦理学 86; therapist 治疗师 12, 155, 194, 201; the Buddha as 作为（治疗师）的佛陀 13

thing-in-itself 物自体 48, 67, 68, 70; See also Ding an sich 另见物自体

thirsting（tṛṣṇā）渴爱（爱）11, 133—140, 142, 143, 145, 146, 147, 152, 160, 161, 163, 164, 169, 197, 198, 206, 219; fever of, 133—137, 139, 147, 148, 160—163, 165, 202, 205; vs. Schopenhauer's Will 与叔本华的意志 160

tragedy 悲剧 7, 95, 96, 104, 127, 128, 131

Transcendence 超越 1, 20, 51; metaphysics of（超越）的形而上学 20

Truth 真理 1, 6, 20, 23, 25, 41, 43, 115, 117, 118, 122, 127, 156, 218; Absolute 绝对 6; conventional truth（saṃvṛtisatya）俗谛 36, 149, 151, 156; critique of 对（真理）的批判 116; ultimate truth（paramārthasatya）真谛 36, 149, 156; typology 类型学; of pessimisms 悲观主义的 104—105; of sufferers 受苦者的 102—104

u

Übermensch 超人 14

unselving（Entselbstung）去自我化 62—63, 65, 66, 77, 85, 86, 87, 121, 123, 166, 182, 187, 188, 206

upādāna 执著 137; See also grasping 另见执著

Upaniṣads 奥义书 34, 39, 43

V

Vasubandhu 世亲 35，197

Virtue 德性 1，4，52，53，65，66，82，86，175，176，182，183，184，192，194，205，206，208，219，228; noble 高贵 173，181，228; perfectionist ethics 完善论伦理学 218

W

wahre Welt 真实世界 19，20，22—27，42，43，44，47，48，51，52，53，55，59，67，70，75，80，99，100，114，120，121，124，127，167，214，215，216; metaphysics 形而上学 22，25，44，117

weak type 弱者 22，99，101，103，105，120，121，169，188，189，190，192

Will 意志 62，67，70—73，150，160; denial of the will 对意志的否认 73，76; will to life 生命意志 75; will to power 权力意志 106，107—118，119—122，124—128，130，188; as philosophy of nature 作为自然哲学的 112—114; contra standard evolutionary theory 反对标准演化论的 109

Williams, B. 威廉姆斯 8，126

Z

Zarathustra 查拉图斯特拉 14，97

译后记

佛教是一种哲学化的宗教，它在概念辨析、逻辑论证和体系建构等方面都达到了极高的水平，佛教对人生根本问题的深刻反思使之足以担得起"佛教哲学"这一名称。提起西方哲学与佛教哲学的关联，我们很容易想到叔本华，他的悲观主义人生哲学与原始佛教"众生皆苦"等思想颇多异曲同工之处。然而，曾经深受叔本华影响的尼采与佛教哲学有什么关系？在翻译此书之前，译者对此问题知之甚少。

安托万·帕纳约蒂这部专著在尼采思想与佛教哲学之间架起了一座桥梁，既让我们看到尼采在何种意义上认同佛教，以致于自诩为"欧洲的佛陀"，又让我们看到尼采基于何种视角对佛教展开批判，成为一名"反佛陀者"。作者围绕尼采与佛陀对苦难与同情心的态度，揭示了尼采思想与佛教哲学在伦理观上的差异，深入分析了产生这些差异的原因，并最终尝试统合二者的伦理思想，建立一门新的"伟大健康伦理学"，以回应我们这个时代的虚无主义危机。因此，本书既体现了作者在哲学上的雄心，也显示了作者对现实的关怀。假如读者对尼采思想、佛教哲学、虚无主义这三个主题中的至少一个感兴趣，那么就可以翻开此书，跟作者一起在这三个主题的关联域中发现问题，探索新知。

译者由于自身的习惯性拖延，历时四年有余，才断断续续地完成了本书译稿，并进行了三次全面的修改。感谢西安电子科技大学的陈志伟兄，他对本书译稿进行了极为认真的校对，并提出了许多颇有价值的修改意见。感谢湖南大学岳麓书院的陈帅老师，译者曾多次就书中一些梵文术语的翻译问题向他请教，每一次都得到了非常专业的解答。感谢西北大学出版社的向霁老师，她对本书译稿的编辑工作高度认真，实质性地提高了书稿的质量。感谢辽宁师范大学海洋可持续发展研究院"中国古代海洋生态思想"项目的资助。最后，感谢我的母亲，长久以来，母亲总是给予我最无私的爱和最有力的支持。

译事艰难，谬误难免，望广大读者批评指正。

陈　鑫

2024 年 6 月 3 日